语文应用漫谈

韩敬体　编

商务印书馆国际有限公司
中国·北京

序　言

上世纪70年代末，我与当时同在中国社会科学院语言研究所工作的于根元、张朝炳等同事开始从事语言文字知识的科学普及工作，得到所内外学界同人的大力支持。我们编辑了一本《语言的故事》，书中配有本所同事曲翰章绘制的二十多幅插图，1980年年初在河南信阳印出数万册内部发行。第二年年中，上海教育出版社改名为《语言漫话》正式出版发行。1994年增订本由东方出版社出版发行，恢复了原名《语言的故事》。一本语文知识科普读物先后以三种版本印行多次，印数达20多万册。我们初次尝试的科普工作能有如此的成绩实在是远出我们预料的。在此书的感召和朋友们的鼓励下，我自己又编辑了一本语文知识科普读物，仍由曲翰章绘制插图，而且也出版过三个版本。学界的肯定，社会上的欢迎，更鼓舞了我们，使我们从事语文知识普及工作的意志弥坚，“年既老而不衰”，2012年于根元又编辑了一本《新编语言的故事》出版，现在我这本《语文应用漫谈》则增订付梓。时代在前进，科技在发展，语文学科的理论研究和社会实践也在与时俱进，我们的工作也必须跟上社会发展的脚步，符合更新换代的要求，在科学性、时代性、实用性、趣味性方面有新的开拓。但只就目的性而论，还是像我们30多年前说过的那样，普及语文知识，引起读者对语言文字学习的兴趣，关心语文的正确使用和健康发展。

这本《语文应用漫谈》小册子，1994年由商务印书馆国际有限公司出第一版，名为《从“山上有匪”说起——语文应用漫话》。1998 年再版，书名改成原来书名的副标题《语文应用漫话》。2002 年，台湾商务印书馆在台湾出版发行繁体字版，书名又改为《语文应用漫谈》。十几年过去了，鉴于同事们的鼓励，我又对原书进行修订并增加较多内容，这就是现在推出的这个版本。

此版本比起原版本来，在两个方面有较大变化。一是修改原版的文字，以适应语文学科发展和社会运用的新情况。二是增添新的内容，增补了 26 篇文章，涉及传统的语言文化知识和当代文字规范等方面的知识。由于是增订，文章的总体风格一仍旧贯，追求故事性和通俗性，在学术观点上不求一致。

在《语言的故事》编写、组稿时，语言学界的老前辈周定一先生热情支持我们的工作，还给那本书写了篇两千多字的序言。2012 年，周先生以百岁高龄驾鹤西去。先生终身的学术成就和道德风范永存人世，他对语文知识普及工作的热情支持值得学界永志不忘。张朝炳、曲翰章两位先生也于十几年前先后辞世。我们新编和增订《语言的故事》和《语文漫话》，继续从事科普工作，也是对周先生和两位老同事的纪念。

由于编者的孤陋浅薄，这本书中定会存在一些缺点和问题，敬请方家和读者赐教。

韩敬体

目　　录

从英国旅行家买旅行袋说起
——语言的民族差异

为何买不到大旅行袋

有一个不懂外语的英国旅行家，他旅行到了法国，想买一只大旅行袋。他到商店去，用英语 large（大的）向店员说明他的意图，店员不懂英语，拿给他一只很宽的旅行袋，他当然不中意。继而，他到了意大利、葡萄牙和罗马尼亚，都用英语的 large 说明他想买的旅行袋。可是，这些国家的店员拿给他看的也都是很宽的旅行袋。后来，他又到了西班牙，他还是用英语 large 说明他要买的旅行袋，店员拿给他的却是一只很长的旅行袋。最后，他到了丹麦，丹麦的店员对他要买 large 旅行袋的要求，只看了他一眼，就根本不再理会。他很是纳闷，怎么这些国家都不卖大的旅行袋呢？

易使人上当的“假朋友”

原来，法语的 large，意大利语的 large，葡萄牙语的 large 和罗马尼亚语的 large 都不是表示“大”，而是表示“宽”。英语借入意大利语的 largo，在音乐中就指“音域宽广”。但是，西班牙语中的 large 却表示“长”。丹麦语的 large 则表示“慷慨的”“不付钱的”，所以，丹麦的店员当听到这位顾客要 large travelling bag（大旅行袋）时，以为他想不付钱，所以只看他一眼而不予理会。词源相同、词形相同或相似的词在不同的有亲属关系的语言中表达迥然不同的意义，这种现象在语言学中有一个专门的词来表示：false friend（假朋友），因为它们很容易使人上当。

同源于拉丁语，语义却不同

英语中的 large 借自法语，法语的 large 又源于拉丁语中的 largus（慷慨好施的、丰盛的）。在 12 世纪的英语中，large 本指“慷慨的”，与丹麦语的 large（慷慨的）同义。至今英语的 largess（借自法语的 largess“慷慨”，是 large 派生的名词）还指“慷慨”“大度”。法语的 large，罗马尼亚语的 larg，英语的 large-handed 和 large-hearted 也是指“慷慨的”。西班牙语、葡萄牙语和意大利语的 largo 至今也还有“慷慨的”意义。法、意、葡、罗语用一个词表示“宽”和“慷慨的”。

英语 large 一词词义的演变

英语的 large 在 13 世纪表示“广泛”，14 世纪表示“宽”（即与法、意、葡、罗语中的同义），到了 15 世纪才表示“大”。

（伍铁平）

马牛羊及其他
——语言的民族色彩

语言作为民族文化的表现形式，同音乐、美术、舞蹈、文学等文化一样，有着强烈的民族特征。

以比喻而言，中国人（尤其在南方）过去主要是用牛耕田，所以用“牛”构成的成语很多。但是英国人主要是用马耕田，所以英国成语中“马”这个词用得较多。如汉语说“工作（干活）像头老黄牛”，鲁迅先生说“俯首甘为孺子牛”，英语却说 work like a horse（像匹马一样地工作）。汉语说“狼吞虎咽”，英语却说 to eat like a horse（像马一样地吃）。汉语说“吹牛”，英语却说 talk horse（字面意义为“谈论马”）。汉语说“起码常识”，与之相应的英语词组是 horse sense（字面意义是“马的常识”）。汉语说“牛饮”，英语却说 drink like fish（字面意义是“像鱼一样喝水”）。汉语说“害群之马”，英语却说 black sheep（字面意义是“黑羊”）。汉语说“他壮得像头牛”，但是英语却说 He is healthy like a horse（他像马一样健康）或 fit as a fiddle（“非常健康”，字面意义是“像桌面框一样健康”）。fiddle 是指船上防止碗碟滑落的装置。其实，比喻健康可用的词很多，英语用了这两个词，是为了分别同 healthy，fit 取得头韵的谐声效果。

形容一个人很健康时，俄语说 крепкий как огурчик（像小黄瓜一样健壮），波兰语说 zdrów jak rydz（像黄蘑菇［松乳菇］一样健壮），捷克语说 zdravý jako býk，řipa 或 ryba（像

牛、甜菜或鱼一样健康）。美国俚语的 fish 则指“笨蛋”“生手”“容易上当的人”。英语用鱼作比喻的说法很多，如：a loose fish（道德上放荡不羁的人），a poor fish（可怜虫），a queer fish（怪人），a cool fish（厚颜无耻之徒），a dull fish（乏味的人），a shy fish（羞怯的人），a（pretty） kettle of fish（乱七八糟），fish story（相当于汉语的“吹牛”），fish woman（骂街的泼妇）等。但是没有一个成语将 fish 同“健康”相连。和捷克语很相近的斯洛伐克语说像核桃（ořeh）一样健康。斯、捷、波语都用带 r 音的词作为喻体，是为了同表示健康词 zdravý，зdrów 中的 r 形成辅音和谐（consonance）。在汉语中，如果你对人说他健康得像条鱼，像匹马，或像黄蘑、小黄瓜、核桃，别人十之八九会以为你在讥讽他，而绝不会认为你是在称赞他的健康而对你表示谢意。

俄语用 огурчик（小黄瓜）作为喻体，形容一个人健康（крепкий），也是为了取得这两个词中的 p、к（及其浊音 г）间辅音的和谐。但是英语却用 cucumber（黄瓜）作为喻体，形容一个人冷静（cool），说成 as cool as a cucumber（字面意义是“像黄瓜一样冷静”，意思是“极为冷静”“泰然自若”）。这又是为了取得 cool 和 cucumber 中的元音、辅音间的和谐及押头韵。

（伍铁平）

对狗和猪的不同印象

——再谈语言的民族色彩

外国人喜欢养狗，所以有许多与狗有关的成语。如 Love me, love my dog（“爱屋及乌”，字面意义是“爱我就得爱我的狗”）。这话如直译成汉语，中国人听了定会觉得不可思议。美国有一位学者写了一本语音学著作，其中有“献给我的狗……”的卷首语，这在中国人看来也是近乎荒唐的事情。哈巴狗总是跟着主人走，由此英语的 dog 引申出“尾随”的意义。如 Misfortune always dogs his footsteps（不幸总是跟随着他的脚步），中国人很少养哈巴狗，所以“狗”就不会引申出这种含义。北京有句俗话说“累得像孙子似的”，英语却说成 dog-tired（“累极了”，字面意义是“像狗一样地疲乏”）。英语说 cat and dog life，指像猫、狗那样经常吵架的生活，汉语却说“鸡犬不宁”。上面这些例子还说明传统修辞学将喻体和本体的关系说成是类似的，有片面性。“孙子”和“累”并没有任何相似点。

英语将“处于支配地位”比作 top dog（顶部的狗），将“幸运儿”说成 lucky dog（幸福的狗），将辩论时沉默不语的人叫作 a dumb dog（哑狗）。英语的 to help a lame dog over a stile（“帮助一条瘸狗跨过门槛”，意为“助人渡过难关”），A dog's chance（“机会难遇”，字面意义是“狗的机遇”）都不含任何贬义。1859 年，当达尔文的《物种起源》一书问世时，英国生物学家赫胥黎坚决支持达尔文的观点，宣称“我是达尔文的门犬”。不过英语也将 dog 比作“无赖汉”“坏蛋”“废物”，美国俚语则将 dog 比作“蹩脚货”“不受欢迎的人”或“妓女”。

中国人对“狗”的印象和外国人迥然不同，由“狗”构成的词或词组往往含有贬义，如“丧家犬”“走狗”“恶狗”“看门狗”“哈巴狗”“狗腿子”，“狗急跳墙”“狐群狗党”“狗嘴里吐不出象牙”“狗仗人势”等。有两种例外的情况，一是在书面语中用作谦辞，如称自己的儿子为“犬子”，又如“效犬马之劳”，或简作“犬效”（如“誓图犬效，庶答鸿庥”[宋·孙沔]）。中国人用属相名称做乳名的有虎儿、牛儿、小兔、小马、小羊、小龙，也有狗子，都不含任何贬义。其他属相名称，如鼠、蛇、猴、鸡、猪，却从不用作乳名。这可能是因为汉语俗语中用“鸡”构成双音词，表示男性生殖器，用“野鸡”表示妓女的缘故；鼠、蛇、猪在汉语中也往往给人以不好的联想。

哪个民族对猪似乎都没有什么好感（不是从经济利益着眼）。反映在语言中，“猪”一词用作贬义的时候居多，如汉语的“肥（笨、蠢、脏、懒）得像头猪”，法语也说 sale comme un pourceau（脏得像头猪）。英语中 hog（猪）引申指“自私（或贪婪、贪吃、粗鄙、肮脏）的人”。

为了表达同“对牛弹琴”相类似的意思，英、法、德、俄语都说：to throw（或 to cast）pearls before swine；jeter des perles devant les pourceaux；seine perlen vor die säue werfen；Метать бисер иеред свиньями。意思都是“在猪面前投珍珠或小玻璃球”。但是日语却说“马の耳に念仏”（对着马的耳朵念佛）。

德语粗野语说 Das ist unter aller säue，字面意义是“这是在一切猪之下”，实际意义则为“这坏极了”“这糟糕透了”。

（伍铁平）

从乾隆考皇室满语说起

据徐珂编撰的《清稗类钞》记载：

有一天乾隆皇帝召见清朝皇室，发现有一个名叫宁盛额的，不能用满语应对。此事引起了这位万岁爷的重视。在他看来，清皇室成员必须通晓满语，满语是国家之根本。而现在的宗室贵胄居然有不会说满语的，这关系到皇族的风俗习惯能否继承下来、江山是否牢靠的大事。因此钦定：凡宗室成员，10岁以上的人，都要进行考核。并规定每年十月中旬派皇子、王公、军机大臣等去考试满语和射箭、马术。考试的时候，先命皇子应试，作为宗室的榜样，其他人员，按其父辈爵位高低编排次序，职位高的先考。考试成绩优秀者皇上召见，并赐给花翎、缎匹以资奖励。

二百多年过去了，翻翻历史，看看乾隆皇帝的旨意效果如何呢？不要说今天了，就是晚清时的皇室成员也大多不会说满语了。宫廷之内，满语也只不过保留了一些片言只语而已。能否这样说，在满族绝大多数人中，满语已衰落以至不用了。

皇上如此重视满语，还面谕作为定例让宗室学习，并进行严格考试。但是事实上并不能像乾隆希望的那样振兴满语，这是什么道理呢？

唯物辩证法告诉我们，语言的产生、发展和融合以至消亡，受其自身规律和特定的社会环境制约，是不依人的主观意志为转移的。明亡清兴，满族贵族成了统治阶层，满汉两个民族交际激增，为便于交际，首先要消除语言障碍，根据社会状况，要求满族统治阶层大力学习汉语，而不是汉族人学习满语，这是因为：

第一，使用汉语的人多地广，满族上层统治者要统治全国，必须使用汉语，受汉语影响。

第二，汉族历史悠久，科学发达，文化遗产特别丰富，满族上层人物要施行统治，就要了解人民，学习汉语和汉族文化遗产，不然治理国家就会寸步难行，无从下手。

第三，从语言发展史看，汉语历史悠久，结构严密完善，富于表现力，在多民族语言融合中，总是以汉语为基础，一些少数民族语向汉语靠拢。

正是由于种种客观规律，使得满族绝大多数人学习、使用了汉语，而不是继续使用满语。由于具有深刻社会历史的及语言发展自身的原因，使得开创“乾嘉盛世”赫赫有名的乾隆皇帝也无法改变满语在大多数满族人民中衰落、消亡的发展趋势。

（孟守介）

“敬惜字纸”及其他

从前在私塾念书，以后到学堂求学，都能看到一块“敬惜字纸”的牌子。那是告诫学子们：文字是圣人造的，字纸也带着灵气，不能乱抛，否则就是对圣人不恭。旧社会，用画符治病，念经祈福和念咒语降魔，更是司空见惯的现象。至今，在少林寺大殿出售项锁，因为旁边贴有“念经一遍，消灾释难，长命百岁，永保平安”字样，由和尚给每一只项锁念经，因而为子女购买者不绝。

人们崇敬语言文字，认为它有超人的魔力，这叫作语言文字的灵物崇拜。语言本来是与劳动同时发生和发展的一种交际工具，文字是人类创造的记录语言的符号。但是在对自然现象和自然力尚不理解的情况下，人们往往把语言（文字）同某些自然现象和自然力联系起来，仿佛语言（文字）可以给人以祸福，甚至误认为语言（文字）是祸福的根源。封建统治阶级更是有意利用对语言文字的灵物崇拜——他们具有垄断文字的特权——来愚弄麻痹人民，维护其统治地位。常见的是把人的名字同本人等同起来。名字本来是一种代码，一种符号，并没有什么特殊含意。而古代小说里常常描写，喊一个人的名字就可以把这个人的灵魂收进宝贝里面。小时候父亲就嘱咐我：在黑夜旷野里，听到有人喊你的名字时，千万不能答应。至于封建帝王的名字，一贯是必须避讳的。唐诗凡是要用“民”字之处，一律改用“人”字，就是为了避讳唐太宗李世民的名字。清代的文字狱，达到登峰造极令人骇异的程度。江西主考官查嗣庭出了一道试题“维民所止”，其中“维、止”二字被认为故意把雍正皇帝的头割掉，因而犯罪下狱，家属也遭杀害。这不是把名字同其人、把语言文字同事物本身完全等同起来了吗？

随之而来的是忌讳——某些词语在需要用时避而不用，使用另外的委婉词语来代替它。有一些忌讳是关于人的身体、生理现象以及性行为的词语。如“月经”。这是成年妇女所必然要有的生理现象，可是古今中外，都要忌讳而不直呼其名，只有医生例外。英语中 in her period（她在周期中）、in the flowers（在花期中）、problem days（难题的日子），指的都是月经。现代汉语则说“她例假”，也有人说“我这几天倒霉”，有的方言说“好事”“她妹妹来了”，这都是指月经来潮。

死是一种不可避免的生理现象。大约自从人类认识到死亡意味着生命永远结束，总是盼望能延长寿命推迟死亡的缘故，自古以来就有许多关于“死”一词的委婉词语。皇帝死去叫“崩”“驾崩”“升遐”“宾天”“大行”；诸侯死了，叫“薨”；大夫死了，叫“卒”。这反映了封建等级制度的森严。一般人把死说成“亡”“故”“逝”“去世”“谢世”“下世”“长逝”“永诀”“长眠”“溘逝”“与世长辞”“见马克思”等。对于受人尊敬的人物为国为民而死，则称为“牺牲”“献身”“就义”“捐躯”“殉职”“成仁”等。未成年的人死去，称为“夭折”“夭亡”“早逝”“中殇”。宗教界人士则把死称为“升天”“涅槃”“坐化”“羽化”“鹤化”“物化”等。可见，对于语言的灵物崇拜和由语言禁忌而使用大量委婉词语，有其不科学甚至愚昧的一面，但同时却起到丰富语汇、增强语言表现力的作用。在这个意义上，可以说这也是人类文明的标志之一。

（苗守正）

从“放狗屁”看语言的理据性

一位语言学教师在讲语言的约定俗成原则时，举了两个例子，说汉语的“拍马屁”不能换说成“拍牛屁”“拍狗屁”。相反，“放狗屁”也不能换说成“放马屁”“放牛屁”“放猫屁”等等。学生听了哄堂大笑。这两个例子虽然有些不雅，但是用来说明语言的约定俗成原则和部分的无理据性倒是十分恰当的。我们想补充指出，这两个例子也能很好地说明语言的民族特点。西方人很爱狗，有一位美国学者在他的一本语音学专著的扉页上写道“献给我的狗”，这在中国人看来简直是不可思议的。虽然英语中的 dog 有时也指“无赖汉”“坏蛋”“废物”，但是总的说来，英语中的 dog 给人的联想是好的，不像汉语中的“狗”往往与“走狗”“癞皮狗”等相连。因此英语中有 a lucky dog（幸运儿）、a jolly dog（有趣的伙伴）、love me love my dog（爱屋及乌）这类在汉语中不可能产生的说法。英语中不可能用“放狗屁”这类说法表示“胡说八道”，大概也同他们与狗的上述感情有关。

如果说“狗”在这儿带有一定的民族性和约定性，“屁”则不然，有强烈的理据性。只要同别的语言比较，就可以明白这儿用“屁”的道理。英语俚语中也用排泄物表示“胡说八道”，如用 bullshit（字面意义是“牛屎”），horseshit（字面意义是“马粪”）或 shit（本义“粪便”）指“胡说八道”。英语俚语中也可以用 bull（公牛）指“空话”“大话”（这同汉语的“吹牛”相似）和“胡说八道”。英语还可以用 rubbish， trash（垃圾、废物）或 crap（废物）指“废话”“放屁”“胡说八道”。从这里我们便可以悟出“放（狗）屁”的一定理据性。用“屁”“粪”（不管是马屎还是牛粪）“垃圾”比喻“胡说八道”“废话”，是很贴切的。它们之间有共同的义素：没有用的东西（不从肥料角度着眼）。这是语言中常见的一种通过比喻派生词义的方法。从这个意义上说，汉语用“放狗屁”，英语用 bullshit，horseshit，shit，rubbish，trash，crap 表示“胡说八道”都是有理据的。英语不用“屁”表示“胡说八道”，而用“shit”（屎），可能同下述事实有关：英语没有专门的词表示“屁”，而是借用 wind（风）婉指“屁”。wind 更常用的意义是“风”，所以用 wind 表示“胡说八道”“放狗屁”之类的意义，会同这个词的常用意义发生矛盾。

俄语的 чепуха（不值钱的物件，零七八碎的杂物）通过比喻，派生出“胡说八道”的意义，也符合上述汉语、英语构成表示“胡说八道”的词时所遵循的比喻语义派生规律。从词源分析 чепуха，ух-а 是后缀，词根 чепа 与 щепа（碎木片、碎劈柴）是同源词。直到 18 世纪，чепуха 还指“碎木片、碎劈柴”（见尚斯基等人编的《俄语简明词源词典》）。由此可见，чепуха 的第一个意义是“不值钱的物件，零七八碎的杂物”，“胡说八道”是其派生意义。因此，苏联科学院十七卷本和四卷本俄语词典以及《大俄汉词典》（商务印书馆 1985 年版）将“胡说八道”作为 чепуха 的第一义项，将“不值钱的物件，零七八碎的杂物”作为它的第二个义项，即派生义项，完全颠倒了这个词实际的语义派生过程，尽管 чепуха 的“胡说八道”这一意义的使用频率高于它的最初意义“不值钱的物件，零七八碎的杂物”。这可能是这些词典将“胡说八道”列为 чепуха 的第一义项的根据。

俄语中表示“胡说八道”“废话”的另一个词是 вздор。

它的词根是 драть，与 содрать（剥下）同词根。вздор 最初的意义是“将树变成木材时剥下的树皮、刨花等废物”（见尚斯基等人编《俄语简明词源词典》）。即同上述汉、英、俄语词一样，也是从“废物”的意义中引申出“废话”的意义。

德语的 zeug 在口语中指“不值钱的东西”“蹩脚的东西”，也引申出“废话”“胡说八道”，其语义演变规律同上引汉、英、俄语例十分相似。

德语的 Quatsch（胡说八道，废话）同 Kot（粪便，烂泥）同源（见瓦利希《德语词典》），可见也是从“废物”“没有用的东西”引申出“废话”的意义。

意大利语的 fanfaluca（小件东西，无价值的装饰品，纸灰）引申指“废话”，也是同样的比喻语义派生规律起作用的结果。Fernando Palazzi 在他编的《意大利语最新词典》里正确指出，该词的“废话”一义是“纸灰”等意义的比喻意义。由此可见，《意汉词典》（商务印书馆 1985 年版）将“废话”“谎话”作为 fanfaluca 的第一个义项，将“小件东西”“纸灰”作为其第二、三义项，不符合词的语义派生顺序。该词典也许是从这几个义项出现的频率着眼排列其顺序的。

综上所述，汉、英、俄、德、意语在构成表示“胡说八道”的词时，都是从表示“无用的东西”的词派生，这不妨看作是一种语义普遍现象。这是语义类型学的研究对象。从这里还可以看出，这种类型的比较，有助于阐明诸如“放（狗）屁”之类用语的部分理据，而限囿于某一种语言时，对某些语言现象就可能感到茫然，不知当如何解释。这正是语义类型学的价值所在。

（伍铁平）

模糊语言≠含混不清

社会语言有精确语言，如“某单位外欠款达 1346758 元”“圆周率近似值为 3. 1415926535897932384 6……”“1988 年 3 月 25 日下午 3 点七届人大一次会议在人民大会堂隆重开幕”……像这些经济往来、科学研究和政治活动，要求用确定的数字、准确的数据和具体的时间、地点去表达，这就是精确语言。

但是社会交际中更多的是用模糊语言，如“我们乡这几天连降大雨、刮暴风……”“我今天身体感觉不大舒服”“她是一个中年妇女，身材健美，胸脯结实，眼睛里时时闪着睿智的光亮”……多大的雨为大雨，怎样的风为暴风，什么样是舒服，什么样是不大舒服，以及怎么样为身材健美，各人会有不同的看法。这些都没有严格的标准。但是它可以使人了解，得到明晰的印象，可以起到传达信息进行交际的作用。因此，我们说精确语言和模糊语言都是社会生活所需要的，它们相辅相成，相得益彰。

以“大雨”为例，作为气象科学术语，它是有严格含义的。“大雨”，指 24 小时内雨量累计（在雨量收集器内）达 25 ~ 49. 9 毫米（mm）。科学要求严格的定量分析，因此越精确越好。

科学普及作品要求读者明白，了解得具体，对“大雨”“小雨”的说明是这样的：“你听到雨声激烈，排水不良的地方很快就有了积水，这就是大雨；下雨的声音不大，慢慢淋湿衣服，泥路渐渐湿透了，这才是小雨。”这些描述全用模糊概念，然而这些模糊概念合起来，却给人一个明确具体的印象。

文学作品中描写大雨，又是一番情景。老舍在《骆驼祥子》中写道：“风过去了，只剩下直的雨道，扯天扯地地垂落。看不清一条条的，只是那么一片，一阵，地上射起了无数的箭头，房屋上落下万千条瀑布。几分钟，天地已经分不开，空中的河往下落，地上的河横流，成了灰暗昏黄，有时又白亮亮的，一个水世界。”

作家使用的“一片”“一阵”“无数的箭头”“万千条瀑布”等都是模糊语言，而这些模糊语言却给人以非常具体、生动的形象。所以模糊语言绝不是含混不清的语言。只有含义模糊、易生歧义、令人误解的语言，才是含混不清的语言。在这篇小说里，如果把这场大雨表述为“十五分钟，在雨量收集器内即已收集雨水××毫米”，那么，不仅读来乏味，而且会给人留下一片朦胧模糊的印象。

当代科学技术的最新成果——电子计算机，已经可以有条件地代替人的脑力劳动。在科学与工程计算、数据处理和过程控制方面，它正发挥着巨大的作用。但是，在目前阶段，它还只能识别计算机语言。计算机语言是最精确的机器语言。人们把用机器语言编制的程序输进计算机，它就能接受并贮存起来，而且按指令进行运算和处理。然后把处理结果输出并打印出来。因此人机对话要靠精确语言。日常交际中，许多用模糊概念表述的问题，靠语境才能识别的含义，人的种种情感因素，目前计算机尚无法准确地识别和反馈。然而，人工智能研究，正在这方面展开令人鼓舞的前景。

（苗守正）

“模糊”一点也好

嵇康是魏晋时代一位多才多艺的散文家和诗人。他性情刚烈，鄙视权贵，对司马氏政权深恶痛绝，宁愿以打铁为生，也不愿与其同流合污。有一次，司马氏政权中的显要人物钟会带着大队人马来访。嵇康对此十分反感，他低着头，只是打铁，丝毫也不理睬这位贵客。直到钟会十分狼狈地要走的时候，嵇

康才出其不意地问道："何所闻而来？何所见而去？"钟会愤愤地答道："闻所闻而来，见所见而去！"后来，钟会在司马昭面前说了嵇康许多坏话，终于把他杀掉了。

抛开政治背景，单看两人的对话，是颇有风趣的。嵇康的问话显得幽默，钟会的答话显得巧妙。"闻所闻而来，见所见而去"，到底听到了什么，见到了什么，谁也说不清。其实，钟会的答话，正是模糊修辞的一例。

什么是模糊修辞呢？模糊修辞是指运用模糊概念和言语表达思想感情的手段。有人可能要问："怎么，概念和言语还会是模糊不清的吗？"是的，我们所使用的句子的词大部分是模糊不清的。模糊，正是人类自然语言的属性。随便举个例子吧，比如"夏天很热"，这个句子我们都很熟悉，一点也不觉得模糊。但若问是哪里的夏天呢？是北半球的还是南半球的，是美国的还是中国的，是北京的还是昆明的……就有点模糊了。"热"也是这样。40 摄氏度的气温，人们挥汗如雨，可算是热了吧。但这远远不够，50 摄氏度，100 摄氏度，太阳表面的 6000 摄氏度，都是"热"。那么，到底怎样才是"热"呢？也模糊起来了。

自然语言是模糊的，但我们一般没有感觉出来，只有当特意刨根问底时，才有点模糊的感觉。这是因为人们对自己的母语有一种较强的语感，加上语言习惯、语境的帮助，切除了产生模糊的可能性。

当一种修辞手法里有模糊概念的时候，就出现了我们所说的"模糊修辞"了。这样看来，模糊修辞并不是一种什么特殊的现象，它在我们的日常语言活动中，时刻存在，到处可见。下面我们举一些模糊修辞的例子。

（一）过日子比树叶还稠。

（二）飞流直下三千尺，疑是银河落九天。

（三）薄薄的青雾浮起在荷塘里……弯弯的杨柳的稀疏的倩影，像是画在荷叶上。

（四）他长着一副微黑透红的脸膛，高高的个儿，站在那里，像秋天田野里一株红高粱那样淳朴可爱。

（五）我的活力这时大约有些凝滞了……

以上这些俗语、诗歌、散文、小说中的句子，平时我们对它们的感觉还是清晰明确的，但如果刨根问底，却又模糊起来。如（一）例“过日子比树叶还稠”，是什么样的树叶呢？是椰子树叶，还是杨柳树叶？是一棵树上的叶子，还是许多树上的叶子？我们不清楚。如果是一棵椰子树上的叶子，那么似乎“稀”了些；如果是一个大森林里所有树上的叶子，那么似乎又“稠”了一些。所以，“过日子”到底是稀是稠，说不准。（二）例里的“三千尺”是长还是短呢？对于三百尺来说，它是长的；对于三万尺来说，它又是短的。所以，那飞流直下的庐山瀑布，到底是长是短，也说不清。（三）例里，多大厚度算是“薄薄的”，多大弧度算是“弯弯的”，多大密度算是“稀疏的”，没有明确的界限。（四）例里的“微黑”“高高的”和（五）例里的“有些”，也都是一些边缘模糊的概念。

虽然模糊修辞对我们确切地理解语义，有时会带来一些麻烦，但是，正由于它语义模糊，才得以使我们的想象自由地飞翔。而且，在特定的场合下，模糊修辞能起到某种特殊作用，有时候，人们非要“模糊”一下不可。开头所举的那个例子中的钟会，在狼狈不堪的情况下，运用了模糊修辞，躲开了嵇康犀利的词锋，“堂而皇之”地下了台。《官场现形记》中有个贾大少，他进京买官，问徐大军机见了皇上要不要叩头。这个徐大军机世故圆滑，遇事总是“是、是、是”“者、者、者”，他对贾大少是怎样说的呢？他说：“该叩头时你要叩头，不该叩头时还是不叩为妙。”他这样一“模糊”，便把问题搪塞过去了。

我们知道，模糊修辞并不是由于人们的表述能力差造成的，相反，它有时反映了人们敏捷的思维和机智的应变能力。陈毅同志担任外交部部长时，在一次记者招待会上，对那些不怀好意的外国记者的发问是怎样回答的呢？陈老总说：“善有善报，恶有恶报，不是不报，时候不到，时候一到，一切都报。”这一番巧妙的模糊修辞，说得外国记者哑口无言。著名的心理学家曲啸在访问美国期间，《时代》杂志的记者问他说：“曲先生，您来我们美国这么多天，有何感想呢?”曲啸说：“美国毕竟是美国。”模糊得多么好啊，内涵丰富，任你理解。

当然，模糊修辞不可滥用。别人问你：“今天做了哪些事情?”回答：“做了应该做的那些事情。”“这道代数题怎么做?”回答：“按照一定的法则去做。”如果不是开玩笑，这样一味模糊地回答问题，使人不着边际，也就没有什么价值了。

（韩敬华）

语音分析愈分愈细

汉语语音的最大特点，就是以一个一个的音节为基本单位，音节与音节之间的界限十分清晰。汉语的文字就是根据这个特点来创造的，一个汉字代表一个音节。咱们平常说话，感觉起来，似乎发音千变万化，语音单位不可胜计。汉字的数量，也多达数万。但是，汉语语音的基本单位——音节，却是有限的，超不出4000之数。7世纪初陆法言的《切韵》约有3600个左右，16世纪周德清的《中原音韵》约有1586个。其中还包括“南北是非，古今通塞”所反映的音节以及“又音”。现代汉语语音，据学者们统计，有音有字的大约有1200多个音节，加上有音无字的总共有一千七八百个音节。

研究汉语语音，得先从分析汉语音节即从分析字音入手。最初是把一个音节分成两段，前一段叫“声”（也叫“音”），后一段叫“韵”，这就是两分法。从后汉开始，应用了1700余年的反切注音法，就是建立在这种两分法基础之上的。反切是用两个字来注一个字的音，也就是用两个字表示一个字的前后两段音。上字（前）表声，下字（后）表韵。例如“阿艾”切“爱”，“阿按”切“暗”，“古寒”切“干”，“居银”切“巾”。《镜花缘》里描写黑齿国紫衣女子用“吴郡大老倚闾满盈”来嘲讽多九公。这八个字就是四双反切，切出来“问道于盲”四个字。反切注音，上字只管声，不管韵；下字只管韵，不管声。上字与被切字双声，“古、干”双声，“居、巾”双声；下字与被切字叠韵，“寒、干”叠韵，“银、巾”叠韵。语音随时而变，随地而变。许多古代的反切，因时因地的变换，切出来的字会走样。例如《广韵》里“道士”两个字的反切“徒皓、钼里”，在元代周德清的嘴里切出来，就成了“讨死”。用现在的普通话读音，切出来也是“讨死”。所以应用古代的反切来考证字音，必须注意它的时间性和方言性，然后才能获得正确的知识。

两分法把一个音节分成声和韵两个部分。头一个部分“声”还比较单纯，往往只用一个语音的最小单位——音素来构成，或者不用，只讲它的位次，用“零（○）”来表示；而后一个部分“韵”就不那么单纯，可以用一个音素，也可以用两个甚至三个音素来构成，最明显的，“韵”可以分为“韵腹”和“韵尾”。于是，元、明以后，又发明了一种三分法，就是把一个音节分为“头腹尾”三个组成部分，“头”也叫“字头”，就是“声”，“腹”也叫“字腹”，是“韵”的前一部分，“尾”也叫“字尾”，是“韵”的后一部分。例如：“萧”——西鏖呜，“皆”——机哀噫，“忧”——衣欧呜，“猜”——雌哀噫，“刁”——低鏖呜，“求”——其侯呜，等等。关于有些“字尾”，没有代表字可写，就以“字腹”一身二任，既表“字腹”，又表“字尾”。例如用“翁”字兼表收 ng 尾，“恩、安、寒、烟”兼表收 n 尾，“庵、盐”兼表收 m 尾，等等。三分法是为了度曲的需要而产生的，戏曲行腔吐字讲求语言的乐律美，字正腔圆是它的最基本的要求，所以对字音的分析，不厌其细。

应用语音学的理论和方法，总结传统音韵学的成就，对汉语音节的分析又有了新的认识，“韵”的部分还可以析出“韵头”一项，即“韵”应包含“韵头、韵腹、韵尾”三个成分。还有，汉语是有声调的语言，声调也是汉语音节的一个重要组成部分。两分法和三分法没有把声调单独提出来，是暗含在“韵”里面的，可以从表“韵”的代表字上看得出来。例如“大老”切“道”，“道”，古代是上声字，所以用上声字“老”作为反切下字，要按现在普通话的读法是去声字，如果现在给字制造反切，就该换成去声字。三分法“忧”的“头腹尾”是“衣欧呜”，“尤”的“头腹尾”是“移侯胡”，“忧”和“尤”不同声调，所以用字也不同。因此，一个音节可以有“声、韵头、韵腹、韵尾”和“声调”（简称“调”）五个组成部分，当然不是说每一个音节都得有五个组成部分。著名的现代语言学家刘复（1891—1934）据此提出了五分法。他把一个音节的五个组成部分按照音节结构的自然组合次序定名为“头、颈、腹、尾、神”。跟上面所说的名称对应如下：

头	颈	腹	尾	神
‖	‖	‖	‖	‖
声	韵头	韵腹	韵尾	调

上文说，一个音节可以有这样五个组成部分，并非所有的音节都有这样五个组成部分。就结构分析而言，一个音节的各个组成部分既然组合时有一定的顺序，各有固定的位次，那么，在缺少哪一个时，就可以注入“零（○）”的概念，用“零（○）”来表示位次。这样，汉语的音节结构就有以下八种类型：

1	头颈腹尾神	例字	讲	jiǎng
2	头颈腹○神	例字	话	huà
3	头○腹尾神	例字	真	zhēn
4	头○腹○神	例字	是	shì
5	○颈腹尾神	例字	友	yǒu
6	○○腹尾神	例字	爱	ài
7	○颈腹○神	例字	呀	yā
8	○○腹○神	例字	啊	ā

汉语音节结构的类型，唯有这八种。这五种组成部分构成音节的功能不是一样的，其中第三位“腹”和第五位“神”是构成音节的必不可少的组成部分，其余的可有可无。

（杨道经）

汉字语音结构和双声叠韵

在汉语中，一般说一个汉字是一个音节，一个音节写成一个字。字音可以分为三个部分：声母、韵母和字调。一个字起头的音叫声母，其余的音叫韵母，字音的高低升降叫字调，也叫声调。比如“大放光芒（dà fàng guāng máng）”四个字中，注音中的 d、f、g、m 是声母，a、ang、uang 是韵母，“大、放”的声调是去声，“光”是阴平，“芒”是阳平。

大部分字音的声母是辅音声母，也有少数字音以元音起头，声母为“零声母”，如“阿欧（ā ōu）”就是。韵母又可分为韵头（介音）、韵腹（主要元音）和韵尾三部分。如“光（guāng）”的韵母 uang，其中 u 是韵头，a 是韵腹，ng 是韵尾。每个韵母必定有韵腹，韵头和韵尾则可有可无。如“大（dà）”，只有韵腹 a，没有韵头、韵尾。“芒（máng）”有韵腹 a 和韵尾 ng，没有韵头。

清楚了字音结构，双声叠韵就好理解了。

双声叠韵是汉语音韵学中两个常用术语。双声指两个字的声母相同，比如“琵琶（pí pa）”两个字声母都是 p，“洪荒（hóng huāng）”两个字声母都是 h，“流浪（liú làng）”两个字声母都是 l。有的时候，声母虽不一样，但发音部位相同，声音相近，也看作是双声。如“清新”二字，古时声母分别用 c、s，都是舌面前音，现代声母分别为 q、x，都是舌面后音，无论古今，它们都算是双声。叠韵指两个字的韵母相同，比如“缥缈（piāo miǎo）”两个字韵母都是 iao，“荒唐

（huāng táng）”两个字韵母都是 ang。叠韵有时韵头不一定相同，但韵腹、腹尾必须相同，“缥缈”二字韵头相同，都是 i；“荒唐”二字，“荒”有韵头 u，“唐”没有韵头。叠韵指韵母相同，声调不一定相同。“彷徨（páng huáng）”二字声调相同，都是阳平；“叮咛（dīng níng）”“逍遥（xiāo yáo）”中声调就不同，叮、逍是阴平，咛、遥则是阳平。

双声叠韵和古汉语构词法有密切的关系。先秦时代，汉语单音节词多，双音节词少。而那些双音节词，由双声叠韵形成的占有很突出的地位。

双声：缤纷　流连　栗烈　流离　憔悴　犹豫
　　　玄黄　亲戚　妻妾　玲珑　坎坷　参差
　　　踌躇　蜘蛛　渺茫　孤高　驽骞

叠韵：窈窕　须臾　婵媛　崔嵬　薜荔　经营
　　　贪婪　刚强　徘徊　蹉跎　苍莽　愤懑
　　　昆仑　缠绵　盘桓　苗条　螳螂

双声兼叠韵：辗转　夫妇　辘轳

从上面所列的双声叠韵词中，可看出两个问题。

第一，这些词中有合成词，如亲戚、刚强、妻妾、贪婪等，但占多数的还是双音节的单纯词，这类词又叫联绵词或联绵字，两个字连缀成义而不能拆开来解释，如缤纷、憔悴、犹豫、参差、蹉跎、徘徊、崔嵬、蜘蛛等。联绵词也有一些不是双声叠韵的，如浩荡、滂沱等，但具有双声叠韵关系的占绝大多数。

第二，双声叠韵的合成词，两个语素一般是并列关系，而且语素义上有的是同义近义或反义关系。同义近义的，如亲戚、饥馑、洒扫、经营、刚强、贪婪等；反义关系的，如文武、褒贬、男女、明灭、寒暖、夫妇、休咎等。

《诗经·陈风·月出》：

月出皎兮，佼人僚兮，舒窈纠兮，劳心悄兮。

月出皓兮，佼人懰兮，舒忧受兮，劳心慅兮。

月出照兮，佼人燎兮，舒夭绍兮，劳心惨兮。

这首诗每章第三句都形容妇女身材苗条，体态轻盈，行步柔美多姿，由于用了“窈纠、忧受、夭绍”三个叠韵联绵词，尽管三章内容雷同，反而取得了回环往复、一唱三叹的效果，增强了诗歌的节奏感和音乐美。

有意思的是，上古时一些人姓名也存在双声叠韵现象，比如，孔丘（丘，古代声母为k）、庄周都是双声，婵娟是叠韵。秦始皇的两个儿子：长子叫扶苏，叠韵；次子名胡亥，双声。

（韩敬体）

汉语拼音方案的用途广泛

1958年2月11日，第一届全国人民代表大会第五次会议通过决议，批准在全国推行《汉语拼音方案》，它是我国人民文化生活中的一件大事。2000年10月31日，第九届全国人民代表大会常务委员会第十八次会议通过了《中华人民共和国国家通用语言文字法》，规定："国家通用语言文字以《汉语拼音方案》作为拼写和注音工具。《汉语拼音方案》是中国人名、地名和中文文献罗马字母拼写法的统一规范，并用于汉字不便或不能使用的领域。初等教育应当进行汉语拼音教学。"进一步明确了汉语拼音方案的法定地位及其使用范围。

50年来，汉语拼音方案在我国人民的社会生活中得到了广泛运用，取得了很大的成绩。

（一）教育教学领域。《汉语拼音方案》为汉字和普通话提供了很好的记音和学习工具，在识字、阅读、写作、学习普通话方面发挥了重要作用。初等教育阶段的汉语语文教学就是让小学生学习常用汉字，学习汉语。汉字数目庞大，形体结构复杂，笔画较多，难学、难认、难写、难记。汉语拼音字母能够准确地给普通话的汉字注音，其字母只有26个，对汉语拼音字母的学、认、写、记比起两三千个汉字来就方便多了。小学生先学习、掌握汉语拼音，再用来学习汉字、学习普通话就会容易一些。实践证明，小学语文教育通过汉语拼音教学，能够较快地提高学生的语文程度。同样，汉语拼音作为识字的工具对扫除文盲工作，也有很好的效果。汉语拼音也是帮助国内少数民族同胞和外国人学习汉语汉字重要的辅助工具。（二）新闻出版领域。给书刊封面的名称加注拼音，用汉语拼音或汉语拼音与汉字对照的方式编写初级读物。一些初级读物和扫盲读物，注有与汉字相配合的汉语拼音，适合初等文化水平的读者的阅读需要，对他们提高文化水平能收到事半功倍的效果。（三）排序和检索。一些语料库、数据库、工具书、图书档案、地名卡、人名册等用汉语拼音排序或编制索引，便于检索，工具书、名册、资料卡片、图书目录之类采用汉语拼音音序排检的越来越多。（四）人名、地名、单位名、商标名、建筑物名等用汉语拼音拼写。国际交往中汉语拼音已经作为拼写中国人名、地名和汉语汉字的国际标准。在工商、交通、邮电、通信等诸多领域广泛运用。（五）中文信息处理。汉语拼音是中文信息处理的得力工具。在中文书面信息处理方面，汉语拼音输入法是我国电脑和手机采用的较为常用的一种中文输入方式。在语音信息处理方面，汉语拼音适合用作所需的语音表达，所以在电脑输入、词语处理、自动转换、机器翻译等工作中得到广泛运用。（六）计算机网络语言中的运用。网络语言的 BBS 和网络聊天中使用一些特殊词语，尽管网络特殊词语只在特定人群中使用，但其存在、发展对流行语言的影响是不可忽视的。

汉语拼音在我国辞书中同样运用广泛，发挥出越来越显著的作用：

（一）在辞书书名、书号中的运用。辞书，特别是语文字典、词典在封面或扉页的汉字书名的旁边，大都注有相应的汉语拼音。（二）按照汉语拼音字母顺序编排字头或词条，有的还用来标识释义中较小项目的次序。辞书在义项次序排列上，一般采用阿拉伯数码加圈的阴文或阳文形式。但义项下再分列次一级的义项时，就可能采用汉语拼音字母编序。如《现代汉语词典》就用a)、b)、c）标识义项下的分义项。(三）用汉语拼音给字头、词目及注文中难字注音，有的还对词目进行分词拼写，并能较好地表示出轻声、儿化读音。有的辞书还特意给释义中的生僻字加上汉语拼音注音，给读者提供方便。(四）收录汉语拼音字母构成的一些字母词。字母词大多数为拉丁字母构成，其中又多为从英语词语缩略而来。如WTO（世界贸易组织)、RMB（人民币)、GB（国家标准)、PSC（普通话水平测试）等。(五）索引或检索，一般辞书都设有正文单字、词语或条头的汉语拼音的音序索引或检索。按字形（部首、笔画、笔顺）或字形编码编排的辞书一般就要附有汉语拼音排序的检字表。如《辞海》《辞源》《汉语大字典》《汉语大词典》《现代汉语方言大词典》等。由于汉语拼音音序编排已经是辞书编排的主要方式，所以按其他方式编排的辞书不能不顾及人们较为习惯的这种检索方法。(六）用于辞书的资料收集、整理、排序、项目标注等。随着辞书的现代化、数字化、电子化的发展，汉语拼音在辞书编写中会发挥越来越大的作用。

汉语拼音为中国人的语言生活提供了诸多便利，随着信息技术的发展，其用途会越来越广。汉语拼音在具体的学习和运用方面还有一些地方需要加以研究，进行改进或完善，制定一些补充规范，才能使这一利器发挥更大的作用。比如社会上对汉语拼音字母的名称叫法就比较混乱，很多人按英语中的字母名称念，有的按汉语拼音方案声母表中的读音念，有的按汉语拼音方案字母表中的名称念，有的按汉语拼音字母在拼音中的实际读音念。汉语拼音字母的叫法很不一致。比如X，有的读aiks，有的读xi；C，有的叫si，有的叫sei，有的叫ci，有的叫cai。还有不少人把“j、q、k”说成“勾、嘎、开”。字母读音歧异，也给字母词的排序工作带来麻烦。再如汉语拼音排序的问题。完全按拼音字母顺序排列还是照顾到汉字字头排序，是否顾及声调，就形成不同的汉语拼音排序体系。《现代汉语词典》词语的排序就与《汉语拼音词汇》不同。z、c、s和zh、ch、sh的或分或合在不同的辞书中也有不同的排列方式。还有，汉语拼音字母的字形问题。当前，我们习惯上使用的汉语拼音字母印刷体小写形体用哥德体，与常用的英语字母印刷体小写不尽一致，特别是a、g与ɑ、ɡ就不一样。

汉语拼音方案在我们的语言生活里发挥了显著作用，我们要总结以往的经验，让它在建设和谐社会中发挥出更大的作用。

（荆　蒉）

街道名称汉语拼音中的方位词及其习惯说法

地名中的方位词一般是单音节的，通常有“内、外、前、后、左、右、南、北、东、西、中”十来个。1984 年 12 月中国地名委员会、中国文字改革委员会、国家测绘局颁发的《中国地名汉语拼音字母拼写规则（汉语地名部分）》规定：“专名或通名中的修饰、限定成分，单音节的与其相关部分连写，双音节和多音节的与其相关部分分写。”前面说的十来个方位词如在专名和通名之间，是连在前面的词还是连在后面的词，情况不尽相同。

我的工作单位中国社会科学院，位于建国门桥西北角建国门内大街东头。一次，一位新来的同事给友人打电话，对方问他所在的地址，他回答说：“这里是建国门——内大街——5号”。在场的同事都感到不大习惯，我们常说的是“建国门内——大街”，不是“建国门——内大街”。二者的区别就在于方位词“内”字是连在前面的“建国门”后面还是连在后面的“大街”前面，也就是说整个地名中间的小的停顿应该是在“门”字后面还是在“内”字后面。一般说法，或者说是习惯说法是“内”连在前面的“门”字后面。不久，我对那里大街街头树立的标牌留意起来。就在建国门桥的西北角，也就是在建国门地铁站前面有两个紧挨着的道路标牌，一个较大的上面一行汉字为“建国门内大街”，下面是一行汉语拼音：“JIANGUOMEN NEIDAJIE”，“内”的汉语拼音连着后面的“大街”，这正与我那位新来的同事的说法相符合（这块标牌不知为什么在2008年奥运会开幕前夕拆除），另一块较小的标牌，上面汉字下面的汉语拼音却是“JIANGUOMENNEI DA-JIE”，这样又符合“内”连前，在内与大之间有较短停顿的习惯说法。“建国门内大街”的简称“建内——大街”，中间停顿也是放在“内”后。同样的情况，还有“建国门外大街”“朝阳门内大街”“复兴门内大街”“朝阳门外大街”“西直门内大街”等，其中的方位词“内、外”的汉语拼音字母与前面的专名连写，读起来才符合北京人的语言习惯。

但是，北京街道名中的方位词“东、西、南、北、中、前、后、左、右”与前后连读的情况与“内、外”又有所不同，它们习惯上多与后面的“大街”“小街”或“路”“街”连着说，不是与前面的专名连着说。比如说“景山后街、景山东街、朝阳门南小街、东三环北路”等，汉语拼音当然应该照语言习惯与后面的通名连写。

街道名称中的方位词与其前后有关部分的分写，连写，应该名从主人，反映人们习惯上的说法。一般说来，汉语词汇的发展从古代至现代趋于双音节化，不止一个词组成的短语说起来一般多分成双音节的韵步。现代汉语多音节地名的称说与习惯的双音节韵步很有关系，不管是前面的专名还是后面的通名，如果是单音节的，其后面或前面往往可连带单音节方位词，构成双音节结构。如说“桥东——大街、桥西——北路、大桥——南路”等等。顺便说一下，北京还有“东四、西四”两条大街，各有十几个胡同，依次称之为“条”，如“西四六条”“东四十条”“东四十二条”之类，其中的东四、西四可一定要与后面的数字分开说，不能紧连在一起。可巧，东四的胡同只有十几条，如有二十条以上，可能就不会连起来说了，如东四二十一条，四就不容易与二十一连起来说了。“东四十条”标牌的汉语拼音应该作“DONGSI SHITIAO”，而不能作“DONGSISHITIAO”。“东四、西四”原是“东四牌楼、西四牌楼”的简称，“四”不能与后面的数字连说，汉语拼音也需与后面的数字分写。前面引述的《中国地名汉语拼音字母拼写规则（汉语地名部分）》规定：“地名中的代码和街巷名称中的序数词用阿拉伯数字书写”，并且明确举例说，“东四十二条”拼音作“Dōngsì 12 Tiáo”。有人认为这种规定数字字音未能“罗马化”，序数词不标示读音会造成指示方位尤其是口头问路的交流障碍，这一问题还可以再行研究，但绝对不可拼音作“Dong 42 Tiao”或“Dong 4 12Tiao”。

（韩敬体）

历史上第一个汉语拼音方案

汉字不属于拼音文字之列，很难做到见字就能读出它的音。多少年来，人们为了给汉字注音，先后创造了“譬况法”“读若法”“直音法”和“反切法”。这些方法虽然递相更新，但是总跳不出用汉字注汉字的圈子。不能对字音进行音素分析，用拼音的原理来标注字音。古代虽然也曾有过用别国或别民族的拼音文字来译写汉语的例子，但是仅仅限于一些人名、地名、官爵名等专有名词以及汉文《千字文》一类的个别文献，并没有形成一个全面的汉语拼音系统。

用拼音文字译写汉语所形成的全面的汉语拼音系统，从前的学者总以为始于明末耶稣会传教士利玛窦（Matteo Ricci）、金尼阁（Nicolas Trigault）等制定的罗马字汉语拼音方案。利玛窦，1552 年生于意大利，1582 年来我国传教，首登澳门，后经广东肇庆、韶州，江西南昌，江苏南京，于 1601 年到达北京，并深入宫廷，1610 年卒于北京。他来到我国后，就开始用罗马字给汉字注音，以便于西洋人学习汉语汉文，后来跟他的会友们一道，制定了一套用罗马字拼写汉语的方案，著有《泰西字母》《西字奇迹》等书，来说明这套方案。金尼阁，比利时人，他在 1610 年继利玛窦之后来我国传教，将利氏等的罗马字汉语拼音方案进行了重新厘定，1626 年写成《西儒耳目资》一书。

其实，这是一种误解！

早在利玛窦、金尼阁之前 350 多年，距今 740 多年的元世祖时代，就有了用拼音文字拼写汉语的拼音方案，那就是八思巴字汉语拼音方案。

八思巴字又称八思巴蒙古字，是元世祖忽必烈特命国师八思巴创制的一种拼音文字，于至元六年（公元1269年）颁行全国通用。元朝时，中国是一个统一的多民族国家，颁行时规定，八思巴字用于拼写蒙古语和译写国内各个有文字的民族语言，如汉语、藏语、维吾尔语等，此外，还包括用以转写梵文。

八思巴（1235—1280）是元代藏族大学者，喇嘛教萨迦派的第五祖。他的本名是罗追坚藏，八思巴是他的尊号，系藏语“圣者”的译音。中统元年（公元1260年），忽必烈即帝位，封八思巴为国师，让他统领天下释教。至元元年（公元1264年），立总制院，管辖全国释教和吐蕃僧俗政务，由国师八思巴任总管。

八思巴字是音素型拼音文字，用字母表示音素。共有41个原字母，在拼写各种民族语言时，可以根据不同情况和要求，对原字母表的字母进行适当的增加或减少。比如拼写汉语，是“去三增四”。拼写各种语言所递增的字母，总共有15个之多。八思巴字的字母，大部分仿照藏文字母，少部分仿照梵文字母或依照藏文的体势来制定。就41个原字母来说，有27个辅音字母来自藏文，有4个元音字母来自藏文的元音符号，有3个辅音字母来自梵文，新造辅音字母4个，新造半元音字母3个。此外，八思巴字还有两个书写符号，一个是字头符，用于字首的元音字母前；一个是连接符，用于连接同一个书写单位中的诸要素。行款自上而下竖写，从左至右转行。书体分为正体（楷书）、篆体、双钩体等。正体最常用，篆体一般用于官印和碑额，双钩体很少用，偶尔见于碑刻的左右边缘。

八思巴字既是元朝颁行的国字，用于拼写蒙古语和“译写一切文字”，用八思巴字拼写蒙古语，就形成了一种新的蒙古文，用八思巴字译写汉文、藏文、维吾尔文以及梵文等，并没有形成各种新文字，只是一种转写或给予一种拼音方案。即原来就属于拼音文字的藏文、维吾尔文以及梵文等，用八思巴字译写时，只不过是字母形式的转换，原来不属于拼音文字的汉文，用八思巴字译写时，就等于给汉文增添了一套拼音方案。这个拼音方案，就成了历史上第一个汉语拼音方案。

八思巴字颁行了数十年之久，后来随着元朝的灭亡而被废弃，成了一种死文字。但用八思巴字译写汉语的文献文物资料，被保存下来的还很多，其品种和数量都相当可观，计有八思巴字碑刻 30 块左右，刻的是八思巴字与汉字相对照的官方文书。八思巴字官印 100 来颗，刻的篆体八思巴字。一部《百家姓蒙古文》，是《百家姓》的八思巴字译音本。一部《蒙古字韵》，是八思巴字与汉语对译所根据的范本，是用韵书的体裁来编成的，包含 818 个八思巴字字头，9118 个汉语单字。还有一些载于图书中的八思巴字诏书、宣敕的文本以及带有八思巴字的符牌、钱钞、秤权、瓷器、花押等一批文物。这些东西都是研究八思巴字汉语拼音方案的原始依据，也是研究当时政治、文化、经济、语言文字、民族关系等问题的极为珍贵的史料。

（杨耐思）

村名中的“各”字溯源

北京、河北一带，有许多村庄的名称里都带有一个“各”字，如北京的张各庄、杨各庄、庞各庄、岳各庄，河北的梁各庄、留各庄、柏各庄、胡各庄。这些村庄名字的头一个字都是姓氏，表明这个村庄在历史上曾跟某个姓氏有过紧密的联系，有的庄名前所冠的姓氏直到如今还是村里的“大姓”。然而，令人费解的是：这些村名中的“各”字的含义究竟是什么呢？

其实，村名中的“各”字，本来是“家”字。张各庄就是张家庄，杨各庄就是杨家庄。那么，“家”又是怎样变成“各”的呢？这个问题，就要从汉语语音发展演变的历史上去寻求答案了。

语音和世界上的万事万物一样，是处在经常不断的发展变化之中的。汉语的语音，从古到今，发生了明显的有规律的变化。现代汉语 j、q、x 这套声母，是由 z、c、s 和 g、k、h 这两套声母演变来的。变化的条件是这两组声母跟 i 或 ü 相拼，z、c、s 和 g、k、h 在与 i 或 ü 相拼时，其发音部位受 i、ü 的影响而产生“同化”作用，变成了 j、q、x。例如，“将”和“江”现代普通话都读 jiāng，声母都是 j；而在古汉语中，它们的声母却分别为 z 和 g。拿“家”字来说，它在现代普通话中读作 jiā，声母是 j。而在中古时期（以《广韵》音系为代表），它读作 ga，声母是 g。在现代方言中，“家”字还有读作 g 的，如江浙话读作 gu，广东话读作 ga，属于北方方言的胶东话读作 gia。g 变成 j 是比较晚近的事。成书于公元 1324

年的《中原音韵》(元周德清撰)还没有反映这个变化。也就是说，g 变成 j 不会早于 14 世纪。直到今天，这个变化的痕迹还可以见到，如“角落”(jiǎo luò)北京方言中说“旮旯”(gā lá);“缰绳”(jiāng sheng)北京方言中说成 gāng sheng。

从中古(公元 4 世纪至公元 12 世纪以前)到现代，“家”字的读音经历了 ga-gia-jia 的演变。在“×家庄”这类村名中，“家”字保存了古音的读法，声母是 g 而不是 j。又由于“家”字在村名中读成轻声，它的读音与现代普通话的“家”相去甚远，而与“各”倒很接近。久而久之，书写形式也跟着改变了，于是“家”便成了“各”。

(晁继周)

乾隆念了白字吗?
——兼谈“难字念半边”

苏州市有一个浒墅关。其中的“浒”字念 xǔ 不念 hǔ。当地有人说，因为乾隆念了白字，一直错了下来，真是如此吗?

元代高德基的《平江纪事》说：“‘许市’去吴县西 25 里，……因其地曰‘虎噼’，至南唐讳‘琥’，钱氏讳‘镠’遂改名‘许氏’，后人讹旧音，于‘许’字加点水为‘浒’，‘市’讹为‘墅’，迄今两称之。”高氏是当地人，其说“迄今两称之”是实录，可见并非乾隆念了白字。但是高氏的其他说法却未必可信，“浒”字念 xǔ 乃是本音，理由是：

第一，《说文解字》中“浒本作许或作滸”。在东汉“许（xǔ）还是“本作”，“滸（hǔ）”却是“或作”。第二，“浒”是形声字，“许”为声符，可见“浒”字原读“许”或与“许”相近的音。第三，地名字常常保持古音、本音。广东省有个番禺县，其“番”字念 pān，不念 fān，山东省有个古县名鄪邑，“鄪”即“费”，念 bì，不念 fèi，根据清代古音学家钱大昕的考证，古无轻唇音，因此“番”读 pān，“费”读 bì，读的是古音（重唇音）。今北方张各庄、李各庄的各字，原本为“家”字。因地名保持古音，改“家”为“各”。“浒”字念“许”，也是本音，今浒浦（江苏省常熟市内）、浒山镇（浙江省慈溪市内）、浒湾镇（江西省抚州市内）中的“浒”字均念 xǔ，不念 hǔ。第四，语音是发展的。明代古音学家陈第说：“时有古今，地有南北，字有改革，音有转移。”

“浒”字东汉时就有“许”“滹”两个音了，这两音古时声母相同，韵母略有不同，其中“许”音后来发展为 xǔ 音了。所以“浒”字在地名中有的念 hǔ（如河南的浒湾），有的念 xǔ 是古音遗存或发展的结果，并非像高德基说的，“至南唐讳‘琥’……遂改名‘许市’”的，如果说浒墅、浒浦属于南唐管辖，那么江西省境内的浒湾也念 xǔ，又是避了谁的讳呢？

从“浒”字读音，让人联想到那句“难字念半边”的民间俗语。这话应该说是不无道理的。所谓难字念半边，就是说，不认识的字，念形声的声符就行了。因为汉字十之八九是形声字，是有“半边”可念的。本来，形声字的声符是表示字音的，形声字按声符念是不应该错的，或者说不应该大错的。但是，事实上并非如此，“念半边”往往不能一定念对，就“浒”字来说，在《水浒》中念半边就错了，而在浒墅关中，念半边就对了。那么，这种声符与用该声符标音的字读音脱节，又是怎样造成的呢？

作为人类最重要的交际工具的语言，是在不断地渐渐变化着的，语音的变化也是这样。虽然作为记录语言的符号体系的文字也是在变化的，但其演变进程与语音变化相比，速度是比较慢的，语音演变与文字演变并不是同步进行的。所以，经过一定历史阶段，二者便出现差异。同一个形声符号所标示的汉字，不念同音的现象是大量存在的，例子可以信手拈来。

从甫得声的字：（声母为 b 的）逋、哺、捕、補/（声母为 p 的）铺、莆、脯/（声母为 f 的）辅、黼、脯、傅……

从番得声的字：（声母为 p 的）潘、蟠/（声母为 f 的）幡、翻、璠、蕃……

从周声得的字：（声母为 d 的）凋、碉、雕（鵰、彫）、调/（声母为 t 的）调、蜩/（声母为 zh、韵母为 ou 的）週、赒/（声母为 ch、韵母为 ou 的）惆、稠、绸……

从召得声的字：（声母为 zh 的）招、昭、沼、诏、炤/（声母为 t 的）迢、髫、苕、笤/（声母为 sh 的）苕、绍、邵（劭）、邵……

从可得声的字：（声母为零的）阿/（声母为 h 的）呵、诃、河、何/（声母为 g 的）哥、舸/（声母为 k 的）苛、柯、坷、轲、钶……

从寺（sì）得声的字：时（shí）/恃、峙（shì）/持（chí）/待（dāi）/待（dài）、特（tè）/等（děng）……

以上所举，绝大多数算不上难字，这些字各组内声符是一个，但字的读音都是五花八门的，无法套用“难字读半边”的规律。我们认为，遇到不认识或没把握的字，要念它还是费点工夫查查字典为好。现在那种把“造诣”读成“造 zhǐ”把“棘手”念作“là 手”者，决不是个别的，甚至在大学讲台上，在电视、电台里也常常听见，这就不得不引起我们的重视了。

（孟守介）

《胡笳十八拍》的用韵

在我国丰富的文学遗产的宝库中，长篇叙事抒情诗《胡笳十八拍》堪称一部卓尔出群的优秀作品。这部作品自从唐代被记录下来以后，就一直受到人们的广泛传诵和欣赏，流布久远。但是，关于这部作品究竟是何人所作，却是一个引起争论的问题，迄今未有定论。

唐代以来，关于《胡笳十八拍》的作者，主要存在着是与不是蔡琰所作这样的两派不同意见。蔡琰，字文姬，东汉末女诗人，陈留圉（今河南省杞县南）人，蔡邕之女。博学有才辩，妙解音律。初嫁河东卫仲道，夫死无子，归母家。东汉末，天下大乱，她被胡骑所掳，流落南匈奴十二年，与左贤王生二子。后来曹操将她赎回，再嫁同郡董祀，著有《悲愤诗》。主张《胡笳十八拍》是蔡琰所作的人，如唐李颀(690—751)、于頔（？—818)，北宋王安石（1021—1086)、郭茂倩、李纲（1083—1140)，南宋朱熹（1130—1200)、王应麟（1223—1296)，元杨维桢（1296—1370)，明梅鼎祚以及现代的郭沫若等人。他们的主要根据是:《胡笳十八拍》所叙之事完全是蔡文姬的经历，所抒之情完全是蔡文姬的哀怨，是发自内心，如泣如诉，用整个灵魂吐诉出来的如此深切动人的绝唱，“非亲身经历者不能道”。否定《胡笳十八拍》为蔡琰所作的人，如宋朱长文（1041—1100)、秦再思，明朱权(1378—1448)、龚经、王世贞（1526—1590)、胡应麟，清李田笃、沈德潜（1673—1769）以及现代的郑振铎、刘大杰等人。他们的理由主要是：《胡笳十八拍》所描写的，同蔡文姬流落匈奴时的历史事实和地理环境不合；它在唐以前不见著录、论述和征引；它同汉末诗歌的风格体裁不合；等等。1959年，两派意见的支持者、同情者，双方相继各举论据，各抒所见，针锋相对，你来我往，又展开了一场激烈的论战。一共有30多篇文章参战，《胡笳十八拍讨论集》（中华书局1959年版）收入26篇及资料3篇。最终两派意见仍然存在。

从语音学的观点看，《胡笳十八拍》的确不可能属于东汉末年的作品。翻开语言学史，也从来没有人把它当成东汉时期的作品。为什么？因为《胡笳十八拍》的用韵，明显地不符合东汉时期韵文的韵部。

例如，《胡笳十八拍》第一拍一韵到底，韵字是“为、衰、离、时、危、悲、亏、宜、谁、知”。按东汉时的韵部（据罗常培、周祖谟《汉魏晋南北朝韵部演变研究》第一分册，科学出版社1958年），“时”属之部，“衰、悲、谁”（上古微部，东汉合于脂部）属脂部，“知”属支部，“为、离、危、亏、宜”（上古歌部，东汉转为支部）也属支部。这就成了之脂支三部同用。还有第七拍叶“起、是、里、美、垒、蚁、徙、此”，第十一拍叶“死、以、梓、矣、垒、子、耻、鄙、起、髓”，第十三拍叶“归、衣、骓、知、时、辉、归、移、遗、悲、知”，第十四拍叶“随、饥、衰、移、期、斯、悲、时、垂、思”，也都是之脂支三部同用。上古音之支脂分为三部，是段玉裁（1735—1815）研究古音的一项重大贡献，已是“证据确凿，铁案难移”。东汉时期韵部经过演变，但还有保持这三部的畛域。诗人用韵有支脂通押的例子，据学者们考证，是支脂的元音比较接近。而之跟支、脂的元音相差很远，之支或之脂通押的例子极为罕见，跟《胡笳十八拍》支脂之三部普遍相押的情况显然有异。

又如，第十八拍叶“中、同、终、穷、功、通、风、东、空、容”。按东汉韵部，“同、功、通、东、空、容”属东部，“中、终、穷”属冬部，“风”属侵部。诗人用韵，东、冬通押韵例子是有的，也是因为东冬两部韵尾相同，元音比较接近的缘故。东冬两部之间的区别，是东部接近于“阳”，冬部接近于“蒸、侵”。最令人疑惑的是侵部的“风”跟东冬通押的现象，与东汉时的韵部很不相符。“风”字在东汉时的广大地区仍然读成以-m收尾，跟蔡琰同时人刘熙的《释名·释天》说：“风，兖、豫、司、冀横口合唇言之；风，汜也……青、徐言风，踧口开唇推气言之；风，放也。”如果是蔡文姬的作品，她是陈留人，当然是读“风”字以-m收尾的，就决不会有如此的败笔。蔡邕《答元式诗》“……君子博文，贻我德音，辞之极矣，穆如清风”中的“风”也是与-m尾“音”押韵。女儿又岂能与父亲不一致。汉语诗歌押韵的一般规律，叶韵时韵字的元音倒还可以通融一些，而韵尾则要求非常之严格，只有当“风”字由-m尾转为-ng尾以后，才能出现像第十八拍那样的押韵例子，而这种转化最早也在魏晋以后。

罗常培、周祖谟《汉魏晋南北朝韵部演变研究》第一分册第15页上说道：“我们有了这一张韵部分合表以后，在读两汉诗文的时候就有很大的便利。有些古书或文学作品的时代不十分明确的也可以根据这个韵部表加以确定。因为一个时代的作品，自有它一定的思想、风格、词汇和音韵，作者尽管托古或拟古，在语音上总会有漏洞的，所以根据语音史来辨别真伪也是一种办法。”《胡笳十八拍》根据语音史来辨别，只能得出后人托古拟作的结论。

（杨道经）

数字的妙用

汉语的数字有“一、二、三、四、五、六、七、八、九、十、百、千、万、亿、零”等。无论是哪一种交际场合，或是形诸笔墨的文字里，都免不了有一些数字出现。就是说，数字在汉语里有一定的覆盖面。通篇不见一个数字的谈话或文章，可以说是绝无仅有。

曾经有人写了一首用数字从“一”到“十”组成的五言绝句诗：

一去二三里，
烟村四五家，
楼台六七座，
八九十枝花。

这是巧用数字的典型。乍一看似乎搞的是一种文字游戏，细细品味其中颇具诗情画意，通达清新，所以深受人们的喜爱，广为传诵，经久不息。

成语是语言的精品，汉语里用数字组成的或含有数字的成语颇多，都经过了长期的锤炼，凝聚了人们的智慧，朗朗上口，笔翰如流。例如：

一帆风顺，双喜临门。两次三番，三令五申。三朋四友，三五成群。四体不勤，五谷不分。三头六臂，五花八门。六亲不认，五内如焚。五湖四海，五谷丰登。七上八下，九死一生。八仙过海，八方呼应。九九归一，十指连心。一曝十寒，一事无成。一呼百应，一鸣惊人。十年树木，百年树人。千疮百孔，百废待兴。千方百计，万马奔腾。千村万落，万古长青。十万火急，百万雄兵。千万小心，万万不能。

数字一般用于表示数目，分基数和序数两种。基数即普通整数，例如“一、二、三、……一百、二千、三万”等。序数是表示次序的数目，例如“第一、头一回、正月、初一、大女儿”等。这都是实有其数，叫实数。实数从数的范畴来说，可以分为单数、双数和多数。表最小的单数用数字“一、幺”，表最小的双数用“二、两”，表多数用“三”和“三”以上的基数字。表单数和双数用的数字都是实数。表多数的“三”有时不是“三”的实数，只言其多，例如“韦编三绝”“三心二意”“三番五次”等。“九”是“三”的乘积，跟“三”具有同样性质，例如“九牛一毛”“九霄云外”等。

用数字表示数目不定的约数，可以有三种办法。（一）用数字系列的两个相邻的数字来表示，例如“车六七百乘”“结婚八九年，他没动过我一指头”“冠者五六人，童子六七人”等。最后一个例子引出北齐优人石动筒说的一段相声。他说的是，孔夫子门下七十二贤人，多少是成年人？多少是未成年者？博士回答不出。他说，书上明明写着，“冠者五六人”，五六得三十，成年人三十位，“童子六七人”，六七四十二，未成年者四十二位。三十加四十二，正好七十二。这里把约数故意曲解为积数，达到逗乐的效果。（二）在数字之后加“余、来、奇、多、几、上下、左右”等词来表示，例如“年二十余”“舟首尾长约八分有奇”（有 = 又）“四十多种”“五十几个”“六百上下”“七千左右”等。或在数字之前加“可、将、近、将近、且、大概、约”等词来表示，例如“去汉可万里”（去 = 离开）、“将百年间”“近五千年”“将近半个世纪”“年且九十”“大概十艘兵舰”“约十八平米”等。

（三）直接用表约数的词来表示，不再出现数字，例如“多少事，从来急”“明月几时有”“范增数目项王”等。

序数的表示法，一般是在数字之前加“第”，“第六感官”“第五才子”“第四卷”“第三百五十六页”。或加“老”用于关于排行的序次，“老大”“老三”“老九不能走”。序数“一”往往不用数字“一”来表示，例如第一个子女称“老大”，一年的第一个月称“正月”等。

数字用于“白发三千丈”“光焰万丈长”“老孙一个跟斗翻了十万八千里”等例句中，是文学上夸张手法的产物，意在渲染，跟实际数目相去甚远。

数字不表示任何数目，连约数和虚数也不沾边的现象是数字的一种特殊用法，这类例子不少。一种是用数字表示某人或某事，例如“张三”“李四”“王二麻子”“朝三暮四”等。“张老三”“李老四”“徐老六”，由于加“老”，可能表示某人的排行。另一种是表示人的某种德行，多用于贬义，例如“不三不四”“人五人六的”等。还有一种是表示某种情况，引出人的某种行为，例如“不管三七二十一，他就吃起来”“他一来到这里，三下五除二，就拾掇得整整齐齐”等。

“二百五”用于指称智商不高，缺少心眼的人。“半吊子”用于讥讽技艺不精者。原来“半吊”“二百五”都是就铜钱数值来说的，一千个铜钱为一吊，来个对折为五百，即半吊，不足数，再来个对折为二百五，更不足数。这里是用钱的不足数来比喻人的智能欠缺而形成的对人物的称号，于是脱离了数的概念。

这种用数字表示非数概念的事物的现象，在某些行业语或方言里，常常可以碰到，例如在某些人中用“两角一”指称少校军衔。“拉屎撒尿”直说出来，有些人觉得不够文雅，改说“上厕所”，在女同胞中间，流行着一种更加文雅的说法，就是“去一号”。甚至当有男同胞在场的情况下，连“去一号”都不说，悄悄地伸出一个手指头来示意，一般用食指。一个手指头伸出来，横竖都是“一”字，有充分的信息量，不能不算作手势语的一大发明。

南方有些地方的方言，把“吃”叫“喫”，把“喝”也叫“喫”，真个是“吃、喝”不分。“吃饭”叫“喫饭”，“喝茶、喝水、喝酒”叫“喫茶、喫水、喫酒”。“喝酒”是一种不良习惯，尤其是对青少年不宜。若有谁家的小孩嚷着要酒喝，往往立即遭到大人们的呵斥，惯用的一句话是“你还要喫十呢?!”这个地方的方言，“酒”跟“九”同音，“喫十”是联系着“喫九”来说的，这里的“九”代表了“酒”。当然，这话带有戏谑的成分。这个地方的方言，“十”跟“食”同音，“食”在方言里就是“饲料”，“鸡食、狗食、猪食”等于“鸡饲料、狗饲料、猪饲料”。“喫十”等于“喫食”，于是这句话一语双关，要酒喝的小孩就被嘲笑为跟鸡犬豕同流，跟指骂为“畜生”没有两样，但用语含蓄，脱去粗暴。

（杨耐思）

数字与记数

数词是语言中反映事物数目多少的词。表示数词的文字是数目字，通称数字。汉字中的基本数字是“一、二、三、四、五、六、七、八、九、十、百、千、万、亿”等。由于数词的常用性，文字中的数字也是常用字，小孩子刚学认字，认数字就是最基本的内容。在通常情况下，人们使用数字的一般形式，也就是小写形式，上面列的汉字基本数字就是小写形式。在比较特殊的或郑重的场合，如汇款、签约、郑重文件等，就另用一种笔画较繁的写法，就是大写。汉字数字“壹、贰、叁、肆、伍、陆、柒、捌、玖、拾、佰、仟”等就是“一、二、三、四、五、六、七、八、九、十、百、千”的大写。此外，在数目字空位，还常用“〇”和“零”字。

我们常用的数字，除上面说的一套外，还常使用阿拉伯数字，这是国际上通用的数码，写作 0、1、2、3、4、5、6、7、8、9 十个符号。这种数字原为印度始创，几经演变传到阿拉伯帝国。12 世纪初传到欧洲，被称为阿拉伯数字，也称作“印度—阿拉伯数字”。我们在通常的数学运算和记账时就使用这种数字。

还有一套苏州码子，也叫草码，我国旧时也用来表示数目，多用于登记账目。其数码从一至十依次写作〡、〢、〣、〤、〥、〦、〧、〨、〩、十。

汉语数词记数采用十进制，就是逢十进位。数位如下：

十	亿	千	百	十	万	千	百	十	个
亿		万	万	万					
位	位	位	位	位	位	位	位	位	位

每个位的数满十就向左进一位。十以下的个位的每个数都表示前一个数加上一所得的结果。如，二是一加一所得，三是二加一所得，十是九加一所得。十以上的数目，个位的数放在十、百、千、万、亿前面的是乘的关系，后面的是加的关系。如，二十五是二乘十加五，二百二十五是二乘百加二乘十再加五，五千五百五十五是五乘千加五乘百加五乘十再加五。超过一百的数字，个位前的位上若有空位，就加零或〇，如一百零五或二千零五十。

十进制记数法是当今世界上通行的记数方法，也是起源较早的一种记数法，这种方法逢十进位可能与我们的祖先掰手指头记数，而手指头只有十个有关。

在英语、俄语等西方语言中，千以下逢十进位，千以上就逢千进位了。所以在基数词中，有个位数（英语 one，two，three……；俄语 один，два，три……）、十（英语 ten，俄语 десять）、百（英语 hundred，俄语 сто）、千（英语 thousand，俄语 тысята），千以上有百万（英语 million，俄语 миллион）、十亿（英语 billion，俄语 миллиард），而没有表示万、十万、千万、亿位的特有数词。

在记数法中，还有二进制和八进制的，为电子计算机采用。二进制只有两个数码 0 和 1，它的进率是二，就是说逢二进一。八进制则有八个数码 0、1、2、3、4、5、6、7，逢八进一。比如十进制的数 9，用二进制表示则为 1001，在八进制中则记为 11。

用数字表示事物的次序，成为序数。汉语中通常用在整数前边加“第”表示，如第一、第二、第三等。汉语表示序数的还有一些习惯说法，比如年、月、日次序一般不在数字前加

“第”。纪年的第一年可称元年，第一月可称元月，以后称二年、三年等，二月、三月至十二月。在农历纪年中，一月一般称正月，十二月又称腊月。每月的前十天，农历一般在数字前加“初”来纪日，如初一、初二、初三。公历多在数字后加“号”表示，如1号、2号、3号。排行次序，也不用数字前加“第”，第一个一般称“大”，如大哥、二哥。有时在数字前加“老”表示排行，如老大、老二，事物编号、分类、列举也可不用在数字前加“第”的办法，如一楼、二楼、三楼，一号楼、二号楼、三号楼，一等、二等、三等，一班、二班、三班等。

表示序数，也可以用别的办法。如有的用拉丁字母次序表示，记作ABCD；有的用罗马数字记作ⅠⅡⅢⅣ等。在我国常见的还有用天干、地支表示的。天干十个：甲、乙、丙、丁、戊、己、庚、辛、壬、癸；地支十二个：子、丑、寅、卯、辰、巳、午、未、申、酉、戌、亥。十干和十二支相配，共配成甲子、乙丑、丙寅、丁卯、戊辰等六十组，用来表示年、月、日的次序，周而复始，循环使用。干支最初用来纪日，后来多用来纪年，现在农历年份仍用干支次序，比如1989年农历是己巳年。

我国古籍分册或书中分列项目，文中表示次序，还采用文字作为顺序符号。如有的用八卦表示，次序为：乾、坎、艮、震、巽、离、坤、兑；有的用阴阳五行表示顺序：金、木、水、火、土；有的用《千字文》开头的几句表示：天、地、玄、黄，宇、宙、洪、荒等；有的用平水韵表示：东、冬、江、支、微等；还有的用《周易》乾卦卦辞表示：元、亨、利、贞等。

（京　笛）

数字的写和说

数字用于表示数目，是所有语言里的共同现象。任何民族都离不了数的概念和计数的需要。早在原始社会，人们穴居野处，捕鱼狩猎，从事简单的社会生产劳动，与大自然搏斗，以求自身的生存和繁衍，就应需要产生了数的概念，人类语言里，也就出现了称数的词语。我国传说中的“上古结绳而治”，“河图洛书”的出现，显然已经有了数的概念。西安半坡出土的原始氏族公社的遗存中，有一批陶器上的刻画符号，据专家研究，这些刻画符号有些是用来记数的。后来文字被创造出来，人类社会从野蛮进入文明时期，数字与人们的生产斗争、科学实验、社会生活的各个方面的关系更加密切，数字在语言里也就得到相应的发展。

文字记录语言，就汉语来说，文字产生一开始就出现了数字。传说中的仓颉造字，“天雨粟，鬼夜哭”，所造的文字，迄今尚未发现它的遗存，已无从查考了。而殷墟出土的刻在龟甲和兽骨上的甲骨文，以及上古时期铜器上的铭文——金文，已经出现了许许多多的数字。表示普通整数的基数字应有尽有。一道是个“一”，二道是个“二”，三道是个“三”，四道是个“四”。两道中间一个叉，是个“五”。后来汉字形体不断变化发展，由籀文（大篆）、古文（见于《说文解字》）、小篆、隶书到楷书，基数字就成了现在这样的写法：一、二、三、四、五、六、七、八、九、十、百、千、万、亿。

数字的写法，除了汉字形体变化发展以外，随着社会的进步，物质文明和精神文明建设的增长，数字单打一的形体已经不能满足交际的需要了。于是产生了数字的多种写法。最先是数字的大写，从“一”到“十”写作“壹、贰、叁、肆、伍、陆、柒、捌、玖、拾”等。从文字的发展规律来说，是走的繁化的路子。繁化是为了避免字形的混淆，尤其是用于簿册账单上，可以预防涂改致误。

数字的大写笔画繁复，写起来费劲，于是有人又创造了一种记数用的“苏州码子”。从“一”到“十”写作“〡、〢、〣、〤、〥、〦、〧、〨、〩、十”。这种“苏州码子”笔画简单清晰，容易书写，用起来很方便。不过在“文人学士”的眼里，不算正规的文字，以“码子”名之，就是说，不过是一种记数的符号罢了。但是，它以易认易写易记的优势，深受人们的喜爱，乐于采用，长期流行于民间。

还有一种地方性的数字写法系统，大概跟当地方言的称数有关。从“一”到“十”写作“幺、按、搜、臊、挃、料、俏、笨、缴、勺”。“一”的称呼作“幺”，这种叫法很普遍，到处可以通行。“二”以上的写法大概是当地方言对这些数字的叫法，采用同音（或音近）代替的方法来创制。不过这种数字的写法系统，只能在该方言区使用，到了别的地方就行不通了。

近代以来，对外文化交流发展很快，吸收国外的好的东西为我所用，成为国人的共识，于是引进了阿拉伯数字系统。阿拉伯数字“1、2、3、4、5、6、7、8、9、0”最初用于横排的簿籍中，或用于分章节段落需要序次时的编码，例如“1. 2. 3. （1）（2）（3）①②③”等。随着汉语图书杂志由竖排改成横排，汉文中出现阿拉伯数字的情况越来越多。最常见的是用阿拉伯数字标示公元纪年，例如“1989 年 10 月 1 日”“20 世纪 80 年代”“赵元任（1892—1982）”等。也用于标示一般整数，例如“3 种方言”“凡 6 卷”“19 类 80 余条”“全书共有 3983 句”等。表示万位以上的数目，则采取汉阿合璧的形式，例如“人口约 2 万”“280 万”“12. 9 万”“1. 3 亿”“274. 62 亿”等。采用阿拉伯数字是当今国际时尚，那些使用拼音文字而且属于行款横排从左到右的文字的民族，夹用阿拉伯数字顺理成章，毫不显得别扭。而汉字属于方块字，字形结构复杂，夹用阿拉伯数字，总有点不大协调。但是，汉语的数采用十进制，位数字“个、十、百、千、万、亿……”，除了零位数可以省略外，其余都得写出，比起阿拉伯数字以顺序表位数要冗长得多。例如“一万二千三百四十五”，阿拉伯数字就写作“12345”，所以在汉文中夹用阿拉伯数字有它的优越性，但是怎样做到既明确美观，又节省篇幅，还有待于仔细研究。

关于数字的说法，也就是对数字的称呼，也有因情况不同而产生差异的现象。比如打电话和无线电通讯中使用的数字呼号，往往把“零”叫作“洞”，“一”叫作“幺”，“二”叫作“两”，“七”叫作“拐”，“十”叫作“一泡”等。这主要也是为了避免混淆。说跟写情况不一样，以耳治不以目治。出自说者之口，进入听者之耳，纯粹靠耳朵来分辨字音，发音相近的字词，很容易发生混淆。数字“一”跟“七”发音相近，二者只是声母有别，韵母和声调俱同。韵母都是-i，声调单用时或在词末句末都念阴平，在去声字前都念阳平（“一”又在阴平、阳平、上声字前念去声，“七”在此仍念阴平）。“四”跟“十”发音相近，韵母相同，都是-i，声母 s 与 sh 微有不同（在许多方言里都同）。“二”在方言里的念法，有的念成跟“一”相近的音。这些读音容易引起混淆的数字，就需要有个别名。又如城市里的公共交通车的路牌，三位数的“一”往往称“幺”，“一一一路”叫“幺幺幺路”。“四〇一路”叫

“四零幺路”。南方的一些城市，把路牌的“二”叫“两”。还有汽车型号的“一”也叫“幺”，北京生产过一种汽车“一三〇”，叫“幺三零”。汉语方言特别复杂，比如“日本”这个词，有的方言说成像“一本”，有的方言说成像“二本”，有的方言说成像“四本”。有一回，一位北方人来到广州，他到水果摊去买香蕉，问摊主：“香蕉多少钱一斤？”摊主是本地人，随口用广州话回答：“九毫七”，北方人一听，差点儿没暴跳起来，因为他听成了“狗好吃”，没好气地对摊主说：“不卖就不卖，你怎么骂人?!”摊主一时也给弄懵了，但很快就醒悟过来，随即改用普通话说：“的确是九毛七分钱一斤，我没有骂你。”北方人听了也就明白过来。这回因数字的方言说法造成误会，差点儿引起一场小小的风波。

（康　郎）

数字的避忌

一次去拜访友人，因其住所楼层编号问题，带来一些麻烦。原来，他告诉我他住在一座14层楼的某单元的最高一层的电梯对门，对方说得很详细，我以为很容易找到。到了那座楼，进单元门，上了电梯却傻眼了，电梯标号上竟然没有14层。当时电梯上又没有别人，只好出楼到保安那里去打问，才知道那位友人住所在电梯上标出的应该是17层。原来有一些楼由于忌讳4、13、14等号数，跳过了这些号。明明是4楼，却标成5楼，明明楼层是12层，却标为15层，14层却标为17层。

为什么一些高层楼房要避忌数目13呢，这与西方人的一个传统习俗有关，据说它源于一种传说。13日那天，耶稣和弟子们共进晚餐。参加晚餐的第13个人是他的弟子犹大。就是这个犹大受了30块银币，把他的老师耶稣出卖给犹太教当局，致使耶稣受尽折磨。耶稣是基督教徒信奉的救世主，犹大成了叛徒的代名词。晚餐的日期是13日，参加最后晚餐的又是13个人，“13”这个数目给耶稣带来深重的苦难。由此，13成了苦难、不幸的象征。根据这个关于最后晚餐的传说，天才画家达·芬奇还画有名作《最后的晚餐》。所以这个有关13的说法在西方流传甚广，影响也很大。

西方人忌讳13的原因还有别的说法，比如有的说是源于古希腊神话。希腊有个神话说，有12位天神出席哈弗拉宴会。宴会中，烦恼与吵闹之神作为不速之客忽然闯来了。正是这个第13位来客的闯入使得天神宠爱的人葬送了性命，人们无不厌恶13号。

由于西方人极为避忌13，所以在荷兰，住宅的楼号和门牌号很难能找到13号，他们一般都用“12A”来取代13号。在英国的剧场里没有13排和13座的排号。法国的剧场里12排和14排之间则设置成为人行通道。在西方，13日出游，13人同席就餐，点13道菜更是人们避之唯恐不及的了。

数字忌讳因民族而异，汉族人一般不忌讳13，在中国13层的宝塔和13台阶的楼梯很常见。传统的儒家经典有十三部，称为十三经；元朝将全国划分为十三个行中书省，称为十三省；明朝境内设置的十三布政使司简称十三司；北京市昌平区有十三座明朝皇帝的陵墓，称作十三陵；明清以来北方戏曲和曲艺用韵的韵部称为十三辙；清初宦官衙门统称作十三衙门；还有十三太保、十三绝、十三行之类的称呼。但是在个别地方，如上海、四川，倒是对“十三点”有贬义说法，来源和具体用法较为复杂。汉族本来并不忌讳“四”，甚至认为它是个表示吉祥的数字。民俗讲究四平八稳，送礼要有四样（四盘礼），宴请要有四盘八碟，室内装饰有四扇屏，一些好的事物也要凑上四个，比如：四大名山、京剧四大名旦、四大发明、四大名著、四大名镇、四库全书，等等。但是，一些地方却很避忌四，当然还有十四，因为“四”的读音与“死”相近，说出来或听起来好像不大吉利。人们怕死，忌讳说“死”，所以汉语中“死”就有不少委婉语代替。人们也避忌“死”的语音，从一千多年前编写的韵书《广韵》也可看出，息姊切，上声，旨韵，心纽，除了“死”外，就没有别的字。在现代汉语里，si这个音节只有“死”孤独的一个字，没有同音字，真可谓独一无二了。

由于避忌四，也就避忌十四，再避忌十三，于是编号十二就跳过这三个号变成为十五了。所以一些地方住房、座位等的编号就有空出 4、14、24……的现象。有的地区，医院不设 4 号病房，不愿要带 4 字的牌号，连我国的邻国韩国、日本也有忌讳 4 的习俗。我国有的地方还有忌讳第九的，因为宴饮时多用八仙桌，正好坐八位，再来个第九个，就成了多余的、令人讨厌的了。

汉语中有个数词转成的名词“二百五”，讥称有些傻气、做事莽撞的人。其来源有不同说法。常见的说法是从前银子五百两封成一封，二百五十两正是半封，半封谐音半疯，半疯子就是患有轻微精神病的人。所以，二百五也可以算是汉族避忌的数字了。

（韩敬体）

二、两和俩、双

“两”是个特殊的数词，意义上与“二”相同，表示一加一所得的结果。但是“二”和“两”在用法上并不完全一样，这从下列四个方面可以看出。

首先，在数数、读数方面，个位、十位上，说“二”不说“两”，如数“一二三四五”不能把“二”换成“两”，读数“十二、二十、二十二”不能说“十两、两十、两十两”。而在百、千、万、亿位上，“二、两”都可以用，但“百”前用“二”居多，“千、万、亿”前用“两”居多。比如，可说二亿二千二百万元，也可以说两亿两千两百万元。“两万五千里长征”也可以说“二万五千里长征”。“百花齐放，百家争鸣”的方针，一般简称为“二百方针”，也有说“两百方针”的。

第二，在表示事物次序的序数中，一般用“二”，用“两”的很少。比如，说“二号楼、二年级二班、二中”，不能说“两楼、两班、两中”之类；说“老二、第二、初二、小二”等，不说“老两、第两、初两、小两”。但也有个别地方的人，把二号、二路车的“二”也说成“两”的。

第三，在小数、分数之中，说“二”不说“两”。如说“零点二、零点二二”，不说“零点两、零点两两”；说“二点一、二点五”，不说“两点一、两点五”；说“五分之二、百分之二十二”，不说“五分之两、百分之两十两”；说“二分之一、三分之二”，不说“两分之一、三分之两”。

第四，与量词搭配，“二”和“两”都能用，用“两”的时候较多。“二个、二只、二位、二对”，也说成“两个、两只、两位、两对”，说成“两”的更多一些。在表示度量衡的量词前，也是“二”和“两”都可用，如说“二尺、二斤、二升”，也说“两尺、两斤、两升”，但由于语音上的关系，只说“二两”，不能说成“两两”。

由于受方言区说“两”较多的影响，“两”的使用范围有逐渐扩大的趋势，如表示序数，表示百数目，过去只说“二”不说“两”，现在也有的说“两”了。

北京和北方话中还有一个“俩”，那是数词“两”和量词“个”的合并，用来计数时，后面不能再接量词。如说“俩人”，不能说成“俩个人、俩位人、俩口人”之类；说“夫妻俩”，不能说成“夫妻俩个”。

“双”本来常用作表示成对事物的量词，如一双鞋、一双手，一双筷子等。“双”也可以表示两个，多用于对称的东西，“百花齐放，百家争鸣”多简称为“双百方针”（也说“二百方针”“两百方针”，见前）。双方、双手、双抢、双丰收等都常说。由于“双”的意思为“两个”，称说事物时，“双”后也不再用量词，“双手”不说“双只手”，“双人”不说“双个人”（双人舞、双人滑，都是两个人舞、两个人滑的意思，是指男女两个人）。

（荆　荑）

四字成语中两个数字的互相搭配

汉语成语一般以四个字组成，其中运用数目字“一、二、三、四、五、六、七、八、九、十、百、千、万、两”等的占有一定的数量，而四字中运用了两个数字相互搭配的情况更有特点，颇受人们注意。

四字成语含有两数字搭配的，格式有六种，如果我们把前后两个数字分别写作$数_1$和$数_2$，另外两个字分别为 A 和 B，那么这六个格式就是：

$数_1$A $数_2$B　A $数_1$B $数_2$

$数_1数_2$AB　AB $数_1数_2$

$数_1$AB $数_2$　A $数_1数_2$B

下面就这些格式分别举例说明。

（一）$数_1$A $数_2$B

这种格式最为常见，成语数量最多。本文开头列举的数字中，除“二、六、八”很少用外，都能用于$数_1$ 的位置，而$数_2$ 的位置又可出现所有的数字。其中以“一”用于$数_1$ 位置而与其他数字配搭的最多。

$数_1$是一：　一心一意　一家一户　一唱一和　一问一答　一大一小　一前一后　一步一摇　一递一句｜一干二净　一清二楚　一来二去　一差二错｜一刀两断　一举两得　一街两巷｜一波三折　一唱三叹　一日三秋｜一言九鼎　一岁九迁　一夕九升｜一目十行　一曝十寒　一浆十饼｜一了百了　一呼百应　一树百获｜一字千金　一发千钧　一泻千里　一落千丈｜一本

万利　一日万机　一碧万顷

数$_1$是二（用得较少）：二满三平　二马一虎　二心两意

数$_1$是两：两次三番　两面三刀　两样三般　两面二舌

数$_1$是三：　三上三下　三进三出　三衅三浴 | 三心二意　三头二面　三平二满 | 三言两语　三长两短　三天两头　三年两载 | 三朋四友　三老四少　三邻四舍 | 三令五申　三番五次　三年五载 | 三头六臂　三亲六眷　三媒六证　三推六问 | 三教九流　三跪九叩　三等九格 | 三位一体　三魂七魄三灾八难

数$_1$是四：四面八方　四平八稳　四通八达　四零八落 | 四分五裂　四零五散　四书五经 | 四海一家　四乡六里　四姻九戚

数$_1$是五：五冬六夏　五颜六色　五合六聚　五脊六兽 | 五湖四海　五零四散　五洲四海 | 五光十色　五风十雨 | 五大三粗　五月三荒 | 五劳七伤　五零七散 | 五行八作　五花八门

数$_1$是六（很少用）：六街三市　六通四辟

数$_1$是七：七拼八凑　七颠八倒　七死八活　七手八脚　七嘴八舌　七零八乱

数$_1$是八（很少用）：八街九陌　八珍四物

数$_1$是九：九死一生　九牛一毛　九牛二虎　九催十请　九故十亲

数$_1$是十：十拿九稳　十室九空　十羊九牧 | 十全十美　十发十中 | 十风五雨　十围五攻　十恶五逆 | 十死一生

数$_1$是百：百依百顺　百战百胜　百人百性 | 百媚千娇　百了千当　百纵千随 | 百无一是　百年一遇　百无一用

数$_1$是千：千言万语　千军万马　千丝万缕　千变万化　千呼万唤　千辛万苦　千真万确 | 千方百计　千疮百孔　千姿百态　千奇百怪 | 千篇一律　千部一腔　千载一时　千钧一发

数$_1$是万：万紫千红　万水千山　万古千秋　万次千番

（二）A 数$_1$B 数$_2$

这种格式的成语也相当多。例如：

说一不二　独一无二　数一数二 | 举一反三 | 杀一儆百　以一奉百　教一识百 | 说三道四　颠三倒四　低三下四　朝三暮四　不三不四 | 隔三岔五　攒三聚五 | 人五人六　吆五喝六 | 横七竖八　歪七扭八 | 合二而一 | 挂一漏万　屈一伸万

（三）数$_1$数$_2$AB

一二知己　二三其德　三五成群　四六不懂　四六不靠

（四）AB 数$_1$数$_2$

略知一二　指教一二　气象万千　仪态万千

（五）数$_1$AB 数$_2$

一般无二　一分为二　十不离九　百里挑一

（六）A 数$_1$数$_2$B

乱七八糟　零七八碎　乌七八糟

这六个格式中，一、二最常见，用得最多，而三、四、五、六四种出现很少，数量上不能与前两类相比。这是有原因的。汉语词汇有双音节化发展趋势，四字格成语最常见的格式是两个双音节组成，一般是前后既平行又交叉，结构相同，而且一三音节对应、二四音节对应，属同一类别。数$_1$A 数$_2$B 和 A 数$_1$B 数$_2$符合这种原则，所以能广泛发展。

如果我们从四字成语两个数字关系来考察，还可发现下面五种情况：

（一）二者是相邻数字。如一二、二三、三四、四五、五六、七八、百千、千万等。情况多见，不必举例。

（二）二者是隔一个的相近数字。如一三、（一唱三叹、一日三秋、举一反三）、三五（三令五申、三番五次、隔三岔五）、四六（四六不懂、四六不靠）。

（三）二者是同一数字。如一一（一举一动、一心一意、说一是一）、三三（三起三落、三进三出）、十十（十全十美、十战十胜、十荡十决）、百百（百战百胜、百伶百俐、百发百中）。

（四）二者是倍数或成倍数字。如三六（三宫六院、三头六臂、三犁六耙）、三九（三教九流、三还九转、三拜九叩），四八（四面八方、四邻八舍、四停八当）、五十（五风十雨、五光十色、一五一十）。

（五）二者是相差悬殊的数字。一般是一与九、十、百、千、万的配搭，如一九（一言九鼎、一岁九迁）、一十（一目十行、闻一知十）、一百（一了百了、一呼百诺、惩一儆百、百里挑一）、一千（一字千金、一日千里、一发千钧）、一万（一本万利、挂一漏万）。

这五种关系，又以第一种最多。由于“一”与“二、两”是属相邻关系，与“三”为隔一个关系，与“九、十、百、千、万”为悬殊关系，又有自身相配关系，所以“一”搭配数字最多，组成的成语也最多。

从四字成语的两数字搭配上，我们还可以看到，十以内数字，能处于数$_1$位置的以奇数如一、三、五、七为多，而处于数$_2$位置的以偶数如二、两、六、八、十为多，而“四、九”较特殊，“四”作数$_1$时较多，“九”作数$_2$时较多，这可能与它们相搭配的数字语音声调有关。

（韩敬体）

成语中数的模糊性

成语中的数字，从一到十，直至百、千、万，屡见不鲜。成语的数不同于数学中的数，后者作为一种计算数量多少的语言符号，含义要求精确、单一，而成语中的数，一个最基本的特征是无确指性，或者说是数的虚指、虚化，也就是数的语义的模糊性。

成语中数的模糊性主要特征就是其概念的外延缺乏明确的规定。我们可以从下面几个方面来观察这种模糊性的不同情况。

（一）成语中包含两个同义结构，采用两个邻近数字连用，其模糊性表现为两数之间的界限不确定，含有“非彼即此”“亦此亦彼”的意思。例如：

三番五次　三令五申　三言两语

两面三刀　五颜六色　七折八扣

七嘴八舌　三三两两

“三番五次”中的“三番”和“五次”同义，它反映出“三”和“五”两数不等。这些例中数的模糊性在于“三”与“五”之间、“三”与“两”之间、“五”与“六”之间、“七”与“八”之间没有明确的规定，其中有的数也同时表现为“多”与“少”的不确定性。如“三”，在“三番五次”“三令五申”中表示为“多”的模糊性，而在“三言两语”“三三两两”中，则又表现为“少”的模糊性。表示多时，一般又不以邻近数字为限。

（二）有一部分两数连用的成语，虽然也包含两个同义结构，但它们的模糊性不表现为“多”与“少”的不确定，而只是用来作为不同事物、不同性质、情状、程度的区别标志。例如：

不三不四（不是这个，不是那个）

颠三倒四（颠这个，倒那个）

急三火四（这般急，那般急）

五大三粗（这般大，那般粗）

四平八稳（这般平，那般稳）

乱七八糟（这般乱，那般糟）

千辛万苦（极辛，极苦）

千真万确（极真，极确）

这些成语中的数字，语义成分极为抽象和空泛。它们被借用来表示性质、状态等，而性质、状态等更难以明确划界。它们不表示数量多少，具有更高程度的模糊性。

（三）在数量范围内使用的数字，有的虽然也是两数连用，但它们的模糊性表现为更大范围的不确定性。这种情况往往与数在成语中表示夸张意义有密切关系。因为夸张是有意将某个意义强调到最大限度，这些数就反映了高程度的模糊状态。这类成语又可分为几种不同情况：

1. 举一反三　百无一失　九死一生
   千虑一得　杀一儆百　挂一漏万
   闻一知十　一目十行　一了百了
2. 十室九空　十拿九稳　十病九痛　十年九不遇
3. 千言万语　千头万绪　千丝万缕
   千门万户　千山万水　千秋万岁

第一小类，两数对举，一少一多，以少衬多。表现多的“三、九、十、百”都具有夸张性质，但又非数量多的极限，所以其中有些数可以用一个大于它的数来替换，以强化夸张意义。如“举一反三”可说成“举一反十”，“九死一生”可说成“万死一生”，“百无一失”可说成“万无一失”。由“三”至“十”，由“九”至“万”，说明这种数字反映的模糊范围是相当大的。

第二小类，“十”和“九”两数是比例大小的关系，由于数的模糊性，它们表示的比例大小也是模糊的。由于两数表示比例关系，所以它们的模糊程度也是互相制约的。一般地说，在说话人的主观意识中，“十”的外延有多大，“九”的外延也会相应地有多大。

第三小类，“千”和“万”在汉语中，习惯上是表示数量多的极限，同样有夸张性质，用意在于扩大其模糊范围，而且它们表达的数量上限和下限之间的伸缩性很大。例如“千言万语”，假定在说三五句话以上，或者更多一些，人们夸张说成“千言万语”，那么“千”和“万”也是一个高度模糊状态的数字。

（四）有一部分成语中的数字，原本是精确的，后来由于成语意义的高度概括或引申，数的意义逐渐虚化，变成较空泛的概念。例如：

四体不勤（四体：人的四肢）

五体投地（五体：指人的两手、两膝和头）

六神无主（六神：心、肺、肝、肾、脾、胆）

七窍生烟（七窍：口、两眼、两耳、两鼻孔）

此外还有八仙过海、六亲不认、十恶不赦等。理解这些成语，并不一定要知道其中数字的实际所指。“六神无主”形容心慌意乱，不知所措。从这个意义上说，“六”的数目实际上无关紧要。这些成语中数字作用很小，成语意义几乎完全由“体不勤”“体投地”“神无主”“窍生烟”表现出来，但数的意义没有完全失落，它可以给成语提供具体的形象色彩。如“五体投地”，表示崇敬和佩服，“五体”则给概念增加了形象色彩。由于这类成语的数字由“实”转化为“虚”，处于“实”与“虚”的矛盾统一中，从模糊角度而言，是由精确转化为模糊，精确和模糊也是矛盾统一的，模糊是绝对的，精确是相对的。

（贺水彬）

说“三”道“四”

“三”和“四”，三岁孩童都知道它们的意思，为何要拿出来做文章呢，岂非废话连篇？其实不然。

“三”是数目二加一后所得，是个基数，一二三的“三”，这是最基本的意思，不必举例了。古人创造汉字时，划上三道，就认识到它的意思了。

“三”有时是序数，表示顺序第三。例如“三叔、三楼、三房”中的“三”就不是基数而是序数。基数与序数是两个不同概念，正常人是完全可以理解的，但是，要聋哑人理解“三叔”与“三个叔叔”这二者不同的概念，就很难了。为此聋哑人语言研究专家张宁生曾做过专门研究和报道（见 1980 年《心理学报》）。

“三”表示多数和多次。例如：三番五次、三令五申、三番四复、三思而行、三推六问等。这个义项保留了古汉语中的意思。古人以三、九表示多数，而不表示定数，古语有“三军易得，一将难求”，这句古语又可以说成“千军易得，一将难求”，可见“三”可相当于“千”。“三”表示多数或多次，经常出现在成语中，例如：三人成虎、三头六臂、三缄其口、举一反三、三媒六证、三灾八难、三人行必有我师等等。

“三”也可表示不定的少数，例如“三三两两”，形容零零落落，数目不多，《乐府诗集》中已有“行不独自去，三三两两俱”。“三男二女”，指少数几个子女，较早见于《后汉书·方术传》，“三言两语”，指很简短的几句话，《水浒传》

有“若在家时，三言两语，盘倒那先生”。“三年五载”，指不太长的时期。“三天打鱼，两天晒网”，指时间短而总是断断续续，也有少的意思。

“三”有时不指数目，例如：不三不四、低三下四、颠三倒四、丢三落四、朝三暮四、招三惹四、推三阻四、说三道四、三长两短等，这些固定词组里的“三”，既不是基数，又不是序数，既不表示多，也不表示少，它是一个代号，是“这样”或“那样”的意思。从结构上看，绝大多数是与“四”结合组成的固定格式，从意思上看，大多含有贬义。

“四”跟“三”有相同点，它既是基数，又是序数，是个“数目”，同时如前所述，它与“三”构成固定格式，就表示不定数。另外，它也可表示多的意思，例如：四通八达、四平八稳、四分五裂、四海为家、五湖四海等。“四海”泛指整个天下，夸其广阔博大的意思。但是“四”没有少的意思，这是与“三”不同的地方；另外，“四”可以做姓，而“三”却不可，这也是二者的区别。

笔者认为，一般词典在解释“三”与“四”时，义项说得不够全，如很有权威性的《现代汉语词典》的解释：

［三］①数目，二加一后所得。②表示多数或多次。

［四］①数目，三加一后所得。②（Sì）姓。

如果说，辞书由于读者对象不同，篇幅限制，释义只能择其要点，那么，对学习语词的人来说，就不能拘泥于辞书的解释了，要自己动一番脑筋才行。

如此看来，笔者说“三”道“四”一番，也许还不算饶舌。

（鲁启华）

奇妙的数量单位词

一次，在小学一年级的数学课上，一个小学生提出一个问题：“我们村有牛20头，有马10匹，加起来共有多少?”运算很容易，但答数的“名数”却成了问题，到底30后面该说“头”还是“匹”呢？小学生们做了难。

原来，汉语中表示人或事物数量单位的词，人们叫它量词，实在很特别，它们对事物有较强的选择性。俗话说“六畜兴旺”，“六畜”指的是马、牛、羊、猪、鸡、狗，单是这六畜，计算数量时，就得用几个不同的单位词了。如说：

一匹马　一头牛　一只羊　一只鸡　一条/只狗　一口/头/只猪

这样，我们在计算马时得用“匹”，数牛时得用“头”，说羊、鸡、猪、狗时都能用“只”，但说狗时还可用“条”，说猪时又常用“口”或“头”。我们说的这六畜，就用了五个量词，有的畜（牛、马、羊）只能适用一个量词，有的（狗）适用两个，有的（猪）却能适用三个。

量词是我们汉语中的一类词，是增加了语言特色的一个词类。哪些事物要用哪些量词，哪个量词用于哪些事物，必须十分注意，不能弄混。例如，只能说“一头牛”，不能说“一匹牛”；只说“一匹马”，不说“一头马”或“一只马”。这就使一些习惯于西方语言的人难以理解，国内有些少数民族的同志也难以掌握，无怪本文开头提到的小学生们对它也感到为难了。从数学运算观点看，这些量词好像可以不用，比如只说“牛马共有三十”也可以了，何必要加上个“头”或“匹”呢？但在语言交际中，如果不带量词，却又让人感到别扭。

为什么一些名词必须用特定量词呢？有什么道理呢？一般说，计量具体事物所用的单位词与该事物的形状有关系。比如，计算长条状的东西用“根”，如一根针、一根火柴、一根棍子、一根电线杆子；而另一些条状的又用了“条”，如一条绳子、一条板凳、一条大路等。计算平的东西用“片”，如一片树叶、一片纸、一片肉等，有的也可用“张”，如一张纸、一张大饼。但是我们也可以说一条命、一张弓、一张嘴，看来这种解说，并不能使人感到满意。

一个名物词，计量时采用哪个单位词，一般是由语言习惯形成的，不少情况说不出有什么道理。比如，牛用“头”计算，老虎用“只”计算，并不能说牛头比虎头更为突出、紧要；猪用“口”计算，人也用“口”计算，也不是由于猪或人的嘴有什么特殊之处。要掌握好量词，必须认真虚心地学好语言习惯，切不可以意为之，想当然地认为什么东西就该用哪个量词。那种“一匹鸡”“一只马”之类的话出现在某些大作家的作品里，是应该引以为戒的。

汉语中有个量词“个”，使用范围较广，有时可用来代替特定的量词。比如，一张桌子、一条凳子，就能说成“一个桌子”、“一个凳子”。就是本文开头小学生提出的计算牛马数目的难题，也未尝不能用“个”：牛马一共 30 个。

（韩敬体）

“给你一刀”
——量词应用漫谈

根据上海电视台报道，几位外国留学生到上海学习，与中国同学生活在一起。一天，一位中国学生向一位留学生借用水果刀，这位外国同学很高兴地拿了一把刀递过来，并说：“给你一刀。”把中国同学吓了一跳，而那位外国同学还不知道什么原因。

“给你一刀”与“给你一把刀”在汉语中迥然不同，而在缺乏量词的语言中，人们却认为是一样的，所以闹出这样的笑话。

现代汉语在数词与名词之间需要加量词，会说汉语的人都清楚，但对于学汉语的外国学生却成了难题。一位外国留学生说话时误用了量词，也闹了大笑话。一次，一位留学生去买牛奶，他对售货员说：“我要买你一个奶。”售货员怒斥他为流氓，而他却不知所以然，弄了个大红脸。

以上说明，汉语的量词不仅要用，而且不可乱用。量词的使用是有选择性的。据笔者统计，量词确实有“个”字化趋势，“个”字的使用占整个量词的二分之一左右，但这并不等于说“个”字可以随便用。无定型的液体、气体就很难用“个”字，例如，不能说“一个水”“一个气”。当然，“一个奶”与“一瓶奶”“一杯奶”，是绝不相同的。

外国人学汉语要特别注意量词的使用问题，方言区的人学习普通话时，同样要注意这个问题。普通话说“一个人”“一头（口）猪”，而有的方言却说“一条人”（广东）“一件人”（浙江诸暨）“一根猪”之类。现在吴方言区的人似乎什么东西都可以用“只”，原来“只”只能冠于具体物件之前，如“一只牛”“一只菜”（一个菜、一碗菜、一盘菜），现在还可以说“这只价格”之类。这种“只”字化，与普通话似乎越来越远了。“只”（隻）的原意是手举一只鸟，以后逐步变成量词，但可以用“只”限定的名词也还是有限的，一般只用在较小的飞禽走兽等动物之前，如“一只鸡”“一只羊”，而大的动物则用“匹”“头”等，所以，方言区的人学习普通话时，要注意对量词的恰当使用。

量词是汉藏语特有的一个词类，量词用得好，可以给文章增色，因为量词除了表示物体的数量外，还可以显示物体的形象，增强语言的表达效果。例如说明“云”的多少，可以说“一丝云”，形容云的形状纤细如丝；“一朵云”，形容云的形状如花朵；“一片云”，形容云的形状舒展如片；“一块云”，形容云的形状积聚成块；“一抹云”，把天际形容成一幅画。如此等等，各有不同的含义和效果。

量词的选择，要看文章的体裁和说话人的场合。一般来说，较为严肃的场合，议论文、公文之类的文体，要用常用的比较规范的量词；一些轻松随便的场合、文艺作品中，常选用有形象色彩的量词，例如“一弯新月”“一湾河水”“一抹浮云”，往往出现在文艺作品之中，“一尾鱼”“一方手帕”，往往出现在较文雅的场合，出自文化水平较高的人之口，一般通俗文字中或文化水平较低的人是不会用的。你如果注意观察，不断练习，一定能选用最得体的量词。

（鲁启华）

“千里莺啼”与“十里莺啼”
——数量词的使用

千里莺啼绿映红，水村山郭酒旗风。
南朝四百八十寺，多少楼台烟雨中。

晚唐著名诗人杜牧的这首绝句《江南春》，是脍炙人口的名作，充分体现了杜牧诗歌“豪宕俊爽”的风格。自其问世之后，人们交口称赞，广为流传。到了明代，文艺批评家杨升庵却诘难说：“千里莺啼，谁能听得？千里绿映红，谁人见得？若作十里，则莺啼绿红之景，村郭、楼台、僧寺、酒旗，皆在其中矣。”（《升庵诗话》卷八）对这意见，诗论家何文焕在《历代诗话考索》中加以驳斥道：“即作十里，亦未必尽听得着，看得见。题云《江南春》，江南方广千里，千里之中，莺啼而绿映焉，水村山郭无处无酒旗，四百八十寺楼台多在烟雨中也。此诗之意既广，不得专指一处，故总而命曰《江南春》……”何文焕的意见是对的，而杨升庵却是胶柱鼓瑟。他们争论的焦点表现在对数量词的使用上（实质是对文学艺术的典型概括的认识）。杨升庵认为杜牧诗中首句用的数量词“千里”太大，不合情理，缩小成原来的百分之一“十里”，则合情合理了。这是大谬不然！因为杜牧写的不是他站在一个地方看到的景象，而是从大处落笔，指的是整个江南春色说的。只有用大的数量词“千里”才能确切地表现出江南春景的广阔和深邃，引人联想，使眼前之景和意中之景融为一体，扩大诗歌的意境，令人心旌摇荡；如果改成“十里”，那就不仅境界大大地缩小了，而且根本没有表现出千里之广的江南的盎然春色，给人局促之感，索然无味。因此，在文章中，特别在诗词中，该用大的数量词时就一定要用，因为这样可以表现豪迈的情怀，正确反映客观世界，使中心思想更加突出。

但是，也不是说使用的数量词越大越好，意境越美。这要看内容的需要，有的时候反而是越小越好，越小越美。北朝庾信的《小园赋》中的“一寸二寸之鱼，三竿两竿之竹”是有名的佳句。若把它改成“一尺二尺之鱼，千竿万竿之竹”则大煞风景，就不能表达出庾信步入小园乍见小池中之鱼、池边之修竹的惊喜之态、向往山林之情。此处使用了小的数量词反而显得很美。

唐朝齐已的《早梅》诗也是有名的例子。《早梅》是一首五言律诗。前头的四句是“万木冻欲折，孤根暖独回，前村深雪里，昨夜数枝开。”据宋朝陶岳《五代史补》卷三载，齐已带着自己的《早梅》诗去拜见诗人郑谷。郑谷看完他的诗说：“数枝非早，不若一枝则佳。”齐已听了，认为郑谷的意见切中肯綮，佩服得“叩地膜拜”。“一枝”是最小的数量词了，它含有强调意味，强调的是少，而“少”就可以说明“早”，已开数枝就不算最早了。在这里，数量词以小为好，以小为美。

因此，我们说话，写文章，一定要根据实际（包括文学艺术典型概括的需要），掌握好分寸，恰如其分地使用数量词，才能准确地反映事物，表达主观感情，使说话、文章更加完美无缺。

（邱万紫）

同义词的发展变化

汉语是一种有悠久文化传统的语言，汉语中的同义词（包括近义词）特别丰富。如“探、讨、索、查、究、测、求”都是同义或近义语素，由它们构成一系列同义词或近义词。如：

探：探明　探索　探讨　探查　探究　探测　探求　探察　探悉

考：考察　考究　考虑　考释　考试　考核　考查　考测　考证

研：研究　研讨　研磨

究：研究　推究　探究　追究

以此类推，以其中每一词素为中心，像辐射似的，可以构成许多有关的同义词或近义词，它们各有其细微的含义和用法。研究同义词的发展变化，进行纵向的历史比较和横向的不同语言间的比较，是词汇学的一项有意义的课题。

“群”“众”是现代汉语的同义语素，它们合起来构成“群众”，是同义语素联合式构词的一个例子。但在古代汉语中，“群”“众”是有区别的。《国语》说“兽三为群，人三为众，女三为粲”（按，“粲”原指“上等白米”，喻指美物或美貌）。《诗经》中说“谁谓尔无羊，三百维群”。这儿的“群”就是指羊群。“群”字从羊旁，反映了它最初的词义。“群”在古代汉语中已经引申为指群集在一起的人或物，如《周易・系辞》中已有“物以群分”的说法。

在春秋时代，“侵”是指师（军队）行无钟鼓，有钟鼓叫“伐”，密声取敌（即乘人不备地进入）叫“袭”；或者因目的不同而有所区别：潜师掠境叫“侵”，声罪致讨叫“伐”。后来，出师时不用钟鼓，可以说“侵伐”“侵袭”，不再有原来的那些意义上的区别了。但是在“偷袭”“袭击”（出其不意地打击）、“袭取”（出其不意地夺取）等词中，仍部分保留“袭”的古义，不能用“侵”“伐”代替“袭”。王力在《同源字典》中指出，“侵”（tsiəm）和“袭”（ziəp）是同源词，其中的清（ts）邪（z）旁纽，侵（əm）缉（əp）对转，用现代历史比较语言学的术语说就是 ts//z，m//p 发生过历史语音交替。如果这个说法能成立，“侵”和“袭”的意义可能经过“同（没有文献记载的远古时代）→分（春秋时代）→合”这样三个演变阶段。

再如“文”和“字”在许慎《说文解字》时代是有区别的，所以他在该书叙中说：“依类象形……谓之‘文’，……形声相益，即谓之‘字’。‘文’者，物象之本也；‘字’者，言孳乳而寖多也。”“文”的最初意义可能是花纹、图纹，最初造的字有许多是象形字，所以叫作“文”。独体为“文”，合体为“字”，“字”是从独体的“文”派生（即孳乳）的。但在现代汉语中合称“文字”，“文”和“字”成了两个同义的语素，已经不再有古代那种区别了。

“刹那”和“须臾”在《现代汉语词典》中，都注为“极短的时间”，在用法中虽然有区别，但在语义上终究是相通的，尽管在文体色彩上有截然的区别，后者仅用于书面语，但在古代佛经用语中，二者却是精确的用语，有严格的区别。“刹那”是我国古代翻译佛经时从梵文 k ṣa ṇa（瞬间）借入的，还曾译为“叉拏”“刹拏”。“须臾”虽早已见于战国时的《商君书·慎法》中“不可以须臾忘于法”，但是西汉末年以后翻译佛经时，又用它义译“谟护（或牟呼）栗多”（muhurta），表示“西国时分名”“二刻为一须臾”“三十须臾为一昼夜”，216000刹那等于一须臾（见《梵汉字典》，1906年版，第222、250页）。可见原来“刹那”所表示的时间要比“须臾”短得多，但是在现代汉语中，却没有上述差别了。

随着科技发达，词也在不断地分化。例如，过去人们只有笼统的飞上天的概念，现在随着宇宙航行的发展，分化出三个词。“航空”（aviation）仅限于指没有脱离地球的引力和大气圈的范围所进行的飞行。“航天”（spaceflight）指脱离了地球引力范围的航行，但是还只是局限在太阳系内大约几十亿公里的范围。从“航天”产生出“航天飞机”，它在英语中干脆用了另一个词 space shuttle（或简称 shuttle）表示，以便与 airplane（飞机）区别开来。shuttle 的本义是“梭子”，喻指航天飞机好比梭子一般高速穿过宇宙，尽管实际上任何一种梭子的速度都不仅比不上航天飞机，也远远低于一般的喷气式飞机。而“航宇”（或“宇航”）却指脱离太阳系，例如到银河系或更远的恒星际空间的宇宙所进行的飞行。

有时候反义词的一个方面发生了分化，而另一个方面却不发生变化。例如，在现代汉语普通话中，“胖”和“肥”发生了分化。前者仅用来指人，如“大胖子”，后者仅用于指牲畜，如“肥猪”，二者不可混淆。但是“胖”“肥”的反义词“瘦”却没有发生这样的分化，“瘦子”“瘦猪”用的都是“瘦”。古汉语中“肥”既可以用来形容人，如“人或谓陈平曰‘贫何食而肥若是’”（《史记·陈丞相世家》），也可以用来形容马，如“今虏马肥”（《汉书·赵充国传》）。至今现代汉语中还说“肥头大耳”“食言而肥”“肥胖症”。现代汉语中的闽、粤方言和郑州话中，对人和畜都可称肥，石家庄、保定、涞源等地方言对人畜都可说胖，都没有发生分化。俄语口语则相反，分化一个专门表示瘦肉的“瘦”постный。这个词是从пост（斋戒）派生的，通常指“素的”，即不带任何肉，不论肥或瘦的。

本文开头部分曾列举了现代汉语语素“探”等领头形成的同义词。在英语中，probe（into）可用“探查、探测、探究、探索、探讨、刺探”等多种同义词翻译。俄语的исследовать也可以用考究、考察（第一语素相同），考究、探究（第二语素相同），调查、检查、勘查（第二语素相同）等许多同义词或近义词翻译。

（伍铁平）

“死”的五花八门的同义词语

鲁迅先生在《立论》中讲到一个故事。有一人家生了个男孩儿，合家高兴极了。满月时请客，抱出孩子给客人看。有的客人说“这孩子将来要发财的”，他得到了主人们的一番感谢。有的客人说“这孩子将来要做官的”，他受到了主人们的恭维。而有个客人说“这孩子将来要死的”，他却受到大家合力的一顿痛打。鲁迅先生借文章中一位教师的话慨叹：“说要死的必然，说富贵的许谎。但说谎的得好报，说必然的遭打。”除了深刻的讽刺意义外，这个故事确是能表示风俗、心理、语言的重要现象的例子，具有普遍意义。它说明在语言上人们对“死”的禁忌，特别在向人祝福的时候，人们是非常忌讳这个不吉利而将来又必然实现的字眼儿的。

“死”是人、动物、植物等丧失生命的一种变化，是自然界的不可抗拒的规律。正如《立论》中所说，人死是必然的，本无什么可怕和可怪的。但对于人们来说，死是生命的结束，而生命是极宝贵的，属于每一个人仅止一次。因此，死对人们来说，当然不能说是好事情，特别是毫无意义地失去生命，更是为人们所反对的。反映在日常生活和语言中，“死”成了人们讳莫如深的一个词。在向新生儿表示祝福时，说他将要死的话，无异于对他进行诅咒，受到人们叱责和痛打也是不奇怪的。

人们忌讳“死”这个词，而且连“死”（sǐ）这个音也不愿说。所以在现代汉语中，“死”就找不到同音词或同音字了。有的字典或词典用直音法注字音，“死”就没法用同音字注音，《四角号码新词典》只好用“思上”即读思的上声声调来给“死”注音了。

由于忌讳说“死”，于是就出现了死的一系列同义词语。这些词语带有不同的色彩，有文体色彩，有感情色彩。有的只适用于某种范围，有的含有某种意味。

人们最常用的死的婉辞是“去世”或“逝世”，因为人死就是离开人世，与“世”关联的同义词就特别多，除“逝世”“去世”外，还有“故世”“下世”“过世”“弃世”“辞世”“谢世”“违世”“就世”“绝世”“殁世”等。据说，“过世”很早就有了，《晋书·苻登载记》：“姚苌立苻坚神主，请曰：‘陛下虽过世为神，岂假手于苻登图臣，忘前征时言耶?”这是“过世”使用的较早的例子。

用“故”指人“死”的用法出现也较早，《汉书·苏武传》就有“前已降及物故，凡随武还者九人”的话。“故去”“物故”“亡故”“病故”“身故”等都指人死亡。“死”意味着与亲友、世人永远离别，所以也常用离别义的婉辞表示死亡。如“永别”“长别”“永诀”“长辞”等。人死没有动作声音，如熟睡一样，所以也用“睡”“眠”组成合成词婉称人死，如“长眠”“长睡”“永眠”等。

在口语中，人死了，人们委婉地称作“走了”“上路了”，在实行土葬的地方说“进棺材”“入土”了。实行火葬的地方，人们说“进火葬场”“进高炉”等。北京西郊八宝山有个火葬场和安放骨灰的地方，所以北京人称“死”为“上八宝山”。对上年纪的人，死了多说成“老了”“不在了”，这种婉辞用得也相当普遍。

在各个地方，还有不少方言土语成为死的同义词语，如北京就有“嗝儿”“嗝儿屁”“嗝儿屁着凉”“蹬蹬”“嘎锛”

“撂”“撂条”“利索”“吹”“伸腿”“吹灯”等等，有的含诙谐义、戏谑义，有的含贬义。对厌恶、仇恨的人死亡，说“翘辫子”“完蛋”“断气”“见阎王”“回姥姥家”等。

有些信仰宗教的人，“死”的同义词也带有宗教色彩，比如“仙逝”“仙去”“仙游”“登仙”“圆寂”“涅槃”“升天”“坐化”“成正果”“上西天”“见上帝”“驾鹤西去”等等。

共产党员信仰马克思主义，有时也诙谐地称自己死去为“去见马克思”。

在奴隶社会和封建社会，有严格的等级制度，人死也打上等级的烙印，反映死的词也很不相同。如《礼记·曲礼》说：“天子死曰崩，诸侯死曰薨，士大夫死曰卒，士曰不禄，庶人曰死。”皇帝死除“崩”外，还说“驾崩”“山陵崩”“大行”“晏驾”“崩殂”“登遐”“厌代”之类。

（余　鸣）

从厕所的各种委婉叫法说起

近年，随着社会发展，人们生活水平提高，旅游业得到迅速发展。人们可以参加旅游团或自由行方式去旅游胜地游览。一次，我参加旅游团去云南大理、迪庆旅游，地陪导游告诉大家厕所要说歌厅、去大小便说成去歌厅唱歌；去年，参加旅游团去宝岛台湾旅游，当地的导游告诉我们，厕所要说成化妆室，大小便说成去化妆。去解手，怎么变成唱歌、化妆了呢？

《礼记·礼运》：“饮食男女，人之大欲存焉。”意思是说，对吃喝和性生活的需求，是人类基本的欲念。吃食物、喝水，当然还有排泄，身体的新陈代谢是维持人生存的最为必要的条件；男女有性生活才能生儿育女，代代相传，这是人类维持自己不断发展的最为必要的因素。应该说，这种人类维持自身生存、发展的最为重要的东西，两千多年前的古人就已经有深刻认识了。人们在语言交流上，也应该是最常提到它们的。然而，在人际交往的公开环境里，人们却对直接表达排泄、性生活之类的话语难以启齿，甚至讳莫如深，而另用一种好说好听的含蓄的话说出，这种话就成了委婉语。

排泄屎尿，极为要紧。人们大小便的次数要比进餐的次数多得多，自然，人们进厕所的次数也要比进食堂或饭厅的次数为多。所以，在较为讲究的食堂、餐厅、饭馆里，厕所总是会不可或缺的。然而，人们在交际场合说起排泄屎尿、厕所，若要直白说出来，却认为是不洁、不雅，甚至不堪入耳，总是想方设法使用各种委婉语。委婉语就是不直接说某事物或状态，而是换用另一种比较温和、曲折的说法指称。其目的是避俗求雅，减少对听话人的刺激。

本来是去拉屎、撒尿，开始时说成去大小便、出恭、解手、如厕、蹲坑、去茅房、去茅厕，后来更进一步，说成放水、蹲点、净手、更衣、去方便、去一号、去小号、去卫生间、去洗手、去洗手间、去盥洗室、去更衣室、去解决问题、请稍等我一下，等等。近年，随着社会发展，人们生活水平提高，旅游成了人们生活的重要部分，旅游中的大小便又出来不少新的委婉语。在云南旅游，当地导游就让大家把厕所说成歌厅，大小便说成唱歌，台湾的导游就让大家把厕所说成化妆室，大小便说成去化妆。这样一来，厕所就又有许许多多名称了，卫生间、洗手间、盥洗室、更衣室、歌厅、化妆室，都是以好听的词语代替厕所，意思不难理解。茅房、茅厕名称的资格较老，可能跟旧时农村厕所多由茅草盖顶、较为简陋有关吧。至于为什么叫 1 号，听到有不同解释。较多人的说法是：在办公楼或筒子楼的宿舍楼里，厕所一般都在楼道的头上，在所有房间中的排号是第一号。也有的办公楼或筒子楼的宿舍楼，厕所放在中间，在楼梯两旁，厕所一般编为 1 号房间。由此大家就将厕所称为一号。还有的说“吃、喝、拉、撒、睡”中，“拉”与“撒”是最迫切的。内急，一刻也等不得。俗话说：“活人还能让尿憋死!”其实，活人还真有让尿憋死的。“拉”“撒”都在厕所里进行，所以，厕所是第一等重要的地方，一个人可以一生不进厨房，但他不能一生不进厕所。所以厕所荣获 1 号的称号。厕所是人类文明中一项不可缺少的设施，去厕所是人们最为重要的一种活动，其委婉叫法在不断花样翻新，也是人们文明进步和充满幽默情趣的表现。

比起世界上的其他一些民族来，汉民族文化传统中，在性观念方面更为郑重、保守，在性心理上较为含蓄、羞涩，掩盖自己隐私的意识较强，性行为受到社会、道德方面的约束与控制，加之两千多年封建意识的影响，人们在谈论性关系、性交往、性器官以及身体的某些部位时是很有顾忌的。近二三十年，由于性教育增强，这种情况已有所改变。但人们谈及与性生活有关的事情，总还是避讳直白、露骨的说法。从前，说起夫妇的性生活，说成“云雨”“同房”“同居”“发生关系”，口语中还说成“办事”“有事”“那个”“碰（女的）身子”之类，现在受西方影响，又说成“做爱”“上床”。

最为常见而又历史悠久的委婉语是对死的说法。因此自古及今，产生了林林总总的关于“死亡”的委婉语，例如：故、亡、卒、长眠、归天、归西、物化、辞世、过世、弃世、去世、逝世、下世、仙逝、谢世、捐躯、永诀、永别、就木、就义、牺牲、献身、殉国、殉难、殉职、玉碎、羽化、圆寂、作古、老了、走了、没了、不在了、过去了、驾鹤西去，等等。

现代汉语中又出现了一些关于“死亡”的委婉语，如：心脏停止了跳动、永远地闭上了眼睛、走完了人生的路程、去见马克思、光荣了等。委婉语是一种社会文化现象，已渗透于人们日常生活的方方面面，反映广泛的社会现象或人民心理。比如，女子来月经，难于启齿，就委婉地用“来例假”“倒霉了”等词语指代。女子怀孕，被说成“有了”或“有喜”。涉及人体某些部位的词语也能用委婉语，如用“胸罩”代替“乳罩”，用“卫生巾”代替“月经纸”，用笼统的“下身”“私处”代替那些不便直言的性器官，等等。

（韩敬体）

“花圈”“花环”及其他

“圈”和“环”在汉语中是同义词，在词典中可以互释，译成英语时都可以译作 ring，译成俄语时都可以译作 кург 或 кольцо。“围”成一个“圈”，也可以说“围成一个环形”。“环状”也可以说成“圈形”。但在一般情况下，“花环”却不能说成“花圈”。前者是送给贵宾的，后者则是指献给死者的祭奠物，尽管二者都是用鲜花或绢花做的。

在英、德、法、俄、日等语言中，“花圈”与“花环”并没有区别。因此说这些语言的人初学汉语时很容易把“给贵宾送花环”误说成“送花圈”，致使贵宾们哭笑不得。在现代汉语中，“花圈”和“花环”表示不同的意义，这正是同义词分化的一个例子。

汉语中“花圈”“花环”发生同义分化的时间可能并不太长。因为送花圈和戴花环都是不久前从外国传来的习俗。据说，花环（圈）的发源地是希腊，在西欧古代已有向凯旋的战士或获胜的运动员发花环做奖品的传统。在现代汉语中，“花圈”“花环”的区分有时并不严格。如李存葆《高山下的花环》中有如下两句话。

“明天是清明节，九连要用鲜花扎成花环，敬献到烈士墓前。”

“赵蒙生带领着九连全体同志和我，抬着一个个用鲜花编织成的花环，徐徐来到烈士陵园。”

在这里作者用的都是花环。但是《现代汉语词典》已明确将“用鲜花或纸花扎成的祭奠物品”确定为“花圈”。

另外，译自印度查特吉的小说《奥帕吉的天堂》中也有这样的句子：

“儿媳妇们……向婆婆行了最后的摸足礼。五彩缤纷的鲜花，绿色的嫩叶，浓郁的檀香，各色的花环，一片喧哗声使人嗅不出悲哀的气息。”

这里也用的是花环，不符合《现代汉语词典》的释义。

有时，有些词在一般人的用语中没有区别，被视为同义词，甚至等义词，但在特定的职业术语中却有各自独特的语义，不是互相替换的同义词。如在一般人所使用的英语中，midget 和 dwarf 都是指“矮子”。在怀尔德（H·Wyld）主编的《英语通用词典》中，用 dwarf 注释 midget；在《英俄词典》中，这两个词都译成 карлик。但是在医学中，这两个词却用来指两种不同类型的矮子。midget 是指个子矮小，但全身各部分比例正常的人，因此 midget 这个词还可指“小型的”；而 dwarf 则相反，指胸部和躯干发育都很正常、两腿却特别短的人，因此可用来比喻矮小的植物或动物。

有时在汉语中是一个词，但在有些外语中却有两个同义词与它相对应。例如汉语和日语中都有“漫画”一词（有人认为汉语借自日语），但俄语却有 карикатура（借自意大利语或法语的 caricature［漫画］）与 шарж（借自法语 charge［滑稽化、漫画化］）二词，前者多含贬义，后者却是中性词。

有时在一种语言中截然不同的两个词，但在另一种语言中却可能是一个词的两个义项。如汉语中的“李子树”和“梅树”是两种树，梅花和李花怎么也不能混为一谈。但在英语中 plum 既指李树和李子，又指梅树和梅子，还可以指制糕饼用的葡萄干、糖果。又如“长方形”和“椭圆”在汉语中表示两种完全不同的形状，但在英语中却用一个词 oblong 既指长方形，又指椭圆形，又可用为形容词，即相当于汉语四个词语表达的意义。俄语的 продолговатый 也是兼有“长方形的”和“椭圆形的”两层意义。汉语中没有一个名词能概括“长方形”“椭圆形”两种迥然不同的形状，日语中也没有。日语借入汉语的两个词，分别写作“楕円”（或“长円”，汉语中也可以叫“长圆”）、“长方形”（或“矩形”）。然而，在几何学上，椭圆与长方形毕竟是两种截然不同的图形，语言中总得想办法将它们表达、区分出来，所以英语、俄语都又分别以四个词表示这两种不同的形状和相应的形容词。英语：rectangle（长方形）、rectangular（长方形的），ellipse（椭圆），oval 或 elliptic（al）（椭圆形的）；俄语 прямоугольник（长方形），прямоугольный（长方形的），овал 或 эллипс（椭圆），овальный，Эллиптический（椭圆形的）。

（伍铁平）

“曝光”≠揭露

“曝光”与“显影”是照相技术方面的术语，请看《现代汉语词典》的解释：

［曝光］使照相胶片或感光纸在一定条件下感光。照相和洗印都必须经过曝光。也作暴光。

［显影］把曝过光的照相底片或相纸，用药液（酚、胺等）处理使显出影像，显影工作通常在暗室中进行。

这里可以很清楚地看出，这两个词词义是根本不同的，前者是摄取，是“入”，后者是显露，是“出”。不知何时，有人把这两个词变成了同义词，请看：

［例］人们不应该忘记1988年7月29日。这一天，对浙江嵊县和新昌的人们来说是一场永远不会醒来的噩梦——混浊的洪水爬上了陌生的窗户，坚固的房屋像多米诺骨牌似地一排排倒塌……，所有的生命都被浸泡在这样肆恣冲撞的洪水中。

人、自然、社会，都在洪水中显影。

(《报刊文摘》1988年12月6日第四版)

［例］“鲁迅稿酬诉讼案”曝光后，引起了海内外的注目。这起迄今为止中国最大的稿酬官司，如今又有什么新的进展？前不久，记者专程赴京，采访了鲁迅之子周海婴先生。

(《解放日报》1988年12月13日第六版)

笔者注意到，目前报刊上，除了照相术语之外，凡用“曝光”“显影”者，都是一个意思——暴露的意思。这就成了问题，两个相反含义的词，变成等义词。哪一个引申错呢？

显然是“曝光”，因为“曝光”不等于暴露、揭露、显示、显露，如果把“曝光”与这些词等同起来，是把“曝光”的原意用扭了。从这个意义看，“显影”倒比较接近。但是语言是发展的，词义也是不断在发展变化的。由于人们经常使用“曝光”的“暴露”的意思习非成是，约定俗成，“把隐秘的事情暴露出来”固定成为“曝光”的引申义（比喻义），连“曝光”原来读音“pùguāng”也改读成“bàoguāng”了。

有人为了给人以新鲜感，常用新词或借用术语，这本无坏处，也是语言发展的一条途径，但毕竟需要与原意贴近一些才好。

（鲁启华）

反义词漫谈

反义词是意义相反或相对的词，比如“真”与“假”、“是”与“非”、“死”与“活”、“男”与“女”等。一对词所表达的意义相反，尽管语言中存在“半真半假、不死不活、不男不女”之类的说法，但就它们表达的事物的本质来说，这类反义词表示事物完全相反的性质或状态，是相互对立的，非此即彼，二者必居其一，并不存在什么中间状态。所以有人把这类反义词称作绝对反义词。再比如“天”与“地”、“冷”与“热”、“方”与“圆”、“前”与“后”等，与前一类反义词不同，它们反映事物经常对举或相互比较的两种性质、状态，但并不排斥中间的或其他的状态。如既有不冷不热的状态，也有不方不圆的形状，也有不前不后的居中方位。所以这类反义词相对是有条件的，有人管它们叫作相对反义词。

反义词，不管是绝对的或者是相对的，都是事物，也包括性质、状态、方位、行为等存在的矛盾对立关系在词汇上的反映。反义词之间彼此对立，又相互关联，形成了很有特色的词义体系，在语言的词汇系统中占有一定的地位，在语言运用方面也起着突出的作用。

成对的单音节的反义词，有的可以结合成为结构紧凑、意义概括的双音节复合词，有人称它们为对称词。这类词从意义上讲，又可以分为几种情况。有的表示并列相对的意义，如“出没”“先后”“冷暖”“成败”“多少”“大小”“是非”等；有的表示不确定的含义，如“早晚”“左右”（表示数量)、“上下”（表示数量）等；有的由于引申、指代或其他关系，产生了新的意义，如“纵横”“反复”“反正”“横竖”“好歹”“高低”“上下”（指人事关系)、“规矩”等；有的词义与组成该词的一个单音节词相同，另一个只起陪衬作用，形成复词偏义现象，如“褒贬”（偏于“贬”)、“得失”（偏于“失”)、“有无”（如“互通有无”，偏于“有”)、“动静”（偏于“动”)、“好歹”（如“有个什么好歹”偏于“歹”）等。总之，单音节反义词组合成的对称词，词义不是两个反义词的简单相加。这种复合词，丰富了汉语的词汇。

反义词搭配，能造成许多的成语和四字格短语。“阳奉阴违”“外强中干”“此起彼伏”“大同小异”“取长补短”“口是心非”之类，是由两对反义词交叉搭配形成的。“生离死别”“大惊小怪”“同甘共苦”“日新月异”“说长道短”“七上八下”之类，是由一对反义词和一对同义词交叉搭配而成的。“大起大落”“没大没小”“知己知彼”“畏首畏尾”“不破不立”“几上几下”“三进三出”之类，是由一对反义词与另一词重复一次形成的。“上下其手”“左右逢源”“购销两旺”“买卖公平”“互通有无”“不分高低”之类，是一对反义词和另一个双音节词或两字短语构造的。这些成语和四字格，包括一对反义词表示的两个方面的鲜明对照，言简意赅，表现力强而又生动活泼。

不少的谚语、格言运用反义词，增强了语言表现力和形式的对称美。如“满招损，谦受益”“失败乃成功之母”“吃苦在前，享乐在后”“夏练三伏，冬练三九”“上梁不正下梁歪”“好话一句三冬暖，恶语伤人六月寒”“先天下之忧而忧，后天下之乐而乐”等。它们之中，有的含义丰富而含蓄，有的语言形象而生动，有的是人生经验的升华，有的是先哲智慧的闪光。

由于运用反义词能增强语言的表现力，所以在汉语修辞手段中，反义词也占有显著地位。在传统修辞学讲到的修辞格中，反衬、反语、对比、对偶等都是以反义词运用作为主要表现手法的。

反衬是利用相反的事物或方面做陪衬，从反面衬托、突出主要事物或主要方面。如说“好聪明的糊涂人呀”“好得一塌糊涂”之类便是。反语即说反话，用与本义相反的语、句表达本义。如将爱人说成“冤家”，把对恋人的由衷喜爱说成“你真坏”之类便是。对比是把相对、相反的并列起来，形成鲜明的对照，给人强烈的印象。如“虚心使人进步，骄傲使人落后”“窃钩者诛，窃国者侯”“有的人活着，他已经死了；有的人死了，他还活着”。对偶是用字数相等、相互对称的字和词语构成相互对着的语句，加强语言表达效果，充分显示语言和谐整饬美。对称的字词，有同义、近义的，也有反义的。如“少说空话，多做实事”“不求有功，但求无过”“聪明人好说，糊涂人难缠”等。

一个词，可以有好几个反义词，比如“老”就有“少”“小”“幼”“嫩”“新”几个反义词，其中“少”“小”“幼”是同义词。“早”也有“迟”“晚”两个反义词。反过来说，几个词可以有同一个反义词。

一般说，一对反义词，要求词性一致，音节大体一致，使用的语言环境、文体色彩大致相同，这样，才能使反义词不至于过滥过宽。

（韩敬体）

妙趣横生的祝寿词

——一反一正，正反相成

传说从前有一个富贵人家，子孙满堂，老祖母年届七十。“人生七十古来稀”，在老祖母七十寿诞这一天，合家欢庆，红烛高照，亲朋满座。人们依次给老太太叩头、祝寿，颂扬赞美之辞洋溢寿筵，什么“福如东海，寿比南山”“福如东海长流水，寿比南山不老松”等，不一而足，真是主宾欢洽，喜气洋洋。

末了，只见一书生上前拜寿，高声吟道：“这个婆娘不是人——”，真是石破天惊之言，不敬自不必言，简直是咒骂

了，在座的人都大吃一惊，目瞪口呆，面面相觑。这太出人意料了，莫非书生神经不正常！正在众人惊魂未定之际，书生不慌不忙地吟出了下一句："九天仙女下凡尘。"——好句！满堂的人为之欢呼。主人高兴，客人称好。书生得到了热烈掌声的回报。书生反剪着手，踱着方步，续道："儿孙个个都是贼——"，"啊！"主人的儿孙们脸色都变了，捏紧了拳头，但出于喜庆之日，才没有拔出拳头相向，客人也无所适从。只见书生慢条斯理，拖长腔调吟道："偷来蟠桃奉至亲。"主人一听，化怒为喜，众人无不鼓掌称好，认为贺诗写得好。于是书生得到了上宾的礼遇，祝寿达到了高潮。

书生的贺诗，对富贵人家老祖母的气度非凡、儿孙孝顺的称颂可谓尽善尽美，无以复加，给人以极其深刻的印象。其诀窍就在于贬词褒用，一反一正，以反衬正，突出了正面的语义，起到了相辅相成的作用，增强了艺术的感染力，给人留下了深刻的难以磨灭的印象。

这种一正一反、相辅相成的手法，在我国文学史上很早就出现了，成为人们常用的手法之一。如描写女性之美，当然可以从正面加以描写，但若用正反对照、相辅相成的手法来表现，运用得好的话，可以取得更好的艺术效果。如汉乐府李延年的《李夫人歌》："北方有佳人，绝世而独立。一顾倾人城，再顾倾人国。宁不知倾城与倾国，佳人难再得。"用美的后果能倾城倾国这极端危险的反面形象来反衬、渲染佳人的美丽，给人的印象是何等的鲜明，何等的强烈！同样，写极丑恶的反面形象，也可以用极美丽的正面形象来形容它。如写鬼魅，怎么写呢？你写它"青面獠牙，血盆大口"可以，"披头散发，七窍流血"当然也可以，但你是否觉得这太一般化了，简直是陈词滥调，远不如"鬼火一线，美人桃花面"给人的印象鲜明。这种用极端美丽的佳人来形容鬼魅的丑恶、善于伪装，读了使人毛骨悚然，不寒而栗，其形象是多么鲜明啊！所以，掌握好正反相辅相成这一艺术的辩证法有利于我们更好、更生动地表现复杂纷繁的客观物象，使自己的作品更鲜明、生动、感人。

（邱万紫）

孙行者与祖冲之

——对仗句杂谈

有一次电视节目中提到，80 多年前清华大学出的一个入学考试题目叫作“孙行者”，是一个对仗题的上联，要求应考者对出下联。结果大都交了白卷，个别才思敏捷的对了“胡适之”，算是沾了点边儿。原来标准答案是“祖冲之”。笔者想借这个题目谈一点对对仗的看法。

从对仗的要求看，这个题目和答案确实不错。不管从意义上、语音上、结构上去衡量，上下都是对得极为工整的。“孙行者”是文艺作品中的可爱形象，他能七十二变，神乎其神；“祖冲之”是广为传颂的历史人物，他在数学和天文学上的巨大成就举世瞩目。从字面上看，“孙”对“祖”，对得很巧，“行”对“冲”，一个缓缓的动作对一个激烈的行动，对得颇工。从音律上看，三个音节对三个音节，且“孙行者”三字为平平仄，“祖冲之”三字为仄仄平，对得天衣无缝；从语法上看，“孙”和“祖”都是名词，“行”和“冲”都是动词，“者”和“之”都是虚词，一一相对，熨帖自然，都是一个人的名字，且都是主谓结构。当然，出题者这些想法，很难使考场上的考生都能捉摸透的，交白卷实在难免。对“胡适之”者，应该说对得也是不错的，但“胡”与“孙”都是平声字，不大合乎平仄相对的要求。

分析了这副对联，就可看出对仗句的基本要求，它要求意义、音节、语法结构等都一一相对。对偶，或反对，或正对，或串对，一般以反对为佳，而且对得越工整越好。写对仗句不仅要斟酌词义，还要斟酌语音——声韵调和词语之间的组合关系，这些都考虑到了，才能使对仗这种形式更加完美，更富有表现力。

唐朝诗人李商隐《无题》诗中的名句“春蚕到死丝方尽，蜡炬成灰泪始干”，就是对仗句，用上面说到的三条标准衡量，也是对得很工整的。上句平平仄仄平平仄，下句仄仄平平仄仄平；“丝方尽”对“泪始干”，更令人玩味无穷，诗人想念恋人，思到人死才止，哭到泪干方罢。因此至今吟起来，这两句仍然朗朗上口，铿锵有力，表现了形式上的对称美和音律的节奏美。当然，我们应该看到，李商隐的这个名联之所以成为传世佳作，誉为千古绝唱，同时与它的构思精巧，选词精当也有着密切关系。诗人用了谐音，以“丝”谐“思”，这一独特的构思，表现了青年恋人间那种刻骨铭心、思而不见的缠绵之情，表现了他们之间的忠贞、深沉的爱情，确实是别具匠心的。

对偶是汉语表达上的一个很重要的手段，用得比较广泛。这种表现手段的产生、发展，与汉语（古代汉语）的特点有着密切的关系。因为古汉语词汇绝大多数是单音节的，在书面形式上，一个汉字一个意思，选用起来灵活方便，这个先天的有利条件，使句子间配成对偶就容易了，如果多为“英特纳雄耐尔”这样的多音节的外来词，去组织对偶句恐怕就非常困难了。当然成为一种社会风尚，还有它的社会原因，这里就不去说它了。

对偶大量出现，以至占有统治地位是魏晋南北朝这几百年间的事儿。那时候不管什么文体，都是用对偶句，要求上下两句字数（音节）一样，意思相对，故曰骈体文。这种骈体文占统治地位的时期，尽管不无仁人志士反对，但终究未能挽回总的潮流。直到唐初，像王勃那样，尽管对骈体文很不赞成，但是他的名篇《滕王阁序》还是用骈体文写的，由此也可见骈体文势力之大。

但是，事物的发展往往要走向它的反面，本来骈体文、对偶句是一种很不错的表现形式，但当它只追求形式、严重束缚人们（作者）思想的时候，它就临近衰落了。中唐时期韩愈、柳宗元及其门生们，异军突起，发起古文运动，攻击骈体文，提倡古文，声势浩大。古文运动是一个文体革新运动，它冲破刻板的框框，使作者的思想能够得到充分发挥，是应该充分肯定的。

但不管古文家们如何反对骈体文，对偶、对仗并没有被反对掉，它在一些场合、一些体裁中仍旧得到重视，比如律诗就要求对仗，五言律诗和七言律诗一般都要求中间两联是对仗句，否则就违反了规则，就成了失对。杜甫的“感时花溅泪，恨别鸟惊心。烽火连三月，家书抵万金”，李白的“田家秋作苦，邻女夜舂寒”“晓战随金鼓，宵眠抱玉鞍”以及贾岛的“鸟宿池边树，僧敲月下门”等，都是对仗极工、脍炙人口的佳句。还有很多构思精巧、寓意深刻的谚语，如“拳不离手，曲不离口”“月晕而风，础润而雨”“千军易得，一将难求”等，如果不是那样对偶工整，恐怕流传就会大受影响了。我们还可试想，如果苏州园林沧浪亭前那副“清风明月本无价，近水远山皆有情”的对子和拙政园里那副“蝉噪林愈静，鸟鸣山更幽”的对联都不存在了，那里还会有那么多的流连忘返的游客吗？很多人千里迢迢去昆明登大观楼，如果没有那副写景抒情、忆历史、述现实的举世闻名的长联，恐怕许多游客就不会有那么大的兴味了。

骈体文、对仗句，经过提倡、盛行到受到反对、衰落，又回到平静的位置。现在平心静气地观察一番，对仗句、骈体文，如果强调到极端程度，那就一定会走到形式主义的道路上去，钻进死胡同里，这已有历史为证，不必说它了；但运用得当，将为文章增色不少，这也是事实。这种表达形式，有其积极的一面，至少，它在追求形式美这一点上是不错的。如果我们判明利弊，去弊存利，提倡在写作中，特别是在写诗中，讲究一下对仗，使诗句易读易诵，这不仅是应该的，而且也是必要的。它至少比那些不讲究韵律，不讲究节奏，吟不得、诵不成的所谓“新诗”强些吧，我们以为是这样的。

（孟守介）

从“死不死，活不活”谈起

汉语有极丰富的词汇，反义词就是这个家族中繁衍兴旺的一支。因为客观事物有许多矛盾对立的现象，反映在词汇中就有大量的反义词存在。新中国成立前，蒋介石搞过“新生活运动”，有一首讽刺、揭露它的欺骗性的诗，其中有：“死不死，活不活，只顾你快活，不顾我死活!”这里“死”同“活”，在意义上是矛盾的；“你”同“我”，在意义上是对立的，就分别构成反义词。而“死”同“不死”，“活”同“不活”，虽然在概念上也是不相容的，是矛盾关系，但因为“不死”“不活”是词组成的短语，语言上不认为是“死”与“活”的反义词。

这些意义相反或相对的词——反义词，真是本领非凡。它可以使两种相反或相对的事物或情景，构成鲜明的对比，大大增强了语言的表现力。如“我以这一丛野草，在明与暗，生与死，过去与未来之际，献于友与仇，人与兽，爱者与不爱者之前作证。”（鲁迅《野草》）新旧两个时代、两种命运、两种人和作者爱憎分明的两种态度，通过几组反义词全都鲜明地体现出来。许多成语、谚语、格言要靠反义词构筑，如“阳奉阴违”“去粗取精”，一、三字、二、四字都是反义词。“里应外合”一、三字为反义词。“啼笑皆非”一、二字为反义词。报载，冰心先生谈到身后设散文奖或短篇小说奖时，说：“评奖应该有个原则，就是长的让给短的，老的让给小的，男的让给女的。”（《文汇报》1988 年2 月21 日）试想，如果没有三对反义词，能够在一句话里简练、明确地表达如此丰富的内容吗？

在我国的旧体诗和对联中，反义词比比皆是。如“在山泉水清，出山泉水浊。”（杜甫《佳人》）“志士惜日短，愁人知夜长。”（傅玄《杂诗》）“在天愿作比翼鸟，在地愿为连理枝，天长地久有时尽，此恨绵绵无绝期。”（白居易《长恨歌》）婚事喜联：“青春许国良缘美，勤俭传家喜事多。”

因为一个词往往有几个意义和不同用法，所以一个词可能有几个不同的反义词。像“开”的反义词有“关”（关门）、“闭”（闭幕）、“封”（封存）、“合”（合拢）、“谢”（花谢）、“落”（花落）等。

名作家都善于选择恰当、生动的反义词表达思想感情，具有创造性。“认真”的反义词，一般是“马虎”。可是，鲁迅说：“这就是从认真陷入了油滑的开端。油滑是创作的大敌。”（《故事新编》）“宝贝”的反义词是“破烂儿”，可是鲁迅说：“我们的痈疽，是他们的宝贝。”（《我们不再受骗了》）

在特定的语言环境里，可以改变原来的部分词义和感情色彩，铸成特殊的反义词。如许地山在《落花生》中说：“人要做有用的人，不要做伟大、体面的人了。”这里“伟大”“体面”同“有用”相对立，专指华而不实、中看不中用的特点。

在特定的语言环境下，还可以用类比手法造一个反义词，构成对比。这往往带有幽默、嘲讽的意味。如“读者定会觉得这是一条‘新闻’吧，其实却是一条旧闻。”（《毛泽东选集》）“不是阴谋，而是阳谋”也属于这一类。在修辞上，还可以利用意义上的相反关系构成反语。“英雄”同“贼子”是反义词，毛泽东说：“这是我们向一切反共英雄们的诚恳的劝告。”就是利用反义关系构成带讥讽、嘲弄色彩的反语。

现代著名诗人臧克家有一首纪念鲁迅的新诗，开头一节是：

有的人活着，
他已经死了；
有的人死了，
他还活着。

——《有的人》

作者用明白晓畅的语言，概括了截然相反的两种人生，语言简洁而内涵深蕴，既有形象性又有哲理性。其中巧妙地运用“死”与“活”一对反义词起了重要的作用。我们要善于运用反义词这盘珠玑，来表现斑斓多彩的现实生活。

（苗守正）

同音词的妙用

苏东坡和佛印是好朋友，两人常开玩笑。据说，有一次佛印见苏东坡到来，把刚做好的鱼顺手藏到磬里，以此捉弄苏东坡。苏东坡早已看在眼里，他来到近前，故意装出心事重重的样子，叹了一口气。佛印忙问："大人为何闷闷不乐？"苏东坡说："今天写对联，写出上句，忘了下句，你说急人不急人？"佛印说："是什么对联，大人且说出上句，看我能否对出下句？"苏东坡说："上句是'向阳门第春常在'。"佛印忙说："这下句是'积善人家庆有余'，你怎么忘了？"苏东坡连声说道："啊呀，高才，高才！原来你磬（庆）里有鱼（余），快拿出来吃吧！"说罢，两人哈哈大笑。

这里，苏东坡巧妙地用了同音词，把佛印的鱼"钓"了出来。

什么是同音词呢？同音词是语言中语音相同而意义完全不同的词，又称同音异义词。汉语是有声调的语言，因此，汉语的同音词是指声、韵、调完全相同而意义相异的词。如"事物"和"事务"都念 shìwù，"图形"和"徒刑"都念 túxíng，"期中""期终"和"七中"都念 qīzhōng，这些就叫同音词。如果声、韵相同而调不同，如"火车"和"货车"，"教师"和"教室"，就不叫同音词了。

由于语言中音少义多，所以各种语言普遍存在同音词的现象。拿汉语来说吧，汉语的标准音共有音节 400 多个，加上声调的区别，才有1000多个音节。要用1000多个音节，表示几十万个词，除了大量发展多音节词外，不可避免地要造成许多同音词。

那么，同音词在语言中有什么作用呢？

同音词在语言中既有积极作用，又有消极作用。我们先来看一下它的积极作用。因为声音相同，我们可以利用它的这一特点，组成双关语，起到一语双关的妙用。

你看，“外甥打灯笼——照旧（舅）”“打破砂锅——问（璺）到底”“卖碗的跟着卖枣的——早早（枣枣）晚晚（碗碗）”等，这些幽默风趣的歇后语，不就是利用同音词构成的吗？

再看，诗词中一些委婉含蓄、意味深长的句子，如“东边日出西边雨，道是无晴还有晴”（刘禹锡《竹枝词》），“我失骄杨君失柳，杨柳轻扬直上重霄九”（毛泽东《蝶恋花·答李淑一》）等，不也是利用同音词来表现的吗？

剧本《雷雨》的第二幕中，鲁侍萍面对着自己的两个互不相识的儿子周萍和鲁大海（同母异父），无限凄楚。后来阔少爷周萍动手打了做矿工的鲁大海，鲁侍萍大哭着走向周萍：“你是萍，……凭——凭什么打我的儿子？”她满腹辛酸，欲言又止，利用了同音双关的作用，偷偷地转换了话题。

口语中，同音词的妙用还有很多，如：

某些地方结婚，有给新郎新娘送枣子的习俗，为的是“早生子”。

工资调级时，某人买了一公鸡，路遇朋友。朋友问他调资调上没有，他风趣地说：“又给了我一级（鸡）。”

……

如前所述，同音词也有消极作用。因为同音异义，有时可能造成语义的混淆，妨碍人们顺利地进行交际。如说“期中”和“期终”，“骄气”和“娇气”，听话的人就不容易听清楚，讲话的人得多用些话才能讲明白。

（韩敬华）

《红楼梦》人名趣谈

《红楼梦》人物众多，作者为这众多的人物起名字，着实费了一番苦心。

曹雪芹是一位出色的语言大师，他充分运用双关的手法，通过人物的名字，或预示人物的命运，或隐寓作者对人物的褒贬，或点出人物在作品中的作用。

《红楼梦》贯穿头尾的两个人物，一个叫甄士隐，一个叫贾雨村，暗示该书故意将真事隐去，令假语存焉。甄士隐、贾雨村的名字，与第一回、第五回两次写到的“假作真时真亦假，无为有处有还无”的对联都是提醒读者在阅读本书时要辨清什么是真的、有的，什么是假的、无的，才不至惑于假象而迷失真意。

贾府元春、迎春、探春、惜春四姐妹的名字，正谐“原应叹惜”的音，暗示她们虽然生于贵族豪门，但命运却十分悲惨，令人惋惜。还有那个香菱，幼时被人拐卖，后来给薛蟠做了妾，受尽凌辱欺压。香菱原是甄士隐的女儿，名唤英莲。甄英莲恰合“真应怜”的音。甄士隐家的丫头娇杏，只因私下里顾盼贾雨村，在雨村官位升迁后，被娶为二房，后扶了正，“偶因一着错，便为人上人”。娇杏者，侥幸也。

贾府的几个清客相公，是书中令人生厌的人物。作者对他们的贬斥，不仅表现在对他们言行的描写上，而且寄托在为他们起的名字上：一个沾光（詹光），一个善骗人（单聘仁），一个不顾羞（卜固修）。贾芸的母舅是个开香料铺的掌柜。贾芸求他帮衬些冰片、麝香之类，孝敬凤姐，以在大观园中谋个差事，这位舅舅竟以“概不赊欠”为由，将亲外甥赶跑了。曹雪芹对这个六亲不认的人深恶痛绝，给了他一个最坏的名字——不是人（卜世仁）。

对《红楼梦》中的一些“群众角色”，曹雪芹为他们起名儿也不随便。他或用谐音双关，或用语义双关，必使名字与人物身份和谐一致、妥帖自然。抱着英莲去看社火花灯而丢失英莲、闯下大祸的甄家男仆，名叫霍启，既是典型的仆人名字，又谐“祸起”之音。贾府的几位管杂役的老妈妈，以姓为名，与她们所管的事暗合：宝玉、袭人派去给湘云送活计的是老宋（送）妈，在大观园中管菜蔬稻稗的是老田妈，看竹子的是老祝（竹）妈，管花草的是老叶妈。这些名字既似信手拈来，又像妙手偶得。

（晁继周）

《红楼梦》巧用同音词

读音相同而含义不同的词是同音词。在具体的语言环境里，由于有前言后语或上下文，或语调、手势、表情、动作等的配合，同音词并不会引起误会而妨碍交际，相反，人们还要利用它们的同音联想的特点以达到特殊的表达效果。因此，它被广泛地运用在谜语、歇后语、双关语之中，优秀的文学著作巧用同音词的例子也屡见不鲜，《红楼梦》一书就很突出。

《红楼梦》中一些人物的名字，就是用同音谐声而起的，深寓着作家的感情。贾府四姐妹元春、迎春、探春、惜春，名字中的关键字“元迎探惜”连起来谐的是“原应叹息”，隐含了作家对她们命运的同情、悲悼。贾芸的舅父卜世仁，谐同音字“不是人”，巧姐的舅父王仁则谐同音字“亡（无）仁”，表现了作家对他们的鄙弃心理。

第二十一回写到宝玉正跟袭人、麝月赌气，听说一个丫头由袭人改名为“蕙香”，就没好气地说：“正经叫‘晦气’也罢了，又‘蕙香’咧!”还说，“不必什么‘蕙’香‘兰’气的，哪一个配这些花呢……”作家利用“晦”、“蕙”同音，将“蕙香”与“晦气”联系了起来，既表现了宝玉当时的阴晦心境，又充满了生活情趣。

第二十六回，薛蟠在宴会上卖弄自己对画的鉴赏力，说“你提画儿，我才想起来了：昨儿我看见一本春宫儿，画的很好，上头还有许多的字，我也没细看，只看落的款，原来是什么‘庚黄’的，真好的了不得!”当宝玉纠正他，说应该为

"唐寅"时，他便自我解嘲地笑道："谁知他是'糖银'是'果银'的!"薛蟠不懂画，也不知道前代的名画家，他说画上的许多字也没细看，只看了落的款，结果将落款的两个都看错了。那些没细看的许多字，不知他又会认错多少呢？别人纠正他，说出名画家，他竟以同音字进行搅和，还拈连说出了什么"果银"来，足见这位"呆霸王"的胸无点墨而又文过饰非的无赖习气，作家对他进行了一针见血的揭露和嘲讽。

第十六回，凤姐对贾琏的奶妈赵嬷嬷说的一席话也很精彩："妈妈，你的两个奶哥哥都交给我。你从小奶大的儿子（指贾琏），还有什么不知道他那脾气的？拿着皮肉倒往那不相干的外人身上贴。可是现放奶哥哥那一个不比人强？你疼顾照看他们，谁敢说个'不'字儿？没的白便宜了外人——我这话也说错了：我们看着是'外人'，你却看着是'内人'一样呢!"凤姐又说："可不是呢，有'内人'的他才慈软呢！他在咱们娘儿们跟前才是刚硬呢!"在凤姐话中，"内人"有意义变化，语带双关。"内人"一般是男人对别人指称自己的妻子，凤姐却由"外人"牵连而来，指称"自己人"，此处凤姐又讥称贾琏的外遇相好的人。既说贾琏亲疏不分，又讽刺他贪女色。所以赵嬷嬷才忙为贾琏开脱："要说'内人''外人'这些混账事，我们爷是没有的。"此处充分显示了凤姐既表示对赵嬷嬷亲近又敲打贾琏的说话艺术，柔中带刚，风趣活泼。

第二十回林黛玉与史湘云相互打趣的话也写得有声有色。

二人正说着，只见湘云走来，笑道："爱哥哥，林姐姐，你们天天一处玩，我好容易来了，也不理我理儿。"黛玉笑道："偏是咬舌子爱说话，连个'二'哥哥也叫不上来，只是'爱'哥哥'爱'哥哥的，回来赶围棋，又该你闹幺'爱'三了。"宝玉笑道："你学惯了，明儿连你也咬起来呢。"……湘云笑道："这一辈子我自然比不上你，我只保佑着明儿得一个咬舌儿的林姐夫，时时刻刻你可听‘爱’呀‘厄’的去，阿弥陀佛，那时才现在我眼里呢！”说得宝玉一笑，湘云忙回身跑了。

湘云说话咬舌子，“二”发音不准，与“爱”相似，黛玉就用“二、爱”同音现象进行打趣，并故意拉扯到“幺‘爱’三”上来。湘云也不示弱，又干脆用“爱”的音义反过来打趣黛玉，加上宝玉的插话、谈笑，文字写得自然、活泼，情趣盎然，使人如闻其声，如睹其形，读来不禁令人击节叹赏。

《红楼梦》中类似的例子很多，不难看出，同音词具有独特的修辞效果，恰当地运用同音词的谐音、双关等修辞手段，能增强语言的表现力，使文章生动活泼，引人入胜。

（韩敬体）

谐音漫谈

据联邦德国一位在中国的企业家撰文称，“气管炎（妻管严）”一词已翻译成几种文字了（见《解放日报》1988年5月20日第7版）。这是一个新的信息，它说明谐音这种修辞手段的生命力及其传播之快、传播之广。“气管炎”作为谐音词，不知启用于何人何地何时，但是大致可以肯定，它是三十几年前逐渐流行起来的。

谐音，历来是汉语的一种重要的修辞手段，为小说、相声以及众多通俗文艺和口语所常用，用得恰当，能使文章或说话更富于幽默、诙谐感，增强表现力。《红楼梦》第四十七回中有一段精彩描写：

贾琏赔笑道：“见老太太玩牌，不敢惊动，不过叫媳妇出来问问。”贾母道：“你就忙到这一时？等他（指凤姐）家去，你问他多少问不得？那一遭儿你这么小心来？这又不知是做耳报神的，也不知是来做探子的！鬼鬼祟祟倒吓我一跳。什么好下流种子！你媳妇和我玩牌呢，还有半日的空儿，你家去再和那赵二家的商量治你媳妇去吧！”

说着，众人都笑了。鸳鸯笑道：“鲍二家的！老祖宗又捡上赵二家的去。”贾母也笑道：“可不？我那里记得什么‘抱’着‘背’着的！提起这些事来，不由我不生气。……”

这段话说得痛快、诙谐，淋漓尽致。它把这个谙熟内情、威严、世故又带几分风趣的老祖宗的性格活脱脱地勾画出来了，读了令人喷饭。我想，它有如此效果，主要在于用了一个

“抱”替代了“鲍”。曹雪芹之所以让老太太把赵二家的拉上，其用意当然是很明显的。因为贾琏是个偷鸡摸狗、寻花问柳的老手，是“吃在嘴里的，看在锅里的”的主儿。贾母深知贾琏的品行，故意把鲍二家的说成赵二家的，示意贾琏这类事多得让人搞不清楚。当鸳鸯纠正以后，她没有正面承认自己记忆错误，反而引出一个“抱”着“背”着来，把贾琏的丑事进一步加以渲染，把他好一顿挖苦、痛骂。其实，贾母这大段痛骂，是一石双鸟，既骂贾琏，又骂贾赦。请看当邢夫人把贾母这段话“略说了几句”之后，“贾赦无法，又且含愧，自此便告了病，且不敢见贾母，……只得各处遣人搆求寻觅，终究费了五百两银子，买了一个十七岁女孩子来，名唤嫣红，收在屋里”。贾母能当众挑出“抱”着“背”着来，实在是对贾琏父子的行为忍无可忍了。可见这笑声之中包含着贾母对其子孙们的强烈不满。这正是这个谐音字的效果。

谐音作为修辞手段，很早就有了。有人说屈原的《离骚》这个题目就是用的谐音，这恐怕还未定论，且不说它。唐朝诗人刘禹锡，写过一篇《竹枝词》，其中有“东边日出西边雨，道是无晴还有晴”这样两句，这首词并非很多人熟悉的，但这两句以至演变为歇后语却是广为人知了。这是谐音的运用，是公认的。李商隐“春蚕到死丝方尽，蜡炬成灰泪始干”，以“丝”谐“思”，也是很多人公认的。足见在唐代这种修辞手法已经广为运用了。现在，歇后语用谐音十分普遍，如“蛤蟆跳到井里——扑通（不懂）”“电线杆上绑鸡毛——好大的掸子（胆子）”。歇后语在不少作品中常见，所以相声中称它为俏皮话，颇带有几分俗气。

正因为谐音这类表达手段带有几分俗气，所以在民歌中是经常使用的。下面抄录《山歌》中的两首《赠物》可见一斑。《山歌》是明代冯梦龙编辑的吴歌，可见其创作时期比冯还要早。

赠物

结识私情人弗觉鬼弗知，再来绿纱窗下送胭脂，仰面揥（撣）尘落来（在）人眼里，算盘跌碎满街珠。（原批注：吴音“珠”、“知”相似）。

又

结识私情人弗觉鬼弗闻，再来绿纱窗下纱汗巾，寿器上剥灰材露布，老阴阳到处说新坟。

这两首民歌，是用苏州方言写成的，以“珠”谐“知”，以“坟”谐“闻”，自然贴切，情趣横生。

当然，谐音这类表达方式，如果用滥了，过头了，就会流为油滑、无聊。因此，运用谐音有一个去芜存菁、择精华而剔糟粕的问题，这也是我们应该注意的。

（孟守介）

“枇杷”不是“琵琶”

旧时书生，有文会之举，即在一定的日子里大家聚在一起吟诗作赋写文章。

有书生三人于文会日聚首于书生甲家。正准备吟诗作对，书生甲家人忽然送上枇杷一筐，原来是托人代购的。筐中有代买者的字条一张：“琵琶四斤。”三位书生相见粲然，议决以此事为题联句。

书生甲首先发难说：“枇杷不是此琵琶。”

书生乙续道：“只为当年识字差。”

书生丙一贯而下道：“若使琵琶能结果，满城箫管尽开花。”

三人联句成了一首完整的打油诗。首句指出了别字，把“枇杷”写成了“琵琶”；第二句指出了出现别字的原因，是识字能力差；第三、四两句说明别字泛滥的后果将不可收拾。

这故事对在遣词造句中只听音不注意辨别字形而出现别字的人无疑是有益的批评。“枇杷”和“琵琶”虽然都是单纯词，语音相同，但音同形不同，义也不同。“枇杷”是水果的一种，“琵琶”却是一种乐器，它们之间有天壤之别。不加辨析、粗枝大叶的人，就会把“枇杷”误写成“琵琶”。这类事情在我们日常生活中常常可以碰到，如把“边幅”写成“蝙蝠”、“酒菜”写成“韭菜”等。因此，我们要准确地把握汉语字词的音、形、义，才不至于闹笑话或引起误解。

（邱万紫）

对偶与对仗

对偶和对仗是两个常见的我国传统的语文现象，二者有密切的联系，又有区别。

对偶是汉语的一种修辞方式。它是用两个字数相等、语义相关和结构相类的语句或语言单位并列起来，对称地表达相反、相对或相关的意思。这种对称的语言方式，表现形式的整齐和谐和内容上的相互映衬，具有独特的艺术效果。对偶在文献中出现较早，先秦古诗文已有不少对偶句，比如，《易传·乾》中的“同声相应，同气相求”，《诗经·小雅·采薇》中的“昔我往矣，杨柳依依；今我来思，雨雪霏霏”，《老子》中的“祸兮福之所倚，福兮祸之所伏”就是人们常举的例子。

对仗是对偶形式的进一步发展，语文运用时间上也晚于对偶，一般认为是魏晋后的骈文及至唐代形成的格律诗的语文运用的一种特殊表现形式和手段，后来又相继为词曲创作和对联撰写所采用。对仗首先要求具备对偶所具有的特征。就是说，一要相对的语言形式应该类同，结构对称，如以单纯词对单纯词、合成词对合成词；句法结构要一致，如主谓结构对主谓结构，偏正结构对偏正结构，述补结构对述补结构等；有的对仗的句式结构不一定相同，但要求字面要相对。二要词语所属的词类（词性）相一致，如名词对名词，动词对动词，形容词对形容词，虚词对虚词等。三要词语的意义也要相同或相近，同是名词，它们所属的词义范围要相同、相近，如同属天文、地理、器物、动物、植物、行为、动作等同一意义范围内的词语方可为对。除与对偶要求相同外，对仗还要求上下两句同一结构位置的词语语音上平仄相对，而且上下两句同一位置上的词语形式上避免重复。我们可以说，一切对仗都是对偶，而只有讲究语音节奏和平仄格律的对偶才成为对仗。比如“下笔千言，离题万里”，从语音上看，“下笔”二字是仄声，“千言”二字是平声；“离题”二字平声，“万里”二字仄声。仄仄平平与平平仄仄相对。从词性、语义、句法上看，下、离都是动词，千、万都是数词，笔、题、言、里都是名词。千言、万里分别形容文字多与距离大。两句相同位置上的词语也是相互对应的。再如“空谈误国，实干兴邦”前后两个分句也是对仗的。语音上，“空谈”二字都是平声，“误国”二字仄声，“实干”二字仄声，“兴邦”二字平声。在词性、词义上相应位置的词也是相对的。律诗中处于颔联、颈联的句子也是很讲究对仗的。例如“星垂平野阔，月涌大江流”“三山半落青天外，二水中分白鹭洲”“金沙水拍云崖暖，大渡桥横铁索寒”“四海翻腾云水怒，五洲震荡风雷激”，等等都是对仗句。在词曲、骈文、联句，特别是楹联、对子中都很讲究运用对仗，对仗充分表现出语言文字具有的整饬美、对比美和节奏感、音乐美。

对仗在六朝至唐宋的骈文中，对上下句中的虚字重复并不避忌，而在格律诗中，避免雷同就较为严格了。初唐诗人王勃，写下了传世骈文名篇《滕王阁序》，其中的对仗句十分精彩。现抄录文中的一段于下：

时维九月，序属三秋。潦水尽而寒潭清，烟光凝而暮山紫。俨骖騑于上路，访风景于崇阿。临帝子之长洲，得天人之旧馆。层台耸翠，上出重霄；飞阁翔丹，下临无地。鹤汀凫渚，穷岛屿之萦回，桂殿兰宫，列冈峦之体势。披绣闼，俯雕甍，山原旷其盈视，川泽纡其骇瞩。闾阎扑地，钟鸣鼎食之家；舸舰迷津，青雀黄龙之舳。云销雨霁，彩彻区明。落霞与孤鹜齐飞，秋水共长天一色。渔舟唱晚，响穷彭蠡之滨，雁阵惊寒，声断衡阳之浦。

这一段中，“落霞与孤鹜齐飞，秋水共长天一色”尤为令人称道。从这段文章中，不难看到“于、之、而”等虚词在对仗的上下句相同位置上重复使用的现象。但在格律诗中，到了中唐格律诗走向成熟以后，诗中对仗句就很少有这类上下句相同位置上重复用同一个字的情况了。

（京　笛）

对对子和联句

对仗是汉语文的传统手法，对对子、联句都是对对仗创作性地运用，也可以称之为对仗文学。它们长期作为一种文字智力游戏在社会上流行，成为传统文化的一部分。

对对子就是对对联，一个人出上联或下联，由另一个人对下联或上联，这种文字训练对于习作近体诗很有帮助。对对子的特点就是要求接续的对仗句，要与对方出的句子字数相等，内容相关，词性相当，结构相称，节奏相应，语音相谐。

对对子又是中国传统文化中的启蒙课目，俗称“对课”。旧时私塾老师教授学童学习写作近体诗和词、曲，掌握对仗乃是其中的基本功。当时还流行一种启蒙读本《笠翁对韵》，它是清代人李渔（号笠翁），按旧时诗韵按义类编排的对仗用词的韵文，包括天文、地理、花木、鸟兽、人物、器物等虚实应对的内容，如：天对地，雨对风，大陆对长空，山花对海日，赤日对苍穹。雷隐隐，雾蒙蒙。日下对天中……读起来音韵协调，朗朗上口。熟读、记诵此书，足以让学童得到语音、词汇、修辞方面的对仗训练。

1932 年，清华大学国学研究院“四大导师”之一的学术大家陈寅恪为清华大学招生考试代拟国文试题，其中有一道题就是“对对子”，出上联为“孙行者”三字，要求以另外三字对下联。考试结果有一半以上的考生不合格，有的交了白卷，有的乱对一气，对出什么“猪八戒”“唐三藏”“沙和尚”“牛魔王”之类，甚至还出现了“王八蛋”。只有报考清华大学英语系和北京大学中文系的考生周祖谟（后来成为著名语言学家、北京大学教授）答为“胡适之”，符合要求，获得满分。“胡”“孙”都是姓氏，又暗含“猢狲”义，猢狲即是猿猴。“适”“行”都是动词，“者”“之”都是文言助词，词性相同，语义相应，语音上也平仄相对。还有考生对“祖冲之”“王引之”，也都不错。陈寅恪出此对联原是化用了苏轼《赠虔州术士谢（晋臣）君七律》诗句：“前生恐是卢行者，后学过呼韩退之。”“韩、卢”为犬名，“行、退”是脚步进退的动词，“者、之”都是助词。当时有人责怪说不该出“对对子”的怪题为难考生。陈寅恪认为，这种题目既可测试考生区分虚字和实字、平声和仄声、读书多少及掌握语汇的能力，也可考察考生思想条理。1987 年 12 月，周祖谟先生在《往事自述》的文章中还忆及五十五年前参加清华大学入学国文考试对对子以“胡适之”对“孙行者”的情景。

明太祖朱元璋很喜爱对对子，他认为这既可用来测试人的才思、志向，又能逗趣。相传他在起兵前，曾在雪地见到一个叫葛恩的人，想结交他，口出一联“天寒地冻，水无一点不成冰”，这是一个拆字对，“水”字加上一点成“冰（异体‘氷’）”，要葛恩应对。葛恩对道“国乱民愁，王不出头谁作主”，“王”字出头成“主”字。朱元璋听了很高兴，邀他参加起义。还有书记载，朱元璋起兵后在路上遇到一个小孩，看守马驿。出对说“十岁孩童当马驿”，要小孩答对。那孩子对道“万年天子坐龙庭”，使朱元璋大为开怀。在攻打苏州城时，他志在吞吴（占有吴地，后称吴王），用“吞吴”二字出一拆字联，“天下口，天上口，志在吞吴”，要军师刘基对下联。刘基对道“人中王，人边王，意图全任”，用“全任”拆字勉强作对。朱元璋的大力倡导并亲力实践，在推动对联的发展和普及方面有不小贡献。

清末洋务派首领张之洞在北京陶然亭与客人会饮，饮宴中玩对对子游戏。张之洞出上联“陶然亭”求对，有位客人以“张之洞”作对。陶、张都是姓，本义都与工艺相关；然、之都是文言助词；亭、洞都是名词，与土木构筑有关。惹得在座的人大笑不止。

联句是古人常玩的一种雅致文字游戏，也是对仗的熟练而巧妙的运用。所谓“联句”，就是两人或多人围绕一个主题共同作一首诗，相联成篇，或者说共同来凑成一首诗。习惯的做法是每个人都要说两句诗，接续的句子必须对仗。也有先由一人作第一句开头；第二个人对上这句，再起一句；下一个人再对这句，又起一句。如此轮流依次继续作下去，直至作完。《红楼梦》中写的《芦雪庭争联即景诗》和《中秋夜大观园即景联句三十五韵》就是典型的才女们的联句游戏。

《红楼梦》五十回，“芦雪庭争联即景诗”就是大观园群芳在芦雪庭赏新雪，烤鹿肉，接着热热闹闹地即景联句。这次联句诗的第一句是王熙凤说的：一夜北风紧，接着李纨联道：开门雪尚飘。李纨又出一句：入泥怜洁白，香菱联道：匝地惜琼瑶。有意荣枯草，探春联道：无心饰萎苕。价高村酿熟，李绮联道：年稔府粱饶。葭动灰飞管，以下李纹、岫烟、湘云、宝琴、黛玉、宝玉、宝钗等接续联句。在这次联句中，参与的人多达 12 人，最活跃的人物是湘云、黛玉和宝琴，联到后面她们竟不顾联句的规矩，你一句我一句地抢作起来，显得十分有趣。宝玉则表现最差，受到了冒雪去栊翠庵折红梅的处罚。

芦雪庭联句是大观园中的一件盛事，诗句中不乏歌功颂德、祝颂圣上的句子。它充满了富贵、欢乐、享受的情调，渲染了贾府极盛的景象。

第七十六回写的《中秋夜大观园即景联句三十五韵》情况就大不相同了。这次是黛玉、湘云两人在寂寞的秋夜中进行相对联句的，情调显得凄清、哀婉。后来妙玉将它截住续完。两句有一个韵脚，全诗三十五韵，共七十句。黛玉先起首句：三五中秋夕，湘云联道：清游拟上元。撒天箕斗灿，黛玉再联道：匝地管弦繁。几处狂飞盏？湘云接着联道：谁家不启轩？轻寒风剪剪，黛玉联道：良夜景暄暄。争饼嘲黄发，湘云联道：分瓜笑绿媛。诗的前部分还有勉强的赏乐情绪，可到了后面，湘云的“庭烟敛夕梧”“盈虚轮莫定”等哀怨其命运变幻，黛玉的“阶露团朝菌”“壶漏声将涸”预示其生命已残，最后“寒塘渡鹤影，冷月葬诗魂”更加凄凉悲伤。这次的联句，反映出贾府的衰败。这与芦雪庭联句反映的情绪反差甚大。

附带说一句，联句一般说是古时文人墨客的一种文字游戏，联句诗多为取乐而作，参加的人多为争强斗胜，极事铺张，临时堆砌辞藻，无病呻吟的不少，很难凑成一首好诗。尽管联句诗不少，但值得传世或传诵的却见不到。

（京　笛）

题匾额纪晓岚嘲讽权臣

清朝乾隆年间，有一位著名的学者、文学家叫纪昀，字晓岚，他博学多才，襟怀开朗，幽默风趣，却又生性刚直，不避权贵，常以巧语妙文和人戏谑。

有一次，皇帝的宠臣宰相和珅家建了一座书亭，请纪晓岚为匾额题字。纪晓岚笑了笑，提笔写了“竹苞”两个大字。和珅一见，甚为高兴，以为纪晓岚用的是《诗经·小雅·斯干》的典故：“如竹苞矣，如松茂矣。”竹苞松茂，是说松竹茂盛，比喻家族兴盛，旧时常用来作新屋落成时的颂词。和珅见了，怎能不喜？他赞不绝口说：“雅致清高，妙不可言。”立即叫人镌刻于匾，挂在亭首。

有一天，乾隆皇帝驾幸和珅府第，看见书亭上的匾额，沉思了片刻，问和珅可懂得题字本意。和珅赧然，无言以对。乾隆看了他一眼，摇了摇头，笑着说：“爱卿，这是纪学士嘲笑你儿子的，说你儿子不学无术，个个是草包。”和珅听了乾隆的话，再看看那两个字，才如梦初醒，哭笑不得。

纪晓岚利用题匾额的机会，巧妙地讽刺了和珅，而和珅却挨了骂还感谢人家，原因在于和珅不懂得纪晓岚用的是拆字法。在现实生活中，人们常利用汉字特有的上下、左右、内外结构的特征来分析表述字的方法，如称人姓氏时是这样表述的：古月——胡、木子——李、口天——吴、弓长——张，以避免谐音而写错别字。这种拆字法还被运用到说话，题词，对对子，猜谜语，甚至写诗。因而“竹苞”二字一拆开来，不就成了“个个草包”了吗？和珅哪里能望学识渊博、才思敏捷的纪晓岚之项背呢！上当，被戏弄，是自然的了。

（邱万紫）

改对联气昏老官宦

在民间，广泛地流传着这么一个故事：

有一个官宦人家，老官吏在科举考试中曾中过进士。后来，他儿子也中了进士。老官吏得意忘形，总想炫耀一下自己的家世。

一年春节，除夕之日，老官吏吩咐仆人把自己亲手写的一副对联贴于大门之上，对联是这样写的：

父进士，子进士，父子进士。
婆夫人，媳夫人，婆媳夫人。

“夫人”是诰命夫人（皇帝封赏的贵夫人）的意思。对联中流露出老官吏的骄矜之情，活画出他的不可一世之态。

贴完对联，老官吏好不得意，沉浸在官运亨通、夫贵妻荣、父子飞黄腾达的幸福的云雾里。

大年初一，在儿孙行完跪拜祝福之礼后，老官吏即带仆人到大门外燃放爆竹，以取吉利。大门还未开，就听到院外传来儿童断断续续的吟咏声：“父进士，子进士，父子进士。”

老官吏觉得有点不对劲。开门一看，只见几个小童对着自己的大门嬉笑。他走出门来看，对联还是老样子，但他细一看，却变成了：

父进土，子进土，父子进土。
婆失夫，媳失夫，婆媳失夫。

不看还罢，一看，老官吏气得七窍生烟，大叫一声：“气煞我也!”急火攻心，昏倒于台阶之上。

这是怎么回事呢？原来旧时官场黑暗，科举腐败，有真才实学者往往沉沦不遇，科场失意；无才德者却由于善于钻营拍马、行贿舞弊而窃得功名。这老官吏父子并非满腹珠玑、学富五车之人，却春风得意，骄横乡里。他贴对联之事被当地的一位有真才实学却命运不济的穷秀才知道了。秀才见老官吏太嚣张，便想教训他一通，发泄一下自己心中的闷气。于是，在除夕之夜，他趁着更深人静，带上笔墨，在老官吏门联的“士”字和“夫人”二字上稍稍添了点笔墨，一反其原意，成了一副咒联。大年初一如此不吉利，老官吏怎能不气得昏死过去？

穷秀才的做法是利用了汉字结构一个字笔画长短变化，多一点少一点则意思全变的规律，来达到自己的目的。

（邱晓彤）

对联趣话

对联又称楹联、门对、春联、对子等，是一种对仗文学，是我国极为普及的特殊的传统文化形式。一副标准的对联，最为基本的特征就是对仗。对联用口头说出时，是言语对仗，用字书写出来时，就是文字对仗。一般来说，对联要求较为严格。通常要求上下两联字数相等、相对位置的词语词性相对、语音平仄相谐、句法结构相同，其中以字数相等和平仄相谐最为重要。历史上有关对联的有趣故事甚多，解缙改对联的故事流传较广。

解缙（1369—1415），江西吉水人。明朝初年进士，主持编纂过《永乐大典》。解缙少年聪颖，有神童之称。他曾写过一副对联，戏赠一位轻薄秀才。对联比喻形象，寓意深刻。毛泽东在《反对党八股》中引用了这副对联：

墙上芦苇，头重脚轻根底浅；
山间竹笋，嘴尖皮厚腹中空。

从这副对联上可以看出几个特点。一、上下联字数相等、结构相同。都是11字，主谓结构。二、对应位置词语词性相同。动词对动词，形容词对形容词，而且相对的词必须在相对的位置上。三、相对应的词平仄相合，音调和谐。上联韵脚应为仄声，下联韵脚应为平声，谓之“仄起平收”。句中平仄符合对仗要求。四、节奏相应，就是上下联停顿的地方一致。都是大的节奏4/7，细的节奏：2/2—2/2/2/1。

解缙有个两次修改家门春联的故事。解缙小时候家贫，父母以磨豆腐为生，他家蓬门荜户，对面竟是曹尚书的府第。曹尚书的豪宅有大片竹园，绿竹扶疏出墙，十分茂盛。一年春节，解缙借景在自家门上贴了副对联：门对千竿竹，家藏万卷书。对联引得路人赞叹不已。曹尚书认为解缙也太不知天高地厚了，竟敢说家藏万卷书，还拿尚书府第的竹子陪衬。他马上吩咐家丁，把高高的竹子全给削短了，让外面难以看到。解缙看到这种情况，很快就取了笔墨出来在对联上加了两个字，对联成了：门对千竿竹短，家藏万卷书长。曹尚书打发下人来看解缙家门上的对联情况，家人回报说对联不但没揭掉，还加字变长了。曹尚书亲自到门口观看，气不打一处来。他又把管家叫过来，组织更多的家丁，把竹子全都连根刨了，看解缙的对联有什么变化。这时解缙又拿出笔墨，在对联上又加了两个字，成为：门对千竿竹短无，家藏万卷书长有。家人来报告对联又加了字时，曹尚书心里好个气啊，好好的一片竹林让对联闹成这样，传出去可怎么说啊，但也无可奈何。

对联历史悠久，流行广泛，形式繁多，具有装饰、交际等很强的实用性，所以从对联的不同用途、形式和文字长短上划分类别是常见的分类方法。从用途上分类，一般分作春联、行业联、名胜联、婚庆联、寿庆联、哀挽联、装饰联、题赠联、对课联、游戏联十类。一到春节，家家户户忙着贴春联。春联用得最为悠久、广泛，所以春联列在按用途分的第一类。按文字长短分类，也就是按对联的字数多少分类。一般分为超短联、短联、中联、长联、超长联五类。超短联仅有一至三个字，如：一字的“福；寿”、二字的“鼓楼；钟亭”、三字的“独角兽；比目鱼”。短联四至七个字，如：四字的“水天一色；风月无边”、五字的“雁声秋露白；鸦阵晚霞红”、六字的“白马秋风塞上；杏花春雨江南”、七字的“日为宝镜天天照；月作明灯夜夜光”。中联八至十九个字，长短居中，容量适宜，句式自由，节奏灵活，所以中联应用较为普遍，特别是八至十一字的人们更乐于使用。长联二十至九十九个字，在名胜联和哀挽联中应用较多。超长联是一百字以上的巨幅对联，容量很大，述事较多，铺陈、用典较多，一般都是大手笔之作。超长联最著名的有清末钟云舫拟题江津临江城楼联，单联806字，全联1612字；当代人华武1985年写的题长城主题应征联，单联500字，全联1000字也是很突出的了。

一些游戏性的奇对、巧对、绝对也常让人津津乐道。下面列出几副以供赏析。

北宋早期名相吕蒙正，早年家境贫寒，他曾写过一副对联隐含其意：

二三四五；
六七八九。
横批：南北

上联“缺一”，隐指“缺衣”；下联“少十”，隐含“少食”。横批“南北”义寓“无东西”。缺衣少食无东西，反映自家困苦的窘况。

明代万历年间东林党人顾宪成有一副题东林书院的对联脍炙人口：

风声雨声读书声，声声入耳；
家事国事天下事，事事关心。

上联含有四个“声”字，下联对有四个“事”字，位置相应，均为名词，声调平仄相对。整联意思为书院学子风风雨雨中刻苦攻读，并时刻关心着国家和天下大事。

1916 年 6 月袁世凯在全国人民的声讨声中忧惧而死，四川一位资深望重的学者撰写一副挽联：

袁世凯　千古；
中华民众万年。

这副奇特的对联，上联比下联少一字，好像不成对子，但作者故意让上联对不住下联，曲折地表达特殊含义："袁世凯"根本对不住"中华民众"。

1953 年，中国科学院组织出国考察团，由著名科学家钱三强任团长，团员有华罗庚、张珏哲、赵九章、朱冼等许多著名科学家。途中闲暇之时，数学家华罗庚拟了一副对联：

三强韩、赵、魏；
九章勾、股、弦。

上联的"三强"内容指出战国时期的韩、赵、魏三个国家的合称，字面却又语带双关，隐含着在场的钱三强的名字。下联不仅有数词限制名词的结构"九章"与"三强"相对，《九章》是我国古代著名的数学著作，而且同样语义双关嵌入另一位在场物理学家赵九章的名字。这一十分巧妙的对联使在场的人无不为之喝彩，佩服华罗庚不愧为拟作对联的高手。

清代南通人蒋芹森在其家宅大门上贴了一副对联：

南通州，北通州，南北通州通南北；
东当铺，西当铺，东西当铺当东西。

这副对联也十分巧妙，上下联都是 13 个字，上联但只用了“南北通州”四个字。下联只用了“东西当铺”四个字，对仗堪称工巧。一说这是清代乾隆皇帝下江南，到了南通时出的上联，纪晓岚对出的下联。

（荆　蒬）

奇特的对联

明代有一位著名的文学家、书画家，姓徐名渭，字文长，号天池山人、青藤道士等。他一生不受儒家思想的束缚，性格狂放不羁，身卑而气傲。前人说他是“旷代奇人”，称他为“行奇、遇奇、诗奇、文奇、画奇、书奇，而词曲为尤奇”。他写过一副奇妙的对联，颇令人费解：

好读书，不好读书；
好读书，不好读书。

初一看，上下联完全一样，两联文字相同，没有变化，更不懂其含义为何。但是，如果仔细加以琢磨，就会发现内中的奥秘，这是一副音调铿锵、内容深刻、概括性很强的好对联。它的关键就在于四个“好”字上。如果四个“好”字是一样的读音、一样的声调，自然就无法解开这个谜了。如果把这四个“好”字顺序按上声（hǎo）、去声（hào）、去声（hào）、上声（hǎo）朗读一遍，那么这副对联的含义就迎刃而解了。第一个“好”是条件好之意；第二、第三个“好”是喜欢的意思；第四个“好”是“好好”的意思。这副对联的意思是：年轻的时候，头脑灵活，耳聪目明，精力充沛，正是应该好好读书的时候却不喜读书；到了年老时，爱好读书，但却因机能衰退，记性不好，耳聋眼花，体力不支而不能好好地读书了。徐渭利用汉语一词多义、同形不同声、同声不同调的特点，别出心裁地创制了这副言简意赅、妙趣横生的对联。它概括了人生不同时期读书生活的一般规律，是一首激励青年人抓紧时机努力学习的警世之作。它的成功得力于徐渭在汉语音韵学上的高深造诣。

（邱晓彤）

由“天桥”说开去

——语言的生命力和命名的约定性

到过北京的人都知道南城有个地名叫天桥，但是现在那儿却找不到任何桥梁的痕迹。原来，天桥已有六百余年的历史。元朝时这一带原有河道和石桥，明、清两代皇帝去天坛祭天时要经过这里，所以叫天桥。后来因修外城，将河道填平，光绪年间因修正阳门至永定门的马路，石栏也拆除了，只保留了一个名称。

这段历史说明语言的生命力很强。经历几百年的变迁，名称始终未变，尽管它名不符实。这是因为语言是一种起交际作用的约定符号，它是用来指称客观世界中的某种物体（广义）的，只要这种指称关系不变，一说到天桥，就知指那一片地方，语言符号本身的原来内部形式（如“天”“桥”）是无关紧要的。语言为了更好地起到交际符号的作用，要求相对的稳定性，地名尤其如此。因为，地名如果经常变换，不仅当代人找地方不方便，写史书的人更会遇到许多困难。“文革”期间的“红卫兵”因为不懂得这一点，任意更换了北京的许多街名；不仅一般居民不能接受这些新地名，仍用老地名，而且红卫兵运动尚未销声匿迹，地名就纷纷复旧了。这一点当然又和语言没有阶级性有关。

语言中“名实不符”的情形当然远不限于“天桥”一例，沿用至今的北京地名“王府井”“兵马司”“米市大街”“骡马市大街”等也都早已丧失了原有的意义。不仅专名如此，普通名词方面也不乏其例。我曾在《“日出”“日落”和语言古生物学》（见《语言漫话》）中举了“日出”“日落”两词反映了地心说的例子。其实，“天亮”“天黑”的说法也是很不科学的，不符合天体学的实际情况。天有多大？在太阳光线所及的范围内，地球以外的天任何时候都是亮的，都不会黑。所以，“天黑了”实际上仅仅是说话人所处的地球的那一部分背着太阳光，严格说不是“天黑了”，而是“地（球）的一部分连同其不大的外层空间黑了”。所以有的语言在表达这层意思时，不用主语，只说“黑了”“亮了”，反倒比较科学。然而，语言毕竟不等于自然科学，只要说“天黑了”“天亮了”，听话人就会明白，谁也不会追究这说法的内部形式是否符合天体实际，正好像很少有人会到北京天桥去找桥是一个道理。

上面说的是语言命名的稳定性和约定性。但是语言命名又绝不是任意的。下面我们用一些语言表示“休火山”“活火山”的词来说明这一点。先看英语，英语在中世纪时是所谓俗语言，那时在英国使用的书面语是拉丁语，在科学、政治、法律、宗教等正式场合用的都是拉丁语。后来英国上层说法语，英语仍未摆脱民间俗语的地位。这一历史痕迹至今在英语中仍有深刻反映。例如在英语的科学术语中仍有大量使用拉丁语词和源于拉丁语的法语词。如“活火山”在英语中是 active volcano，用的是源于拉丁语和法语的修饰语 active。“休火山”在英语中是 dormant volcano，用的也是法语词（最终起源还是拉丁语）作修饰语。这个词本是法语 dormir（睡觉）的现在分词，在这儿作形容词用，相当于英语的 sleeping。如译成英语，其实就是 sleeping volcano（睡火山）。但是由于英语长时期处于俗语言地位，所以这种说法给人以不雅的印象，于是采用了法语词 dormant。这和汉语不说“休息火山”或“睡觉火山”一样，因为那样说太俗，不像术语，而且有四个音节，不太简便，于是用了文言词素“休”，说成“休火山”（或“休睡火山”）。当然汉语说“休火山”，还有与“死火山”“活火山”对称（都是三音节）的作用。汉语不说“息火山”还因为那样的组合易被人们理解为动宾结构。“死火山”在英语中不说 dead volcano，而说 extinct volcano（熄灭了的火山）也是一个道理。extinct 也是源于拉丁语的词，义即“熄灭的”。俄语也说 потухший вулкан，法语也说 volcan éteint，意义都是“熄灭了的火山”。汉语不说“熄火山”“灭火山”，也是因为这种组合容易被人理解为动宾结构。

从这个例子我们可以看出，命名并不像有些语言学家所说的那样是完全任意的（arbitrary），而要受种种因素（社会的、历史的、文化的、语言和语言学的）的制约。

（伍铁平）

从“硬件”“软件”谈词汇的发展

“硬件”和“软件”是伴随电子计算机而出现的术语，这一点，可以说是公认的，但是，这对词不能说是计算机所独用的。请看：

> 国家体委主任伍绍祖日前在国家体委干部会上谈到亚运会时说，当前的形势是严峻的，亚运会的准备工作要抓紧，要抓好硬件、软件和活件。（《解放日报》1989 年 2 月 15 日）

这里的所谓“硬件”，指的是场馆、设备和器材，“软件”指的是组织、交通、通讯、生活等。可见，它们已经与电子计算机不相干了。类似这种情况还很多，如“滑坡”，原是指“斜坡上不稳定的岩体或土体在重力作用下沿一定滑动面整体向下滑动的物理地质现象”；现在，使用范围扩大了，出现了“思想滑坡”“利润滑坡”“效益滑坡”“生产滑坡”“技术滑坡”“全面滑坡”等词语。“断层”原指“岩层的连续性遭到破坏并沿断裂面发生明显的相对移动的一种断裂构造”，现在常可以构成“人才断层”等。排球术语“短平快”，可以构成“短平快产品”。戏剧上的术语“亮相”，自从“文革”当中作为干部表态的同义语以后，扩大成了与“露面”同义了。例子很多，不再列举。

专用词语，扩而广之，变成一般词汇，是汉语词汇发展的一个主要途径，历来如此。如“因果”“觉悟”原来是宗教术语，以后慢慢变成了一般的常用词语；“高潮”“低潮”原来属于水文方面的术语，现在也不能算是专用词语了。

近年来，随着科学、技术、经济、体育等事业的发展和普及，随着人们知识水平的提高，一些专用词汇还不断扩大成为一般词汇，这是自然而然的事。一般说来，新事物产生，就要产生一部分新的词语。但是，语言的发展是渐进的，缓慢的，不可能出现突变，如果一时间新词语太多了，必然遭到使用者的反感与排斥。事实上一时间也不可能“创造”太多的新词出来，于是，把一个旧词扩大其外延，增加其义项，就等于产生了一个新词，词汇也就发展了。这种在原词基础上的扩展与延伸，它与原词的本义既有联系，又有区别。所谓联系，是说它往往是原词的引申或比喻；所谓区别，是说它已把原词词义扩大了。“断层”是地表裂开，中间有空隙，“人才断层”“教育断层”也是指出现了空隙，但它扩大到人才培养、教育发展上，与地层没有关系了，只有原词的比喻意义而已。这样，一个词就相当于两个词了。

可以预言，随着科技、经济的发展，随着人们经济意识的加强，这方面的术语将不断地渗透到一般词汇当中来，我们应当感到高兴，主动地去适应它。

（鲁启华）

惯用语的言外之意和弦外之音

一位先生教导他的一对刚刚四五岁的双胞胎儿女，说勤俭节约是老一辈传下来的美德，花钱一定不能大手大脚，一再强调要“一分钱掰成两半花”。他那位乖巧的女儿睁大眼睛不解地问：“爸，一分钱我怎么掰不开？”聪明的儿子则好奇地问：“掰开的钱买东西人家能要吗？”两个小孩子的充满童趣的回话，令那位先生和在旁边的孩子妈妈开怀大笑；原来小孩还不懂得“一分钱掰成两半花”的意思。“一分钱掰成两半花”是句现代汉语常说的俗话，或者叫惯用语，一分钱一般是钱的最小数目，在人民币中是一个小镚子；掰成两半花字面上是说要一分为二地使用，钱花得更少。连最小数目的一分钱还要一分为二地用，实际上这句话的真正意思是形容花钱时要精打细算，尽量俭省、节约。这种惯用语或俗话，一般都不是字面上表示的意思，而是意在言外。

小张是某单位的职工。有一天一位亲戚来看他，同事问他来的是什么亲戚，他回答说是他表叔的表亲，拐了好几个弯了，是“八竿子打不着”的亲戚。“八竿子打不着”也是个惯用语，字面上说的意思是八个竿子连接起来也够不到，指离得较远。它的实际意思是形容关系疏远或者没有什么关联。

像“一分钱掰成两半花”“八竿子打不着”这样的惯用语在语言中很不少。它们的特点：一是口语性强，字面上通俗、浅白，像“掰”“两半”“竿子”都是常用口语词，没有难懂的。二是结构相对固定，一般不能改动其中的个别字词换成别的说法。当然也有的惯用语也可以改动其中的个别字词形成类似说法，可以说是最常用说法的变化形式，简称变形。比如“三个臭皮匠赛过诸葛亮”，其中的“赛过”也可换成“凑个”“顶个”或“胜过”，形成另外三种说法。但惯用语变形有限，不是所有的字词都可自由换说的，比如“一分钱”不能换成“一毛钱”“一块钱”或“两分钱”，“八竿子”也不能换成“九竿子”或“八棍子”之类。三是在语言交际中惯用语字面意义或语源意义一般不起作用，由比喻、借代等方法引申出的抽象性的虚指或泛指义才是它们的实际意义。不仅这两个惯用语如此，再比如炒冷饭、吃闭门羹、脸红脖子粗、鸡蛋里挑骨头、此一时彼一时、画虎不成反类犬、不是鱼死就是网破等，都不是只从字面义就能理解其实际上表达的意义的。

惯用语中动宾结构的三字格用得较多，很突出，比如：爱面子、打埋伏、打游击、拆烂污、唱双簧、戴高帽、和稀泥、卖关子、拍马屁、烧高香、抬轿子、吃小灶、穿小鞋、打官腔、踢皮球、走后门、挑重担、吹牛皮、耍骨头、扯后腿、兜圈子、背包袱、开倒车、磨洋工、炒冷饭、炒鱿鱼、钻空子，等等。当然三字格中不是动宾结构的也有不少，比如：半瓶醋、乌纱帽、豹子胆、直肠子、一边倒、一场空、一风吹、窝里横、眼中钉、马后炮，等等。四字格动宾结构也不少，比如：唱对台戏、吃大锅饭、喝西北风、穿连裆裤、吃闭门羹、打马虎眼、打小算盘、打退堂鼓、打抱不平、打擦边球、打翻身仗、打落水狗、打太极拳、打小报告，等等。其他结构的四字格惯用语也有一些。

常见的四字以上的惯用语还有：吹胡子瞪眼、大意失荆州、换汤不换药、面和心不和、脸红脖子粗、三下五除二、一推六二五、此一时彼一时、吃不了兜着走、吃人不吐骨头、干打雷不下雨、鸡蛋里挑骨头、不管三七二十一、好了疮疤忘了痛、画虎不成反类犬、兔子不吃窝边草、白刀子进红刀子出、比上不足比下有余、不是鱼死就是网破、吃着碗里瞧着锅里、大事化小小事化了、光脚的不怕穿鞋的、西一榔头东一棒子，等等。

语言中有这么多的惯用语，它们生动、形象，丰富了语言，也增强了语言的表达效果。

（韩敬体）

成语、熟语、名句的套改和翻新

汉语中成语、熟语和历代名句格言很多，这些语句言简意赅，表现力强，人们经常引用它们，对它们喜闻乐见。人们还常把已有语句改动字词，进行翻新改造，以适应新的语言环境和表达需要。如果改得巧，翻造得当，就能起到使话语新鲜活泼、奇妙传神的作用。比起修辞中所讲的引用要更积极一些。

比如，本有成语“走马观花”，指的是粗略地观察事物；后来将“走”字改为“下”字，成为“下马观花”，比喻深入实际较长时间地进行观察、调查研究；有人又将“观”字改为“看”字，成为“下马看花”，更强调认真仔细地观察了。一字的翻改，使意义发展了，成了新的成语。

再比如，有了“因地制宜”的成语，指根据不同地区的具体情况，制订适宜的办法。有人又翻改为“因人制宜”、“因时制宜”，用于因人不同或因时间变化而制订或采取适当办法。

这种情况很常见，“望洋兴叹”原指人惆怅地发出叹息，后来人们将“望洋”误会为望着海洋，于是又据此翻造出一些形式。如看书时遇到不认识、不理解的字句，说成“望书兴叹”；走路时遇到江河阻拦，过不去河，说成“望河兴叹”；久旱不雨，造成旱灾，或者阴雨连绵，造成水灾，人们渴望变天，于是说成了“望天兴叹”；还有球类比赛时，眼看对方进攻得分，球打板入框或滚进网窝，难于挽救失分，于是又说成“望球兴叹”，如此等等，改了一字，更贴近了新的情景。“一举两得”，有人根据需要，套改为“一举两用”“一举三得”或“一举多得”。“见缝插针”，有人套改成“找缝插针”，就更显得积极主动，使人感到耳目一新。

说一个人固执到底，常用熟语说成“不见棺材不掉泪，不到黄河不死心”，有人套改成“见了棺材也不掉泪，到了黄河还不死心”，更能形容人顽固不化的程度。初唐文学家骆宾王的名篇《讨武氏檄》的结束语说的“试看今日之域中，竟是谁家的天下”，千古传诵，令人赞赏。《人民日报》的一篇评论远东形势的社论标题套改这一名句成为“试看今日之远东，竟是谁家的天下”，既新颖，又大气磅礴，看了实在令人拍案叫绝。

语句的套改翻造，首先要正确了解原语句字词的含义、结构，换上的字、词要与换下的相当，句子不能改得别扭拗口或有歧义，要套改恰切，翻造新颖。切不可追求新异，不顾情理地胡改乱翻，那样不仅不能推陈出新，妙语惊人，反而会弄巧成拙，化神奇为腐朽了。这种情况也并不是罕见的。

有一个相声《友谊颂》，讽刺了一个人将“倾盆大雨”改为“倾缸大雨”，并说什么“缸比盆大”，形容雨下得更大。这种套改既别扭，又无新义，只能作为相声中的笑料。

北宋大文学家欧阳修《醉翁亭记》有句名言“醉翁之意不在酒”，后来人们用作成语，表示本意不在此而在别的方面，或用来褒贬人别有用心。有人讥讽不怀好意地向人敬烟为“醉翁之意不在烟”，让人听了十分别扭。本来“醉翁之意不在酒”已惯用比喻义，于原文字面的“醉”、“酒”无关系了，现将“酒”换成“烟”，就让人觉得“烟”与“醉翁”风马牛不相及。这种翻造既不合情理，又无新奇之处，不是点石成金，而只能是点金成石了。

谚语有“好钢用在刀刃上”，说的是要把人力、物力用在最需要的地方，形象、生动、通俗。有人却翻改为“资金用在刀刃上”或“把钱用在刀刃上”，这样，资金、钱与“刀刃”就不相干，令人莫名其妙。有人又说成“骨干用在刀刃上”或“人才用在刀刃上”，那就更为不好，不仅“骨干”“人才”与“刀刃”不搭配，反而令人有杀气腾腾的恐怖感。

有句话说“我们要做金钱的主人，不做金钱的奴隶”，做主人，不做奴隶，意思不错，有人又套在疾病上，说“我们要做疾病的主人，不做疾病的奴隶”，就有了歧义，做主人，是占有、支配的意思吧，对金钱可以这么说，对疾病，就不好这么说了。

套改翻新应该恰当，应当慎重。

（韩敬体）

成语和收录成语的词典

成语是人们长期习用的精辟、简洁的固定短语，基本上都是四字格形式，很大部分有特殊含义，不能望文生义。成语言简意赅，表现力强，音步上二二相承，韵律顿挫有致，为人们所喜闻乐见。汉语历史悠久，文献典籍汗牛充栋，词语极为丰富，成语也占有相当地位和比重。“汉语是世界上成语最多的语言，任何国家的语言都难以望其项背。”（季羡林）随着词语的不断丰富、扩张，新的成语也在不断形成。

人们对成语有不同的认识，主要有广义和狭义或者说从宽或从严的两种不同的说法。广义说法，成语几乎相当于熟语，编写的词典所收成语从二字到十来字都有，把不少惯用语、谚语、歇后语都包括在成语之中。狭义说法，认为成语是人们多少年来习用的定型的词组或短句，结构固定，是相沿已久、约定俗成的具有完整性的东西，强调形式上是仅限于二二相承的四字格。我们以为应该对成语界定严格一些，形式为四字格，并且与四字的谚语、惯用语区分开，也要与一般四字的双音词重叠式、名词术语等分开。尽管有与一般四字惯用语难以分别的情况，我们也要宁严勿滥。

汉语有多少成语，在全部词语中占有多大比例，由于认识不同，回答是大不相同的。我国目前收词最多、规模最大的《汉语大词典》（1986—1994 出版）收录词语 37. 5 万条，1997 年出版的《汉语成语大词典》（精编本）辑录其中成语 15000 多条。与大词典差不多同时期编辑、出版稍早的《中国成语大词典》（1987）掌握从严收录的原则收录，收有 18000 余条。这两部词典收的成语大致相当于《汉语大词典》收词量的 5% ~6% 。目前在我国发行量最大的规范性的中型语文词典《现代汉语词典》最早版本即试印本，收词 43000 余条，其中成语有两千多条（1959 年《现代汉语词典》试印本成稿时，该书的大部分编写人员另编写出《现代汉语成语词典》，参照《现代汉语词典》收录 3200 余条，其中一部分不能认定为真正的成语）。成语占全书收词差不多也是 5% ~6% 。从严认定成语，汉语词语中成语占有这一比例可能是差不多的。

由于成语言简意赅，表现力强，为人们喜闻乐见，积极地学习、运用。作为重要的工具书词典，也很重视对成语的收录。不仅一般的语文词典如《现代汉语词典》《现代汉语学习词典》《学生词典》之类注重收录成语，就是综合性的词典如《辞海》《辞源》之类也收录了不少的成语词条。至于成语词典，更是专门收录成语的工具书了。

我国成语词典的编辑、出版发展很快。上世纪五六十年代，成语词典很少，只有一种《汉语成语小词典》比较流行，收词只有三千来条，七十年代有《汉语成语词典》出版，收词达到四五千条。改革开放以后，我国辞书事业迅速发展，30 多年来，出版的辞书达两万多种。成语词典也大为丰富起来。不仅种类多了，收词也越来越多了。种类上，有一般实用型的，有探源型的，有源流考释型的，有用法辨析性的。据统计，成语词典出版有三百多种。近十多年，大型词典的出版越来越多，后出的大型成语词典求大求全，收词数量越来越多。《汉语成语辞海》（武汉出版社）收录 25000 条，《新华成语大词典》（商务印书馆）收录 26000 多条，《中华多用成语大辞典》（湖南人民出版社）收录 39288 条，《汉语成语大全》（商务印书馆国际有限公司）收录 45000 多条，《新编成语大词典》（宁夏人民出版社）也收录45000条，据知还有人在编纂收录五六万条或更多条目的成语辞典。人们盼望有更好更多种类的成语词典出版，以满足人们的多方面的需求。

人们乐于学习、使用成语，也积极地创造成语。随着词语的不断丰富，新的成语也不断涌现。由于词典出版时间滞后，不少新成语还没能反映到词典中去。近些年就有不少新的成语出现或流行，比如：

八卦新闻、霸王条款、标本兼治、冰山一角、不归之路、擦肩而过、尘埃落定、沉默是金、大跌眼镜、等米下锅、第一桶金、第六感觉、风生水起、感同身受、高开低走、好戏连台、黑色幽默、横刀夺爱、横空出世、呼之欲出、蝴蝶效应、互利共赢、花样年华、换位思考、见招拆招、剑走偏锋、借鸡生蛋、金盆洗手、近亲繁殖、净身出户、救命稻草、俊男靓女、可圈可点、拉不开栓、浪得虚名、老少边穷、两情相悦、临门一脚、流金岁月、楼堂馆所、帽子戏法、迷途羔羊、免费午餐、名花有主、命悬一线、摸爬滚打、盆满钵满、抢滩登陆、亲力亲为、全身而退、全线飘红、人间蒸发、人见人爱、人肉搜索、闪亮登场、善解人意、升级换代、审美疲劳、顺风顺水、说破大天、胎死腹中、烫手山芋、淘汰出局、物超所值、吸引眼球、咸鱼翻身、小菜一碟、笑傲江湖、新鲜出炉、血本无归、严防死守、一步到位、一剑封喉、以人为本、以邻为伴，榆木疙瘩、与狼共舞、与邻为善、原汁原味、找不着北、中规中矩、重拳出击、筑巢引凤、装傻充愣、自说自话、走火入魔，等等。

这些新成语的来源颇多，至少有以下几个方面：

来源于体育运动或武术的：临门一脚、剑走偏锋、见招拆招、淘汰出局、一剑封喉；

来源于经济活动的：盆满钵满、霸王条款、全线飘红、借鸡生蛋、旱涝保收、血本无归；

来源于日常生活的：小菜一碟、等米下锅、净身出户、榆木疙瘩、装傻充愣、自说自话、原汁原味；

来源于方言的：一头雾水、咸鱼翻身、找不着北、大跌眼镜；

来源于外语的：冰山一角、烫手山芋、免费午餐、帽子戏法、黑色幽默、救命稻草、亲力亲为、迷途羔羊、第一桶金、与狼共舞；

旧语新意：金盆洗手、善解人意、呼之欲出；

来源网络：雷人雷语、人肉搜索。

目前只有极少的词典收录了它们中的一部分，当然，以后会有更多的词典编写或修订时将它们收录或增补进去。

（余　鸣）

现代汉语的新词新义

语言的变化发展，首先反映在词汇上。因为词语是语言的建筑材料，是语言中最活跃、最敏感的因素，它总是伴随着社会的变化发展而不断地变化。社会体制的变革，工业、农业、商业的发展，科学技术的进步，新事物新观念的产生，无一不在语言的词汇上得到体现，使语言产生大量词汇以适应社会的新变化。新词新义的产生，丰富了语言，增强了语言的表现力，只有如此，才能满足人们不断发展的社会交际活动的需要。

新中国成立以来，社会政治经济产生了巨大变化，出现了很多新词新义。尤其是近三十多年来，由于实行改革开放政策，大批新词新义产生，以反映各方面出现的新生事物。

政治思想和社会管理方面的新词语，如：四项基本原则、一国两制、精神污染、四有、离休、清退、举报、普法、挂靠、脱钩、出台、民调、维稳、征信、调峰、限行、摇号等。

经济方面的新词语，如：搞活、开放、大包干、外向型、专业户、翻番、展销、脱贫、创汇、产能、环比、客服、期权、权证、升水、托收、内引外联等。

科学技术方面的新词语，如：微机、宇航、航天、光纤、国产化、超导、低碳、光伏、探月、高铁、网购、物联网、云计算等。

文教体育卫生方面的新词语，如：脑电图、B超、迪斯科、艾滋病、影视、走穴、连续剧、游乐场、保龄球、医保、医改、名嘴、桑拿、数独、脱口秀等。

新产品、新工艺方面的新词语，如：录像机、监测器、游艺机、快餐、电子琴、T恤衫、磁悬浮、盾构、X刀、3D打印机等。

如果我们对这些新词新义进行搜集，编成词典，也可以看出其分量是相当可观的。这些新词新义的形成情况，可以归纳为以下几个方面。

第一，利用汉语语素和构词方式新造词语。如：围观、适销、代沟、评估、影视、团伙、关系户、系列片等。

第二，根据已有词汇进行仿造。如：定向、横向、纵向、转向，都由“方向”而仿造；逆转、逆反，是从“逆流”仿造。

第三，旧词语引申出新义。如：老化（指人）、余热、网点、污染、梯队、回潮、同步等。

第四，简称，把词组、语句加以缩略。如：高考、信访、节能、空调、调研、四化等。

第五，旧词的死而复生。如：招标、中标等。

第六，外来语。如：迪斯科、的士、T恤衫、保龄球、微博、丁克、粉丝、宅急送等。

一个新词出现，是不是有生命力，必须对它进行观察，它表现的意思是否明确，结构是否符合汉语构词的规律，这就会决定它们是否能推广，获得词汇系统的应有地位。有些词汇因表达意义不明确或结构有问题，如“人革”“插青”之类，只能成为昙花一现的形式，不能在语言和人们心目中扎下根。

（荆　蒉）

从“生前”和“旧雨”“今雨”说起

一个人生命完结了，亲朋好友悼念他。对跟他死以前有关的事情都称为“生前”的了，对他的亲朋好友称之为“生前友好”。有人就认为“生前友好”说不通，应该说成“死”前友好。生就是出生、活着，一个人在出生以前怎么会有友好呢？有人就费心地考证“生前”的“前”不是“以前”的“前”，是“时候”的意思，“生前”是“活着的时候”的意思，据说方言中还有那么用的。但不管怎么说，一般人还是莫名其妙：怎么生与前组合成词意思跟死前一样了呢？

“旧雨”“今雨”是汉语书面语中的两个传承词，其形成出于一个典故。杜甫的《秋述》诗前“小序”写到：“秋，杜子卧病长安旅次，多雨生鱼，青苔及榻。常时车马之客，旧，雨，来，今，雨，不来。”相传杜甫早先曾得到唐玄宗赏识，有希望做到高官，那时长安的达官显贵争相跟他交往，到他家拜望。后来他大官没有做成，门前便日渐冷落下来。诗人深深感到了世态炎凉、人情冷暖，于是在诗序中就感叹道：平常时期的乘车骑马的宾客，旧时，即使下雨他们也来；而现在，遇到下雨他们就不来了。从原文不难看到，旧、今是相对的时间词，指过去和现在。而雨，是动词，是下雨的意思，加标点时，“雨”应与旧、今、来、不来分开。有人将雨解为“下雨的时候”，不是动词。不管如何解释，雨都不是指人的。旧与雨、今与雨当然不是连起来的双音节词。但是，后人却把旧和雨、今和雨连用，借指故交、新友，成了双音节名词了。这就是引用变异，习非成是了，人们并不去考究它们原先是什么结构，指的是什么，后来怎么变化的，又怎么使用的，是不是合理。

词语在使用中发生变异或习非成是在历史上还是不少见的。“鞭长莫及”这个成语，是由“虽鞭之长，不及马腹”演化来的，原来的意思是鞭子虽然长，打不到马肚子上。其实不是鞭子够不到，而是不应该打到那里，因为马肚子不是赶马用鞭子抽打的地方。比喻义是力量虽然强也不应该用到不适当的地方，后来意思转变为力量达不到，就与原来的意思不同了。“予取予求”，这条成语出于《左传·僖公七年》：“唯我知女，女专利而不厌，予取予求，不女疵瑕也。”原来的意思到底是什么呢？过去根据旧注，将“予取予求”解释为“从我这里取，从我这里求”。近年经研究，认为原义应该是“我只取我所要求的”。而后来运用这个成语表示的却是任意求取，索取无度。这与原意不仅很不相同，甚至是南辕北辙。成语“空穴来风”，出于战国时楚国宋玉的《风赋》：“臣闻于师，枳句来巢。空穴来风。其所托者然，则风气殊焉。”意思是说：我从老师那里听到过这样的说法，枳树弯曲的枝丫上会招来鸟雀做窝，空穴之处会产生风。鸟窝和风是根据环境条件的不同而出现，那么风的气势也自然会因环境条件的差异而有所不同。很显然，空穴来风原义就是有了空穴才会有风进来，后用来指消息或传言不是完全没有原因的，就是说，它们的发生是有根据的。这是顺理成章的。而近年运用这个成语的意思却发生了大的变化，表示消息和传言是无中生有、毫无根据的，这与过去的比喻义恰好相反。

上世纪五十年代，语文学界曾经批评社会上流行的“打扫卫生”“恢复疲劳”的说法不合道理：卫生怎么能打扫掉呢？疲劳只能消除，怎么恢复呢？实在说不通。但这些话并没有因少数专家的指摘而有所改变。八十年代，语言学家又对流行的“人革”（人造革）、人流（人工流产）、死缓（判处死刑，缓期执行）等简称或略语进行批评，认为说不通。但社会上人们照样说。后来专家只好认可，规范性词典也收录了“人流”“死缓”。正像著名语言学家吕叔湘先生说的，通不通是个约定俗成的问题，多数人都这样说，就算是通。语言的规则最终是大众的语言习惯决定的，而不是少数语言学家脱离语言实际制订的。交通警察按照交通规则指挥车辆、行人有序通行，违反规则的就要受到处罚。语言学家绝对不能像警察那样指挥人们运用词语，只能从人们语言习惯的约定俗成中研究、总结出一定的规范建议大家遵从，决不可以脱离语言习惯或违反语言实际而按照臆想的某种规则去指挥群众改用。

现代汉语是从古代汉语、近代汉语发展来的，语音、词汇、语法都有很强的传承性。尽管词语最为活跃，新陈代谢现象较为突出，但语言的基本词汇传承性还是很明显的。随着时代发展，科学进步，古代的很多知识早已过时，不太科学，但基于古代知识产生的词语照样传承运用，并不因不合道理而废弃。比如，古代人认为人是用心进行思维的，思想、感情都是由心脏发生的，意志、行动也是由心脏指挥的，所以有“心之官则思”（孟子）的名言。基于这种认识，汉语中的不少表示思想感情的词语都与心脏相关联。比如记在心里、心中有数、心中无数、心里想着、心上人、关心、爱心、痴心、赤心、心灵、心笨、狠心、善心、心毒、心狠、心善、专心、多心、心乱如麻、心灰意冷、心慌意乱、心高气傲、一心一意、三心二意、用心、精心、经心、费心、劳心、对心思、无心恋战、养心方可养身，等等。直到今天，人们还一直用着这些词语表情达意，并不感到它们有什么不合理、不科学。现在，人和动物都是用大脑思维、心脏没有思维功能已经成为人们的常识，但是人们并没有把这些词语中的“心”改换为“脑”。语言，词语，就是这样奇妙，它是人们用来进行思想交流的最为重要的工具，词语的形音义是大家约定俗成的，都有共识的。正像两千二百多年前《荀子·正名》所说，“名无固宜，约之以命，约定俗成谓之宜，异于约则谓之不宜”。大家都懂、都用，老八辈子的词语照样使用，约定俗成了，谁还对它们是否合理进行深究呢。

（余　鸣）

从“垂手”“唾手”之争说到约定俗成

二十几年前，在一家晚报副刊上发表了一篇题为《不是“垂手而得”》的文章，引起了一场热烈讨论。有一些人同意该文意见，认为“垂”是错字，“垂手而得”之说不可推行；而另有一些人则反对这种观点。

反对使用“垂手而得”的人说，这个词于古无征，古代的辞书以及现代的《辞源》《辞海》等一些辞书，都没有收录，而且构词上也不合情理。不同意这种观点的人则说，这个词并无有悖情理之处，现代的一些辞书收了它。两种意见，都有道理。我们认为，现代汉语里的一个词（“垂手而得”不是一个词，应该是四字格熟语），是否使用，能不能使用，关键不在于它出现得早晚，历史是否悠久，也不在于辞书是否收录。众所周知，语言是人类的重要交际工具，具有很强的社会性，它是随着社会的变化发展而不断地发展变化的，尤以词汇的变化最为迅速，新词的产生发展、旧词的变化消亡，几乎是每时每刻都在进行着。一个词语的规范具有时代性，主要依据语言使用者的“约定俗成”原则。人们的语言习惯，广大群众的语言实践，乃是词语规范资格的最有权威的检验者，其作用远不是辞书记载或专家认可所能相比的。

“垂手”用在轻易得到的意义方面，近代以来用例并不太少，而且有用得越来越多之势。由于作者使用它，读者明白它，接受它，它就有了影响，获得了生命力。一些反映语言词汇面貌的辞书也会收录它。据查，《现代汉语词典》《汉语大词典》《现代汉语小词典》《汉语小词典》《四角号码新词典》《汉语成语词典》《成语典故》等书都收录了“垂手”或“垂手而得”。有的词典还把它的出现推到几百年前。至于《辞源》《辞海》没有收“垂手”或“垂手而得”，并不难解释。前者只收古汉语词语，并且不很全，后者是综合性词典，语词部分也有限。一些词语，当然不能以它们是否收录为根据。

“垂手”就是下垂着手，也就是不动手。“垂手而得”，义为不动手就能得到，说明得到得非常容易，意思比较明白易懂。这种修辞色彩很强的用语，正如“不约而同”“不翼而飞”“不劳而获”一样，也说不上有什么合理不合理之处。语言现象是十分复杂的，有些词语好像没什么道理，但人们都那样用了，就成了规范用法了。如“洗了一个澡”“打扫卫生”“恢复疲劳”之类，不少人指摘它们于理不通，但人们照样使用，结果那些指摘它们的人不得不承认它们的存在，还有人从其他方面论证它们存在的合理性。“马后炮”本是象棋中很厉害的杀着，但到了一般生活用语中，却成了贬义词，比喻事后采取的措施、不及时的举动。人们都这样说，这样用，谈不上有什么不合情理之处。

语言现象确实是复杂的，即使是原为用错的词语，以讹传讹，为人们广泛接受并使用，习非成是，这种情形也是并不少见的。比如“棘手”与“辣手”本不相干，但不少人将“棘”误写成“辣”，结果“辣手”就获得了“棘手”的意义。“望洋兴叹”中的“望洋”原是惆怅、失意的样子，但后来人们误会为“望着海洋”，并从“望洋兴叹”套改出“望天兴叹”“望河兴叹”“望书兴叹”等一系列四字格熟语，语言学家也无从指摘了。“每下愈况”本为《庄子·知北游》中的话，“况”本为副词，义为更加、甚，后来人们用成为“每况愈下”，“况”成了名词，义为情况。“不识一丁”，原出于

《旧唐书·张弘靖传》，据说“丁”是“个”字，形近误写，但后来人们只说成“不识一丁”或“目不识丁”了。

“唾手”古已有之，现在也还常用，仍有其生命力。“垂手”用在轻易取得的意义方面，也可能是“唾手”误读或误写造成的，这还需要认真细致的考查研究才能定论。现在“唾手”“垂手”都在使用，结构都是动宾式，比喻意义差不多，还看不出哪一个有被取代的趋势。至于将来如何变化、消长，只能靠未来人民的语言实践去判定了。

（京　笛）

“年中”与“红刀子”“白刀子”

——《红楼梦》词语札记

《红楼梦》，原名《石头记》，版本繁多。不同的版本，使用的词语多有出入，兹作一两处比较，与读者共同赏析。

庚辰本《石头记》第四十五回里写李纨、探春等起诗社，邀王熙凤做“监社御史”。凤姐揭穿李纨、探春等的真正用意是向她要钱：“哪里是请我作监社御史！分明是叫我作个进钱的铜商。”而后话锋一转，数落李纨说：“你一个月十两银子的月钱，比我们多两倍银子。老太太、太太还说你寡妇失业的，可怜，不够用，又有个小子，足的又添了十两，和老太太、太太平等。又给你园子地，各人取租子。年中分年例，你又是上上份儿。……这会子你怕花钱，调唆他们来闹我，我乐得去吃一个河涸海干，我还通不知道呢！”

这段话里“年中”一词，在程伟元、高鹗编印的《红楼梦》（程甲本、程乙本）中改为“年终”，此后各种版本多依程、高所改。特别值得提出来的是，1982 年出版的校本《红楼梦》是以庚辰本为底本的，而此段话“年中”一词，却未从庚辰本，而是“从各本改”作“年终”。校勘者无疑是动了一番脑筋的：发放年例钱，不应在一年的中间，而应在年底或年初。程、高二位及现代的校勘者都以为曹雪芹写错了字，或庚辰本抄错了字。其实，曹雪芹和庚辰本并没有错。四十五回里的“年中”是个北京方言词，是“每年”“年年”的意思。“年中分年例，你又是上上份儿”，是说每年分年例钱，李纨都是拿最高一等的，并不涉及发放年例的时间。王熙凤文化水平不高，言谈中有大量的口语和方言词语，这恰合她的身分。对她来说，“年终”反而显得太“文”了。“年终”的意思，在凤姐嘴里，恐怕得说“年根儿底下”。

《红楼梦》第七回里写了宁国府中资深老仆焦大醉骂主子一节，其中有这样的话：“不是焦大一个人，你们就做官儿享荣华受富贵？你祖宗九死一生挣下这家业，到如今了，不报我的恩，反和我充起主子来了。不和我说别的还可，若再说别的，咱们红刀子进去白刀子出来！”“红刀子进去白刀子出来”这句话，庚辰本以后许多本子都改为“白刀子进去红刀子出来”。就常理而言，这样改是有道理的，因为只有这样改才合乎逻辑，也符合汉语的习惯说法。但改者忽视了一点：焦大是醉人醉语。“红刀子进去白刀子出来”这句有悖常理的话，正活现出焦大的醉态。“红白颠倒”，正显出曹雪芹刻画人物的功力。

（晁继周）

“鹅”和“雁”

在现代汉语中，“雁”和“鹅”是表示两种不同的禽。但是在古时候，“雁”和“鹅”却是同源词。“鹅”的上古音属歌部疑母平声，王力先生构拟为 ngai，“雁”的上古音属元部疑母去声，王力先生构拟为 ngean［ŋean］，二词双声，“歌”“元”阴阳对转，用现代历史比较语言学的术语说，就是 ai 和 an 发生过历史语音交替，所以“雁”和“鹅”同源（见王力《同源字典》和陆宗达、王宁《训诂方法论》。“歌”“元”等是我国音韵学中代表韵部的字，“疑”是代表声母的字，关于这些韵部和声母的构拟音，见《同源字典》）。《说文解字》对“鴈”（即雁）的注释是“鵝（即‘鹅’）也”。郝懿行引李巡的话说：“野曰雁，家曰鹅。”郝还说：“鹅有苍白二色，苍者全与雁同。”（郝懿行《尔雅义疏》下册）鹅原本是“古代人类由雁驯养成的”（黎先耀《大雁南飞》，载《光明日报》1978 年 10 月 8 日），所以，河北、河南、湖南等地有些方言中至今仍叫“大雁”为“鹅雁”或“雁鹅”。侗语、水语、毛难语称“鹅”为 $ŋa:n^{6}$，壮语、布依语称“鹅”为 $ha:n^{5}$，养蒿苗语也称“鹅”为 $ŋan^{13}$。这些语言和汉语同属汉藏语系，它们表示“鹅”的词很可能都跟汉语的“雁”有同源关系。（当然，由于时代久远，这些少数民族语言又没有古代书面记载，因此只能将上古汉语的读音同现代少数民族语言读音进行比较，这样的论断其可靠性并不是很大的。）

英语中没有单独的词指称“雁”，而是叫作 wlid goose（野

鹅），俄语和德语也一样，分别叫作 Дикий гусь（野鹅），wildgans（野鹅）。法语则既可以将雁称作 canard sauvage（野鸭），也可以称作 oie sauvage（野鹅）。不过用“野鹅”表达“雁”，这说明鹅出现在前，雁出现在后，不符合前面谈到过的驯化过程。因此，在这些语言中，理应有过表示雁的词，只是这个词后来在这些语言中都消失了，因此只好用后出现的“鹅”加“野”来表示。这些语言中的 goose，гусь，gans 同拉丁语的 anser（鹅，来自 hanser），希腊语的 khḗn（雄鹅），梵文的 hã saš（水鸟）同源。换句话说，它们的历史可以追溯到大约公元前 7000 年到 9000 年前的共同印欧语时期。表示“雁”的词的存在当比这还要早。当然，从梵文的 hã saš（水鸟）也可以做出这种推测：英、德、俄、拉、希等语言中表示“鹅”的词，最先也是表示某种野禽。

（伍铁平）

“抛砖引玉”的故事

成语“抛砖引玉”的出典，附丽着一段优美的民间传说。

唐朝有两位著名的诗人，一位是常建，另一位是赵嘏。

在苏州西南30里的木渎镇附近有一座山岭，叫灵岩山，是春秋时吴王夫差为西施所建的馆娃宫旧址。它风景秀丽，古迹繁多，上有灵岩寺，历来是游览的胜地。司马迁曾登临怀古。唐代自大诗人李白游览馆娃宫旧址赋诗之后，文人学士纷纷前来探古凭吊。传说常建一直仰慕赵嘏，很想得到他的诗作，听说赵嘏要到苏州来玩，断定他会去灵岩寺一游，就先行一步，在寺壁上写下了两句诗。不出常建所料，赵嘏游灵岩寺时看到常建的诗，就在后面续上了两句，成了一首完整的绝句。常建写的不如赵嘏的好，因此人们说常建是“抛砖引玉”。有些成语词典的解释也是这样的。

其实，这全是附会之说。常建是唐玄宗开元（公元713—741年）进士，而赵嘏于武宗会昌二年（公元842年）进士及第，赵嘏中进士时常建早已过世。他们联句成章之事绝对不可能。

那么，“抛砖引玉”这一成语又是出于何处呢？原来它最早见于北宋初释道原的《景德传灯录》。该书卷十“从谂神师”条中说：“比来抛砖引玉，却引得个墼子”。南宋普济的《五灯会元》卷四“南泉愿禅师法嗣”章中亦有类似记载：“师曰：‘比来抛砖引玉却引得个墼子。’”后来人们常用于以自己的意见或文字引出别人的高见或佳作为“抛砖引玉”。佛经不是文学著作，又是片言只语，比起传说来自然显得索然无味，而这个富于表现力的成语就在辗转流传中逐渐和传说故事融合起来，成了一则附丽着优美动人故事的成语，为人们广泛地使用。

（邱万紫）

“昙花一现”里的“昙花”

“昙花一现”是人们所熟知的成语。《现代汉语词典》注解说：“昙花开放后很快就凋谢，比喻稀有的事物或显赫一时的人物出现不久就消逝。”这个解释很容易为读者理解和接受，因为许多人对昙花这种植物并不感到陌生。

然而，从词的本源上考察，“昙花一现”里的昙花，并不是今天人们所熟悉的那种观赏植物。成语“昙花一现”本出自佛经。昙花，是梵语音译优昙钵花（udumbara）的略称。《法华经·方便品第二》：“佛告舍利弗，如是妙法，诸佛如来，时乃说之，如优昙钵花，时一现耳。”《法华经·文句四上》说优昙钵花“三千年一现，现则金轮王（统治四大部洲的佛）出”。这些说法告诉人们，优昙钵花是很难得“一现”的，而且它的“一现”又跟“金轮王出”联系着，这就更给它罩上了一层神秘色彩。于是，有人就把优昙钵花叫作“天花”，也有人说它是“想象中的植物”。

其实，优昙钵花并不是子虚乌有之物，唐释玄应所撰《一切经音义》描述它的形态说：“叶似梨，果大如拳，其味甘，无花而结实。”据此，可以推断它属无花果类植物。明代伟大药学家李时珍在《本草纲目》中则明确地肯定：“无花果乃映日果，即广东所谓优昙钵。”优昙钵花的开放，并非要经历3000年这样难以想象的长久时间。宋苏轼有“优钵昙花岂有花，问师此曲唱谁家”的诗句（《赠蒲涧信长老诗》），根本否认它能够开花，则更是不实之辞。优昙钵花是无花果树的一种，雌雄异花，花隐于花托内，从外面看只见果而不见花。由于这一特点，使人们对它的“一现”产生了许多神奇的想象。

“昙花一现”里的昙花指的是优昙钵花，这个成语原来的意思是比喻事物稀有或极难得出现。后来，随着时间的推移，这个成语的意义渐渐发生了变化，人们常常用“昙花一现”比喻事物出现后很快就消逝。同这个后起的意思相应，原来属于无花果类的优昙钵花被“移花接木”，转换成了仙人掌科植物昙花了。这种植物原产美洲，现在我国各地都有栽培。其花夜间开放，绚丽夺目，幽香四溢，可惜开放时间太短，只几个小时便萎谢了。人们用它来比喻转瞬即逝的事物，的确十分贴切。

（晁继周）

掌握声调是学好普通话的关键问题

常听到一些初学普通话的外国朋友或国内少数民族同胞，说起汉语来，每个字差不多都是同一个调子，一般都是降调，听起来很不习惯。这是由于他们母语中没有声调，对语音因声调不同而区别意义不适应，因而对声调变化不太敏感造成的。

著名歌唱家蒋大为有一个洋弟子，就是乌克兰籍歌手吉米。在中央电视台综艺频道播出的“百姓秀场”栏目一次演出中讲了这样一个故事：他初到中国的时候，由于汉语说得不好，到一个饭馆吃饭。饭馆服务员问他要吃什么，他说“要shuijiao”。由于他的母语乌克兰语没有声调，念字母只有下降、上扬的两种念法，念单个汉字基本上都是用降调，听起来就是“睡觉”。服务员以为他要住宿，指示他过马路到对过的一个宾馆去。但他却坚持在饭馆要shuijiao。服务员十分不解。正好在场吃饭的顾客有正在吃饺子的，于是吉米就指着那人盘中的水饺说，他就是要那个。服务员才明白了他是要“水饺”。原来“水饺”和“睡觉”两个词中，水和睡、饺和觉，声母、韵母都相同，但声调不同，“水饺”两个字都是上声，“睡觉”两个字都是去声。在实际说话中两个上声字连读时前一个字要变调的（上声变为阳平）。由于他没有能学会声调，“水饺”竟然变成了“睡觉”，闹出一个笑话。另外，“水饺”念成降调也容易跟“水窖”相混淆。

北京某个大学有个韩国留学生，托他的中国同学给买个某牌子的优盘，而且特别指明要他去“大众电器”商店去买。

那个同学花了半天工夫转了两条街也没有找到“大众电器”商店。回到学校问那位韩国同学，写出字来，才知道原来是“大中电器”商店。由于对“众、中”的声调没说准闹出这个故事。有个外国人学说普通话的电视娱乐节目，主持人是个外国留学生，他的普通话说得相当可以了。他说他们同学常闹的一个笑话，就是把别人说的“薄荷糖”误会为“不喝汤”，感到十分有趣。而在座的中国的绝大多数听众却受不到感染，乐不起来。因为这些听众都是从小说汉语的，一般不大可能发生这个误会。在他们听来，“薄荷糖 bòhetáng”与“不喝汤 bùhētāng”，三个字音除第一个相近（声母和声调相同）外。另两个声调相差较远，不大可能混淆。如果声调不区别意义，可有可无，那么“bohetang”与“buhetang”差不多就一样了，怪不得在对声调不太敏感的人那里会闹出笑话呢。

汉语是一种有声调的语言，声调是由一个音节内部的音高变化形成的。声调在汉语及其他有声调的汉藏语系的语言里具有很重要的作用。众所周知，语素是语言中最小的语音与语义相结合的单位，在有声调的语言里，语素的语音都是带有声调的。声母韵母都相同的单音节语素，声调不同意义就会有很大差别。母语没有声调的人，对声调别义的作用很不习惯。他们常分不清“研究院”和“研究员”何以有别，对福建有个地名叫“shíshīshì（石狮市）”觉得很怪，对“lízi（梨子）、lǐzi（李子）、lìzi（栗子）”会是截然不同的果树和果子感到妙不可言。所以，要学习一种有声调的语言，要学习汉语，掌握声调很关键。要想把普通话学好，必须狠下一番功夫学好它的声调。

我们从小就使用汉语，对声调较为敏感。一个声母、韵母都完全相同的音节，声调不同所表达的意义就大不一样。大家对此习惯成了自然，毫无奇妙可言。比如尽管“梨、李、栗”

三字声母、韵母一样，由于声调分别为阳平、上声、去声，我们感到差别很大，不会弄混，到商店买水果时，售货员也不会弄错。对“山西、陕西”“香蕉、橡胶”“狮子、石子、柿子”，都分得清楚。而有些词语尽管声母或韵母相近，或有点差别，但由于声调一样，倒有时会造成混淆。《红楼梦》第四十七回写贾母责备贾琏时，竟然把与贾琏私通的“鲍二家的”说成“赵二家的”，惹得在场的人都笑了。“鲍”和“赵”韵母一样，但声母差得较远，由于声调相同，都是去声，才被弄混了。还有这本书的第二十回，林黛玉因史湘云说话咬舌儿，把“二哥哥”说成“爱哥哥”而打趣她，湘云反过来打趣说，黛玉将来嫁了个咬舌儿的丈夫，时时刻刻听他“爱呀厄的”才现眼呢！说得宝玉笑了，黛玉挂不住了，一定要跟湘云算账。写得很有生活情趣。人咬舌儿，话音说不准，“二”与“爱、厄”语音上有差别，但由于声调相同（都是去声），倒也能造成错愕。还有个笑话说，有人竟把“梅花六”误听成“红烧肉”，尽管“红烧肉 hóngshāoròu”和“梅花六 méihuāliù”三个字音的声母、韵母都相差不少，但由于声调一一相应，才会让人听混。正是由于我们对声调敏感，有时声调的作用会比声母、韵母还显著，所以，我们为娱乐目的，编的一些绕口令，有的就是由于声调上相同说快了容易发生错误的。比如“板凳宽，扁担长，扁担要绑板凳上，板凳不让扁担绑，扁担偏要绑在板凳上。”其中“板、扁、绑”虽然韵母不同，但都是上声；“凳、担”虽韵母相差较大，但声调相近（凳念去声，担念轻声，普通话中，去声和轻声相近），所以，念快了易于相混。学好声调实在是母语非汉语的人学好普通话的很要紧的环节。

有声调的语言不同，其声调变化情况并不相同，就是同一种语言的不同方言声调也不相同。所谓声调，一般又包括调类和调值两个方面。普通话有四个声调，每个声调有自己或升或降的一定的调值：按五度标记法，阴平调值 55 度，是高平调；阳平调值 35 度，是高升调；上声调值 214，是降升调；去声调值 51 度，是全降调。如“山明水秀、风调雨顺”，每个四字格都有依次为四个不同声调的字，表现出高低升降的变化。根据《新华字典》收录的字，计有声调的音节共 1279 个，《现代汉语词典》多收了几个，有 1290 多个。汉语各个方言声调并不相同，有的声调较多，有十来个，有的较少，三四个。一些方言声调调类数目相同，但调值却不一样，这是需要十分留意的。由于汉语各个方言都是从古汉语发展来的，声调调类有某种对应关系，母语是汉语方言的人学习普通话比起母语非汉语的人来要容易得多。一般可以利用语音对应关系以类推的办法学说普通话。但是，不同方言，毕竟有些字的语音演变不是都能符合对应规律的，比如古代的入声字在各个方言变化情况就不大一样。北方方言没有了入声，东南的一些方言还有入声；没有入声的各地方言，入声归入别的声调的情况也不相同。比如“出、德、笔、日”等古时读入声的字，在今天的普通话语音即北京话语音中分别读为阴平、阳平、上声、去声，而在郑州话、西安话中都读为阴平，在武汉话、成都话中都读为阳平，而在兰州话中都读为去声，这些字音读不准，就难以将普通话说得很地道。再如普通话的轻声、儿化，以及一些字的连读音变，在方言中，情况就不一样，有的方言没有，有的方言虽然有但与普通话的不尽相同。方言区的人要学好普通话，要把普通话说得很地道实在不是轻而易举的事，也需要下功夫掌握好普通话的声调。

（韩敬体）

从“山上有匪”说起

——学习普通话漫谈

记得相声大师侯宝林有段著名的相声——《戏曲与方言》中称：一个山东籍战士报告连长：“后山有 fěi（水）。”连长紧急集合，上山剿匪。侦察班的班长是辽宁人，他报告连长说：“山上有一个 yíng（人）。”连长于是向上级报告：“后山有一个营的土匪。”闹出了大笑话。

这也许是经过艺术加工的故事，但是由于方言而影响交际恐怕是常有的事。推广普通话是我国的国策，如何使方言区的人更快地掌握普通话，这是很值得研讨的课题。方言，最突出的问题是方音，虽然词汇、语法与普通话也有差异，但相对来说要小得多。因此，学习普通话，首先是学北京语音。小孩子对母语的印象较大人浅而模仿能力强，所以方言区的孩子学普通话较大人快。从方言区调到北京的一些干部，学了若干年也还是南腔北调，成年人模仿能力较孩子差，而理解能力较强。根据这个特点，成年人学习普通话语音应该掌握对应规律，采用以此类推的办法，可以起到事半功倍的作用，这是很多成年人学习普通话的共同经验。

如何掌握对应规律呢？也许有人会说，这太难了，只有语音专家才能掌握。其实不然，规律有难有易，先难后易，只要学起来就并不难了。

汉语是有声调的语言，声调很重要，但普通话只有阴平、阳平、上声、去声四个声调，而方言区的语音最多有九个、十个声调，即使都是北方方言区，声调调值也不相同，这就需要注意对应规律，如大连人说“老师”的“师”，“哥哥”的“哥”，调值几乎是 11˩，而普通话调值是 55˥ 。凡是这类阴平字，注意把调值提高就读正确了，不必一个一个去记。又如武汉人的上声与普通话去声调值一样，而去声则与普通话上声调值一样，读时注意把声调调值颠倒过来就是了。下点功夫找找对应规律，一般人也是不难做到的，特别是中小学教师是完全可以做到的。声调很重要，要做到字正腔圆，必须把声调学好，声调一错，就与普通话相距甚远了。声母和韵母也是有规律可循的。前面提到的辽宁地区，大部分人把 r 声母读成零声母，于是就把“人”读成“营”了。只要知道了这个规律，很多 r 声母字就可以念正确了，如“日头热，晒人肉”这样的句子，也就不难读了。

掌握方言与普通话的对应规律，以规律类推是一个好办法，方言区的同志不妨试一试，当然，也有些字音是必须记住的，就不在这里说了。

（鲁启华）

方便、窝心与安定门

我国地域广阔，人口众多，通行汉语。汉语有地域方言之分，不同的方言地区，除了语音有区别外，有些词语也有不同。有的音同、写法也相同的词语含义也会有不同，有时候就会闹出笑话，甚至产生误会。

我有一个同事乘高铁去广州会见一位台湾地区来的朋友，在车站大厅与那位朋友会面。他对台湾的朋友说："请你等一会，我先去方便方便。"台湾朋友很为不解，问："怎么，这里不是很方便吗，还要到哪里去？"他只好解释说是去洗手间解手。他方便回来后，台湾朋友问他要不要先去饭店吃饭，他回答说已经在火车上吃过方便面了。那位台湾朋友听了很是惊异，问："怎么，火车上卫生间里还做什么面吗？那种面能吃下去吗？"问得我的同事笑了起来。看来，对方不仅对我的同事说的委婉语"方便"不解，而且对"方便面"也不知是何物。我的同事问对方在广州一段时间的生活情况如何，是否习惯，对方回答说，他对在那里的生活感到非常窝心。这令我的同事很担心，对方遇到什么事情了呢？问对方怎么感到窝心，才知道对方是感到很舒服、满意，不是心里憋屈、苦闷。原来，厕所的委婉语，大陆和台湾都叫卫生间、洗手间，台湾通常又叫化妆间。但台湾地区解手一般不说方便，而方便面、方便食品又是大陆地区常说的，台湾地区一般不说，而说速食面、速食粥、速食店之类。"窝心"一词，台湾地区是表示舒服、满意，不是大陆最流行的憋屈的意思。这几个词语在不同地区的不同用法造成了误会。

还有个故事，说二三十年前，有一个河南老乡第一次来北京。他从北京站下车，搭乘公交104路汽车去安定门医院看望住院的亲戚。他最后一个在车的后门上车，结果正赶上售票员关门，由于上车的人多，他被车门夹住了，只听得他高喊：“夹腚了，夹腚了！”售票员莫名其妙，伸头一看，是他被车门夹住了。就没好气地教训说：“什么‘夹腚了，夹腚了’，连个‘夹住屁股’也不会说。谁懂啊！”马上开一下门让他上来。等他站定后，车开了。售票员到他面前要他买票，问：“你哪里下车?”那个河南老乡想了一想说：“俺到安‘屁股’门。”惹得满车的人大笑不止。这正是方言同音词意思类推形成的笑话。河南把屁股叫腚，而腚与定同音。售票员纠正河南乘客把腚应该改说成屁股是方言词改说成北京话词，也是普通话词，是不错的。而河南乘客由“腚”的意思又类推到“定”上去就成了大笑话了。

要使不同方言地区的人语言交流顺畅，就要好好学习普通话语音、词语，了解一些方言知识。一般说来，采用语音、词汇对应规律进行类推的方法学习普通话不失为以简驭繁的好方法。比如，河南一些地方分尖团音，尖—间、千—牵、先—掀，“—”前后字声母不同，而北京话是相同的；字的声调的调类、调值在不同的方言有对应关系，懂得这些情况就能较快地学习不同的方言。但是，在不同方言地区，一些事物的说法不同，或者一些词语说法相同而意思有不同，如果不注意，就容易发生误解。就像前面提到的河南人说的“腚”，北京人就不说，而腚的意思北京说“屁股”，而河南人说的“定”又与北京人说的“定”一样，与同音词“腚”毫不相干，张冠李戴地一类推就会闹笑话。大陆叫方便面，台湾地区叫法却不同，大陆和台湾地区同说“窝心”，意思却完全不同。这些意思不同的同音词，弄不好就容易产生误会。

（荆　蒉）

谈语言干扰

语言干扰（linguistic interference），是学习外语的一种突出现象。干扰（interference）本来是物理学术语，最早由布拉格学派引入语言学。美国研究语言相互影响的学者魏因莱希将干扰分作言语干扰和语言干扰两类。前者指未被受干扰的语言承认和采纳，仅见于个人言语的外语言干扰；后者又叫语言结合（linguistic integration），指已被甲语言所吸收的乙语言成分（见杰舍里耶夫《社会语言学的理论问题》）。应该说，第二类现象严格讲不能叫干扰，而是语言间的相互丰富和补充。因此，我们只谈第一类的干扰。

波兰学者大都会说俄语，因为他们从小学到大学要学七八年俄语。波兰语词的重音固定在倒数第二个音节上，而俄语词的重音并不如此。波兰人说俄语往往将词重音放在倒数第二个音节，如将 **Де́лаю**（做）说成 **Де́ла́ю**（做），将 **я́выке́**（语言，第六格）说成 **я́выке**。这种固定词重音的模式甚至左右波兰人的听觉。布拉格学派创始人之一、后来加入美国籍的著名语言学家罗曼·雅可布逊做过一次试验：每敲三下门停顿一下（好比词与词之间的停顿），这三下敲门声的响度相同，但在波兰人听来却觉得倒数第二下声音最响（见雅可布逊等三人著《语音分析初探》）。这是语言影响听觉的一个生动例证。语言还可以影响别的知觉，如视觉、嗅觉，这个问题有很大的哲学意义。

不同语言对客观存在的温度的切分也是不相同的。我在波兰访问过一位院士，他主编《原始斯拉夫语词典》，精通俄语历史，但他竟说出 Сегодня очеиь горячо（相当于说“今天很烫”）这样的话。而在俄语是只能说 Сегодня очеиь жарко（今天很热）的，这当然是受波兰语或其他某种斯拉夫语干扰的结果。

德国的一位汉学博士对我说：“我妻子比我小十一年。”这是因为德语、英语和俄语（这几种语言这位博士都会）都不分“年”和“岁”，用一个词表示。古代汉语中，“岁”除表示“年龄”外，也表示“年”，如“然令远方之卒守塞，一岁而更”（晁错）。至今书面语中还有“岁末”“岁月”“辞旧岁”的说法。古汉语中“年”除表示十二个月外，也可表示年龄，如“是时贾生年二十余”（《史记·贾谊传》）。但在现代汉语中“年”和“岁”有区别，只能说“小十一岁”。过去外国人学汉语往往靠读古书，很少有机会接触活的语言。所以这位博士受到古汉语和外语的双重影响，说出上面这样的话来了。

这位博士还说“你等等我，我快来（意为‘我就来’）”。这是因为在德语、俄语中，“我快来”和“我就来”（或“我马上来”）用的副词是一个：скоро（俄语）、bald（德语）。《现代汉语词典》和《现代汉语八百词》都没有说明：为什么可以说“我就来”，却不能说“我快来”。在《现代汉语八百词》中对这两个词分别注为：“快：［副］表示时间上接近；很快就要出现某种情况；就：［副］表示很短时间以内即将发生”。这两个注释接近，外国人很难据以区别和使用“快”和“就”。外国人的这类错误可以促使我们进一步研究“快”与“就”的差别和使用“快”的条件（在这一意义上仅限于用在命令句中，如“你快来!”“让他快来!”“咱们快走!”等。但说“我很快就来”也是可以的）。

还有一位学过汉语的美国学者对我说："我晚上有一个指定。"我开始时不了解他的意思，后一想，英语中"指定"和"约会"用的是一个词 appointment，才恍然大悟。

上面说的是口语，再举几个书面语的例子。有位精通英语的德国汉学博士给我写来一封信，说"我同陈君坐的是同样的飞机来北京的。"其实他想表达的意思是"坐的同一架飞机"。这是因为英语的 same 和德语的 gleich 既表示"同一的"，又表示"同样的"这样两种意义。

一位正学习汉语的波兰语言学博士来信说："我非常高兴认识了您在波兹南市的大学……我们想要跟中国的学者们交流书、杂志、研究的经验和成绩（应改为'成果'）……我希望您也爱好（应改为'同意''赞同''欣赏'）这种思想（应改为'想法'）。"

这位博士的英文很好，这里的错误显然是受英语或波兰语的干扰造成的。英语确是这么说的：We were very glad to know you in the University in Poznan. 处所状语是后置的，但在汉语中都必须前置。英语中"成绩"和"成果"都可以用 achievement 表达，但在汉语中这两个词是有细微差别的。英语中的 enjoy 既有"欣赏"，也有"爱好""喜爱"的意义；idea 既有"想法"也有"思想"的意思。这些错误促使我们在教外族人学汉语时，要特别注意同义词的差别。如有适于外国人学习的汉语同义词词典，对避免上述错误是会有帮助的。

从语言干扰使我想到一个重要问题，对外族人进行汉语教学，必须对学生的母语有较多了解，这样才能找到产生错误的根源，才容易纠正他们的错误。这好比医生治病，只有找到了病根，才能药到病除。

（伍铁平）

柜台前的风波

前几年，河南商丘开办一家北京联营商场，售货员中有许多北京姑娘。开张那天，顾客熙熙攘攘，其中有许多外县的农民。一位老年妇女说："俺买刷子（fǎ dei）。"售货员连忙拿出红红绿绿的发带（扎头发用）。她气得连说："fǎdei，fǎdei！"她又要看衣架上的裤子，说："把裤子（dei）拿来！"售货员把裤带送到面前。她气愤愤地说："俺腰里有钱，别小看俺乡里人！"双方争吵不休。这是因为河南方音同北京语音的差别而造成的误会。河南虽然属于北方方言区，但跟北京音对照，一部分字声母、韵母不同。如"书""树""顺""水"等字，豫东有些地方用 f 代替 shu；声调上，河南除安阳、沁阳、汲县外，都是四个声调：阴平、阳平、上声、去声。同北京音比较调类相似而调值出入较大。"访"字，北京 214，灵宝 55，郑州 54。有一些字，如 m、n、l、r 声母的在河南读阴平的字，不管韵母是什么，北京音均归入去声中。麦、莫、密、木（m-）；纳、诺、捺（n-）；辣、落、列、律（l-）；日、热、辱、若（r-），北京语音为去声字（例外是：妈、猫、拉、勒等）。

同方言区中的不同地方，词汇也有差别。在北京，到食堂去买饭，河南人说："俺要俩馍。"服务员会愣一阵子，因为北京人说："我要两个馒头。"河南人说："再舀碗稀饭。"北京人则说："盛碗粥。"湖南朋友问你"吃不吃饭？"是专指的大米饭，其他食物不叫"饭"。在北京的商店买短裤，如说

“买裤头儿”，售货员可能拿出布头儿，因为北京把短裤叫“裤衩”。如果出差到成都，饭馆将要下班了，问他“能否再买些饭?”他说：“没有别的，只有抄手。”你可能扭头就走，挨饿一顿。其实在成都“抄手”就是馄饨。不同地方，词汇上有差别，或者对同一事物有不同的名称，或者同一个语词表示不同的概念。

我国是一个历史悠久、幅员辽阔的国家。几十个兄弟民族，语言自然不同。在汉族居住的内地，各个方言区的语言差别也很大。同一个方言区的各个地方，语音、语调、词汇仍然有显著差别。所以同一个省，各地代表开会发言，往往还需要翻译。据说一位外国朋友去海南岛参观访问，要经过黎语—海南方言—广东话—普通活—外语等好几道翻译，也是不足为怪的。因此，推广以北京语音为标准音、以北方方言为基础方言、以现代典范白话文著作为语法规范的普通话，是一项紧迫而重要的任务，我们要努力不懈!

（苗守正）

“只因窗下少夫工”

明朝英宗有一次出猎，群臣赋诗祝贺，免不了奉承赞颂一番。其中有一位祭酒（即国子监祭酒，是全国最高学府——国子监的主管官员）在诗中把“雕弓”写成了“弓雕”，闹了笑话。事后被一位监生知道，监生则以子之矛攻子之盾，按照祭酒把字词颠倒的办法，写了一首诗来讽刺他的这位上司：

雕弓难以作弓雕，　　似此诗才欠致标。
若使是人为酒祭，　　算来端的负廷朝。

诗中故意把“标致”“祭酒”“朝廷”等词中的词素颠倒，讽刺祭酒不学无术、诗才不佳（即“欠标致”），指出用这样的人当祭酒有负朝廷使命。

无独有偶，在清朝也发生过类似的事。

乾隆数次游江南，每一次都是随从众多。一次，他来到一座规模宏伟的古墓前。墓前有石人石马，乾隆指着其中的一个石人问肃立于身旁的翰林：“他叫什么名字？”那翰林并非饱学之士，想了想说：“叫仲翁。”乾隆未加言语，回到京城之后，立即把这位翰林降为通判（地方长官的助理），降职的圣旨是四句诗：

翁仲为何作仲翁，　　只因窗下少夫工，
从今不许为林翰，　　贬入朝房作判通。

原来墓前的石人在我国古代神话里叫翁仲，那位翰林搞颠倒了，在皇帝面前出了洋相，所以被贬了职。乾隆皇帝就是采用“翁仲”可以说成“仲翁”的荒谬推理，把“翰林”写成“林翰”，“工夫”写成“夫工”，“通判”写成“判通”，以示讽刺。

类似这样的事还发生过不少。

如果我们注意分析一下，就会发现这些被颠倒的词语均是合成词。合成词的构成有它的规律。它按照主谓式、联合式、偏正式、动宾式、动补式、附加式等组合而成，除了少数联合式的合成词之外，其他类型的合成词的词素是不能颠倒的，颠倒了或是讲不通，或是意思全变。如偏正式的“红烧”颠倒成“烧红”则成了动补式，意思也不同了。

联合式中的词语也只有个别词语的词素（结合得较松的），在特定的环境中可以颠倒而保持原意。如“图画”倒成“画图”，“光荣”倒成“荣光”，“健康”倒成“康健”等。而这些合成词的词素在一般的文章里是不能颠倒的，颠倒多出现在诗词里。如杜甫的《咏怀古迹五首》中第三首咏王昭君的颈联就是一例：“画图省识春风面，环珮空归月夜魂。”诗中把“图画”颠倒为“画图”。在诗中有意地把词素的位置颠倒一下的目的主要是为了符合诗中平仄的要求，使音调更加抑扬顿挫、铿锵有力，或押韵的需要。这也仅仅适用于少量的联合式合成词。

掌握了这一点，我们就可以自觉地遵守语言的规律，避免生造词语而造成混乱，为汉语言的规范化而尽自己的力量。

（邱万紫）

外来词纵横谈

有一个关于买猴的笑话，说的是某商店官僚主义的经理和粗枝大叶的采购员，把采买棉猴弄成了买猴子，结果闹出了大笑话。众所周知，“棉猴儿”是一种风帽连着衣领的棉大衣，与灵长目动物猴子毫不相干。但为什么叫“棉猴儿”呢？据说它是个音译的外来词，所以不能从字面上了解它的意思。“猴儿”是英语 cowl 的音译，cowl 是指西方修道士们穿的带有头罩的长袍衣服，我国上世纪五十年代才由南方开始仿照这种衣服样式制成冬天穿的棉大衣，用的名词是 cowl 音译“猴儿”，因为是棉衣，前面又加一个“棉”字成了“棉猴儿”。这种服装无论从制作、用途以及名字上已与原来的 cowl 大不相同了。这正像我们坐的沙发、睡的席梦思的名字一样，都是外来借词，不能从字面上妄加解释其意义，不然就会闹出很多笑话。

使用不同的语言的人们，互相交往，作为交际工具的语言也会互相影响、渗透，因此，任何一种语言都有从其他语言借用的词语。这些词叫作外来词，也叫外来语或借词。汉语在其悠久的发展史中，曾不断地从国内各少数民族语言和国外民族语言里吸收词语以丰富自己的词汇宝库。至今，一些很古的时候借的外来词仍在流行，成了汉语的一般词汇，人们也感受不到它们是外来语了。如葡萄、玛瑙、苜蓿、菩萨、罗汉、舍利、夜叉、石榴等。19 世纪以来，随着西方的自然科学、社会科学的传入，一些用品的舶来，汉语中又出现了很多外来词。如乌托邦、托拉斯、瓦特、引得、麦克风、俱乐部、苏维埃、摩登、啤酒、卡车、维他命、马达、摩托车、水门汀、吉普等，还有不少词由日本语传进来，字形同日本语的差不多。如经济、见习、临床、景气、手续等。汉语还从国内少数民族语言中借了不少词，如哈达、喇嘛、冬不拉、糌粑等。

新中国成立后，特别是近几十年，随着我国与世界人民交流日益增多，尤其是进行改革开放以后，适应社会需要，又出现了大批外来语，如的确良、巧克力、维尼龙、艾滋病、迪斯科、T恤衫、拉力赛、保龄球等。

汉语借用外语的词汇，形式大体有几种。

一是音译词。按照原来的词的语音形式，用声音相同或相近的汉字书写，如沙发、沙龙、咖啡、可可、巧克力、布尔什维克、奥林匹克，以及一些地名、人名，等等。

二是译音加表义成分或音译加意译。如卡片、卡车、啤酒、拖拉机、摩托车等。

三是从日文借词，直接借来日文中的汉字书写形式，如消极、积极、场合、道具等。

四是意译。由于汉语词语的双音节化和自己的语音系统特点，一些外语词用音译不适应汉语特点，于是不少音译词后来又造出意译词来代替，如维他命（音译）→维生素（意译）、盘尼西林（音译）→青霉素（意译），这种情况很多，如水门汀→水泥、麦克风→扩音器、布拉吉→连衣裙、卡通→动画片，引得→索引、莱塞→激光、迷你裙→超短裙等等，连“五四”时代著名的德先生（德谟克拉西）、赛先生（赛因斯）也早已被民主、科学所代替。这种意译词，一般人并不把它们再看作外来词了。

还有一种直译。按照原词语语素次序进行较严格的意译，如猎头、路演等。

由于现代汉语存在方言分歧，有些外来词先从方言地区借来，因此音译也带有方言的语音特点。如广东、香港流行的借词巴士、的士、唛、杯葛等；在台湾省也有不少借词，如作秀（表演）、奥马上（太太）、镭射（激光）、幽浮（飞碟）；还有一些人名、地名与普通话翻译的不同，如坎城（戛纳）、柴契尔（撒切尔）、雷根（里根）、戈巴契夫（戈尔巴乔夫）等。

外语借词因为开始时是由不同地区或不同人引入的，因此会同时存在许多不同形式，因此外来音译词有一个规范化问题。当音译词语音接近原语言词的语音又适合普通话语音系统，用字不会别扭或发生歧义，这样的音译才能为人们广泛接受，成为规范的形式。比如英语的 taxi，广东、香港译成“的士”，这是从粤语音系出发音译的，而北京人听起来，taxi 与“的士”语音相差太远，所以有人建议音译成“太克西”，但无论“的士”“太克西”都不能令所有人满意，一些人还是习惯用“出租汽车”意译了。再如“锦纶”又被译成“尼纶”“尼龙”，“斯大林”曾被译成为“史太林”，“普希金”曾被译作“普式庚”等，都是后来才有了大家公认的规范形式的。

英语 humour 意思是有趣或可笑而意味深长的，现在人们已习惯了它的音译形式“幽默”了，可是开始却有好几种不同译法，比如李青崖译成“语妙”，陈望道译作“油滑”，易培基译成“优骂”，唐相侯译为“谐穆”，林语堂译成“幽默”。曾有人担心林语堂译成的“幽默”，因古籍上有这个词，义为寂静，会给人造成误会，但这个形式却为人们普遍接受了，它成了规范的形式。

（余　鸣）

老舍自创音译词

——谈《四世同堂》中的“韩尼布尔”

老舍在《四世同堂》里用了一个怪词：韩尼布尔，这是个外语音译词，不熟悉外语的人可能对这个词不理解。

这本书上册第 81 页中有这样一句话：“假如他们（指日本军阀）不是这样，而是坦率地自比于匈奴或韩尼布尔，以烧红的铁鞭去击碎了大地，他们在历史上必定会留下永远被诅咒的名声……。”（《四世同堂》，百花文艺出版社，1979 年版）。这儿的“韩尼布尔”是英语词 cannibal 的不十分准确的音译。这个词在英语的意义为“食人肉者”“吃同类的动物”，转义为“残忍粗暴的人”。这个词在法语中是 cannibale，在德语和丹麦语中是 kannibale，在意大利语中是 cannibale，在俄语中是 каннбал，在罗马尼亚语中是 canibal，在荷兰语中是 kannibaal，其词源反映了民族敌视和歧视。原来这个词借自西班牙语 canibal，它是从 caribal，caribe（加勒比人；< 转义 > 残忍的人）蜕变而来的。蜕变的原因可能是词尾的 1 将前面的同是塞通音的 r 隔音节异化成 n。异化时西班牙语词 canino（“狗的”“犬科的”“像犬的”，从 can［狗］派生）的语音形式（和 canibal 的前两个音节相同）也可能起了一定影响。其实，在海地的印第安语中 carib（加勒比人）本义是“勇敢的”。由于历史上侵略拉丁美洲的欧洲人把加勒比土著人看作野蛮的食人肉者，所以便将“加勒比人”叫作“食人肉者”“残忍的人”了。这和汉语中把“食人肉者”叫作“食人生番”含有对外族的敌视是同一个道理。

莎士比亚剧本《暴风雨》中的 caliban（“半兽人”，引申指“丑恶而残忍的人”）也可能来自 caribe（加勒比人），只是原来的 r 异化成 l 了。

语言中有不少词反映了对异民族的歧视，我在《语言中所反映的民族隔阂、歧视和奴役》（见张志公主编《语文论集》第 1 集）就谈到一些例子。

老舍用的“韩尼布尔”这个词，没有收入新旧《辞海》《辞源》《中文大辞典》和《汉语外来语词典》，看来，这是他自创的一个外来的音译词了。

（伍铁平）

隐语面面观

在长篇小说《林海雪原》中，杨子荣初上威虎山，路遇下山的匪徒。匪徒们发出莫名其妙的黑话："蘑菇，溜哪路？什么价？"（意思是：什么人？到哪里去？）杨子荣早有准备，从容地用黑话回答："嘿！想啥来啥，想吃奶，就来了妈妈；想娘家的人，小孩他舅舅就来啦。"（意为：找同行，自己人。）大麻子发问："哂哒？哂哒？"（意为：谁引点你这里来？）杨子荣两臂一摇，胸有成竹地答道："一座玲珑塔，面向青带，背靠沙。"（即：是个道人。）匪徒又问："么哈？么哈？"（意为：从前单独干吗？）杨子荣回答："正晌午说话，谁也没有家。"（意为：在许大马棒山上。）初见座山雕，座山雕盘问时用的是匪徒中最机密的黑话："天王盖地虎。"（即：你好大的胆？敢来气你祖宗。）杨子荣在匪徒的供词中多次核对过这话的含义，因而能从容地回答："宝塔镇河妖。"（意为：要是那样，叫我从山上摔死，掉河里淹死。）经过反复盘问，匪徒才承认杨子荣是自己人，说："好叭哒！"（意为：内行，是把老手。）杨子荣如果不是从匪徒的供词中了解并掌握这些黑话，就不能在受到盘问时从容不迫，对答如流，是根本不能进威虎山的。"蘑菇"本来是普通名词，在黑话中赋予它以特殊的含义。"许大马棒"的许字，被拆开变成"正晌午说话"。这正反映黑话构造的特点。

在语言学上把黑话称为隐语。它的特点是秘密性。正如上面说的，创造隐语的方式是利用原有词语赋予它以特殊的含义，或者按一定的规则改造已有的词，拆字，运用古词、方言、外来词等。旧社会青帮就有不少隐语，如：开香堂——收徒弟，进门槛——入帮；红帮的隐语如：走白马——贩私盐，做脱——杀了。

隐语并不是匪徒、盗贼和帮派所特有的。它属于社会方言，是社会方言的一支。革命党人做秘密工作，国际上的商战，行业竞争，军队作战部署与联络，同样要使用隐语。京剧《红灯记》中，交通员被李玉和救回家中，苏醒以后接组织关系时，说："我是卖木梳的。"李玉和问："有桃木的吗?"交通员答："有。要现钱。"李玉和说："好，你等着。"然后就去拿号志灯对暗号。这里就是先用隐语进行联系的。

当前，国际商战十分激烈。1982 年美国粮食大量积压，粮食价格下跌，引起农民不满。1982 年 2 月底，墨西哥爱尔·基琼火山猛烈爆发，持续许多天，大量火山灰遮天蔽日。美国根据大量火山灰喷向空中推断将给世界气候带来影响，将会制约下一年粮食生产和市场。它做出减少三分之一耕种面积的决策，试图抬高粮价。果然，1983 年世界各国粮食产量严重下降，美国成了唯一的粮食出口国，粮食价格上涨 1.6 倍。这给美国带来巨大的经济、政治和军事利益。在这一决策及其实施过程中，就要使用隐语，达到保守秘密的目的。当前我国商品经济日益发展，企业间、行业间同样进行激烈竞争，对于产品成本、技术数据、市场信息，往往也需要保密，因而还会使用隐语。

隐语可按照使用的期限分为长期隐语和临时隐语。长期隐语的含义比较固定，使用期限长、范围较广。除了上边所举例子之外，部队番号、密电码也属于长期隐语。临时隐语的含义临时确定，使用范围较小，有效时期较短。如在一次军事行动中确定的口令，事后即失去效用。

（苗守正）

象声词，声不像

拟声词，又称象声词，是模拟事物的声音的词。虽然人们极尽模拟之能事，但也不可能做到和客观外物的声音完全相同。从这个意义上讲，象声词是声不像的。

且看，同样是模拟一种枪的响声的，就有“呯”“啪”“镗”等好几个象声词。但是，不管哪一个，也不能说完全再现了枪声的真实。

再看，重物落地的声音，跳水的声音，是两种截然不同的声音，但是，我们却可以用同一的象声词来表现它们。如“他从树上扑通一声掉了下来”“青蛙扑通一声跳到水里去

了”。很显然，“扑通”一词，也决不可能真实地再现两种不同的声音。

有一个笑话说，过去有一位先生教学生识“叮当”两个字，先生说：“叮当就是敲碗的声音。”有个学生记性不好，回到家里就一直敲碗。他的父亲是个铁匠，知道了情况后，就让儿子再去问问先生打铁的声音怎么念。儿子问了回来说，打铁的声音也念“叮当”。铁匠呵斥道：“胡说，一定是你记错了，打铁和敲碗怎么能相同呢?”这学生只得又去问先生。先生晃着脑袋说：“袋中有钱叮当响，袋中无钱穷叮当。打铁敲碗一个样，叮当两字用处广。”后来人们戏称他是“叮当先生”。这个笑话同样说明了象声词声不像的道理。

尽管象声词声不像，但是，从古至今人们都经常使用它。我国最早的诗歌总集《诗经》中，就有这样的诗句“关关雎鸠，在河之洲。窈窕淑女，君子好逑”“坎坎伐檀兮，置之河之干兮，河水清且涟漪”。这里的“关关”和“坎坎”，就分别是描摹水鸟叫声和伐木声音的象声词。曹操的《短歌行》中有“呦呦鹿鸣，食野之苹”，阮瑀的《驾出北郭门行》中有“顾问丘林中，嗷嗷有悲啼”，陶渊明的《咏荆轲》中有“萧萧哀风逝，淡淡寒波生”，杜甫的《兵车行》中有“车辚辚，马萧萧”……到了现代，象声词使用的例子，更是不胜枚举了。

象声词之所以经久不衰地被人们使用，这与其具有特殊的表达效果有关。因为象声词是人们模拟外物声音发出的一个个音节，有其“像”的一面，它可以使要说的外物逼真生动，给人以深刻的印象，所以才有如此强大的生命力。

譬如，我们要说“大雨下个不停”，这只是一般的叙述。如果用了象声词，变成“大雨哗哗下个不停”，就使人仿佛听到大雨的声音，感到大雨的威势似的，生动多了。

鲁迅先生的小说《故乡》，开头部分有这样的描写："渐近故乡时，天气又阴晦了，冷风吹进船舱中，呜呜地响。"这"呜呜"一词的使用，让人不但听到了冷风的声音，而且感到了环境的凄凉。另一篇小说《祝福》中，有这样的叙述："我静听着窗外似乎瑟瑟作响的雪花声，一面想，反而渐渐地舒畅起来。"这里的"瑟瑟"，也是象声词。它既描摹了雪花落在窗上的轻微的声音，又反衬出室内窗外地寂静。

象声词有时还能产生一种巧妙的艺术效果。在小说《阿Q正传》中，阿Q喝醉了酒，在未庄街头边走边唱的时候，有这样一段叙述："……他更加高兴地走而且喊道：

'好，……我要什么就是什么，我喜欢谁就是谁。

得得，锵锵！

悔不该，酒后错斩了郑贤弟，

悔不该，呀呀呀……

得得，锵锵，得，锵令锵！

我手执钢鞭将你打……'"

这里的"得，锵令锵"几个象声词，将戏台上锣鼓家伙的声音描摹得那样逼真酷似，真正令人拍案叫绝！

了解象声词既"像"又"不像"的特点，我们就应选择恰当的富有表现力的象声词，来描写客观外物。

比如电影《多瑙河之波》中有这样的一个镜头：一个水雷漂过来了，游击队员勇敢地跳下船去，推开了水雷……那水雷像个瓦罐，长着几只"角"，瞪着"眼睛"，样子很可怕。当它漂来的时候，还响着一种奇异的声音。你用什么样的音节（象声词）去描摹这奇异的画外音呢？嗡嗡，咝咝，呼呼？都不太像。不过，看水雷那古怪的样子，用"咕——咕——"似乎恰当一些。

《故乡》的结尾部分有这样的叙述："我躺着，听船底潺潺的水声，知道我在走我的路。”船底的水声是什么样子呢？哗哗，似乎响亮了些；汩汩，似乎沉闷了些；潺潺，介于二者之间，恰当地表现了这种声音和情景。

客观事物的声音是复杂多样的，卫星上天，水雷爆炸，龙卷风袭击，精密仪器在工作……当我们表现这些事物的声音的时候，要多动脑筋，创造和使用丰富多样的象声词，以期达到最佳的表达效果。

（韩敬华）

形形色色的简称

简称是较为复杂的名称的简化形式。其实，语言中的简略形式不限于名称，还有不少词、短语有简化形式，所以有人又把语言词语的简化形式称为缩略、简缩或略语等。为了简便或通俗起见，我们把这种形式统称作“简称”。

随着新事物的急剧增加，语言信息的大量涌现，人们的交际活动频繁，为了节约时间，就要力求以最简洁的语言形式表示尽可能多的信息量，于是就使得词汇系统中的简称越来越多，而且简称的结构形式也是各种各样的。

首先，从简称构成的音节或单字字数上看，有一个字的，有两个字、三个字、四个字、五个字的。

一个字的：党（中国共产党）、团（中国共产主义青年团）、社（合作社）等。

两个字的：中共（中国共产党）、师大（师范大学）、高工（高级工程师）、高考（高等学校招生考试）、体委（体育运动委员会）等。

三个字的：共青团（中国共产主义青年团）、党中央（中国共产党中央委员会）、人代会（人民代表大会）、职代会（职工代表会议）、中组部（中央组织部）、支委会（支部委员会）等。

四个字的：国棉三厂（国营第三棉纺织厂）、北大医院（北京大学附属医院）、人大附中（人民大学附属中学）等。

五个字的：工农兵学商（工人、农民、士兵、学生、商人)、党政军民学（共产党、政府、军队、人民、学生）等。

六个字以上的简称比较少见。

从多少字组成简称来看，无疑以双音节（就是两个字）的为最多，其次是三音节的，其他的都比较少。为什么双音节（也就是两字）的简称最多？这是因为简称一要求简，二要适应现代汉语词汇双音节化的趋向。正是这两个要求，使得两字简称占绝对优势。

其次，我们再从构成简称的结构状况上看，大致可分为以下几类：

一、抽取全称组成词语或段的一个字构成简称，这是简称最为常见的形式。其中又以抽取全称组成词语的第一字者最多见。

（一）抽取词或段的第一字的：

农大（农业大学）、支书（支部书记）、科研（科学研究）、公交（公共交通）、农机（农业机械）、支前（支援前线）、劳模（劳动模范）、化肥（化学肥料）、革干（革命干部）、幼师（幼儿师范）、高研（高级研究员）、中专（中等专业学校），

农轻重（农业、轻工业、重工业）、工民建（工业民用建筑）、高精尖（高级、精密、尖端）、北师大（北京师范大学）、中顾委（中央顾问委员会）、五四三（五讲四美三热爱），

师大附中（师范大学附属中学）、中日友协（中国日本友好协会）。

（二）抽取首段第一字和非首段的第一以外的字的：

民盟（民主同盟）、增产（增加生产）、高校（高等学校）、师院（师范学院）、扫盲（扫除文盲）、脱产（脱离生产）。

（三）抽取首段第一以外的字和非首段的第一字的：

理化（物理化学）、史地（历史地理）、外贸（对外贸易）、厂矿（工厂矿山）、京郊（北京郊区）、影协（电影工作者协会、摄影工作者协会）。

（四）抽取各段第一以外的字的：

侨务（华侨事务）、影视（电影电视）、影星（电影明星）。

二、用全称的前面或后面的组成部分作为简称：

清华（清华大学）、师范（师范学校）、解放军（中国人民解放军）。

三、两个三个词并列，它们有一个相同的语素，则减掉前一个或前两个词的，共用第二个或第三个词的：

工农业（工业农业）、青少年（青年少年）、教职员（教员职员）、大中小学（大学中学小学）、高中低档（高档中档低档）。

四、用数字概括几种事物有共同点的或有共同成分的：

三反（反贪污、反浪费、反官僚主义）、三好（学习好、身体好、工作好）、两广（广东、广西）、四害（苍蝇、蚊子、老鼠、臭虫）、四清（清政治、清经济、清组织、清思想）、四有（有理想、有道德、有文化、有纪律）、三同（同吃同住同劳动）、五讲四美三热爱（讲文明、讲礼貌、讲卫生、讲秩序、讲道德，心灵美、语言美、行为美、环境美，热爱祖国、热爱社会主义、热爱党）。

简称中也有较复杂的情况，如一个简称可能是两个不同名称的简称，也就是说，两个事物名称简称变成了一个形式，如：人大，既是人民代表大会的简称，也是人民大学的简称；影协既是电影工作者协会的简称，也是摄影工作者协会的简称；影展的全称可能是电影展览，也可能是摄影展览。另外，一个全称也可能有不止一个简称，中国社会科学院，一般简称为社科院，但也有人简称为中社院的；云南省有滇、云两个简称，贵州省也有黔、贵两个简称（照理说，滇、黔应是别称，不是简称，此处不再讨论）。

简称使用很普遍，但在非常郑重的场合一般不使用简称。使用简称要含义明确、字面不会有歧义，“人革”这一简称有人造革和人的皮革两种含义，就让人看着别扭。所以使用简称和新造简称一定要小心谨慎。

（韩敬体）

“人革制品”与“五四三办”
——谈缩略语

某商店橱窗陈列着旅行皮箱，标明“人革制品”。顾客不禁惊讶：难道能用人革（皮）做皮箱吗？某机关一个部门的牌子，写着“五四三办公室”，这是保密单位使用的代号吗？不是。这两例都是缩略语。

语言是人们在社会生活中广泛运用的交际工具，它具有精练的特色。现代社会生活节奏日益加快，而有些词语太长，于是人们便创造并使用缩略语，以便用较短的语言传达丰富的信息。“中国人民政治协商会议”，简称“政协”。汉语是选用最具特征的字组成缩略语。拼音文字一般用主要词的第一个字母，组成缩略语，如“United States of America”（美利坚合众国），简称用大写“U. S. A.”。

缩略语不同于语法的省略。语法上主语谓语的承上、承下省略，都离不开特定的语言环境，属于句法范畴。缩略语是以简代繁，创造新词，约定俗成，社会通行，属于词汇范畴。哪些词需要缩略，怎么样创造缩略语，其要求主要有三点：（一）社会生活有这种要求，进行缩略符合社会的需要；（二）缩略方式要合乎汉语的构词方式和习惯；（三）不产生歧义和误解。某商店把“人造革”缩略为“人革”，极易产生误解和歧义，就可能会让一些人不认可。

汉语缩略语的构词方式，其一是将双音词或多音词选取一两个有代表性的字构成新词。如：亚（细亚）洲、中

（国）共（产党）、（北）京广（州）铁路、劳（动）保（险）、民（用）航（空）、增（加生）产、李（白）杜（甫）、民（主同）盟、民（主促）进（会）、扭（转）亏（损）增（加）盈（利）。我们看“增加生产”为什么不缩略为“增生”，因为“产”字更具代表性，“增生”则容易产生歧义。

缩略语构词方式之二，是用数字总括有共同字头的事物，构成新词。如：两汉（西汉、东汉）、两广（广东、广西）、三苏（苏轼、苏辙、苏洵）。“三反”在不同时期内涵不同。上世纪五十年代反映反贪污、反浪费、反官僚主义。而六十年代后期则指反党、反社会主义、反毛泽东思想。可见这类缩略语的时效长短差别很大。全国各地开展的讲文明、讲礼貌、讲卫生、讲秩序、讲道德和心灵美、语言美、行为美、环境美活动，缩略为“五讲四美”。又把各地开展的热爱祖国、热爱社会主义、热爱党的活动，缩略为“三热爱”。合起来称为“五讲四美三热爱”活动，非常简明，社会认可。有人又把它缩略为“五四三”活动，挂“五四三办公室”牌子，就令人莫名其妙了。

缩略语构词方式之三，就是将经常并提的两种事物合起来说，省略一个同类词。如：原（料）材料、土（产）特产、青（年）少年、指（挥员）战（斗）员、……但是像“高低杠”“泥瓦匠”“泥石流”虽然结构类似，却是指一种事物，并非缩略语。

现代科技的迅猛发展，出现了许多用字母或符号代表的术语，有的学者称它们是广义的缩略语。如 χ 光（爱克斯光）、γ 射线（伽马射线）、π（圆周率 = 3.1415926……）、☼（气象学天气晴）、货币符号 $ 、¥ ，但是有人用“帝”表示“帝国主义”，违反汉字造字规律。“帝国主义”可简称“帝”，如

“反帝反封建”。又有人用“砼”表示钢筋混凝土，也是不规范的。总之，既要适应社会生活节奏加快的要求，对于太长的名词、词组进行缩略，又要维护语言的规范和健康。

（苗守正）

光华璀璨的广告语言

现代社会，随着商品经济的发展，广告业迅猛地发达起来。广告，将生产、流通和消费各个环节联结起来，使各方面（包括广告业自身）都受益，简直具有不可思议的魔力。广告的媒体，有报刊、广播、电视，还有路牌、橱窗等许多种，但是几乎所有的广告都离不开语言文字。“不是蜜，却能粘住一切。”语言文字——或详细说明，或醒目标题，或画龙点睛，或妙语惊人——成为图画、实物、音响、灯光的胶着剂，各种广告的构成要素之一。

简明扼要——许多印刷厂的广告牌写着：承印文件、账簿、票据、讲义、书籍、广告、商标。而法国某印刷公司的广告却与众不同，它只写 8 个字“除了钞票，承印一切”。这 8 个字真胜过 80 个字，它醒目、确切，以少胜多，包容着最大的信息量。

幽默风趣——为了使消费者对商品信任，并留下深刻印象，某公司销售打字机的广告是“不打不相识”；某牌牙刷的广告是“一毛不拔”；丰田牌汽车的广告是“车到山前必有路，有路必有丰田车”。这些广告巧妙地运用成语、谚语，不仅显示对产品的质量充满信心，而且妙趣横生，令人难忘。

一箭双雕——日本一家小吃部在销售酸奶的广告上写道：“若不知初恋的味道，请喝酸奶。”据经理解释：“酸奶的味道就是初恋的味道。”那么，喝杯酸奶既可以获取营养，又能体会到初恋的味道，对于顾客，尤其是对年轻人，当然具有吸引力。

迎合心理——广告用语要充分考虑顾客的身份、兴趣、心理特征，“投其所好”才能有好效果。我们都有逛书店的经验。有的书店摆着“只欢迎购买者”的架势，往往使人望而生畏，门前却步。而伦敦的布莱维尔书店却用大幅广告写着：

> “当您光临布莱维尔书店的时候，没有一个人会问您要买什么。您可以信步所之，随便看书，放心浏览。店员只在您需要的时候才为您效劳。您不打招呼，他们决不打扰。无论您来买书或来浏览，均受欢迎。”

这样的广告语言，虽然朴实无华，对于读者却具有勾魂摄魄的魔力啊！

让语音学、语义学、语用学和词汇学、修辞学等语言科学为广告的制作而助一臂之力。而优秀的广告，又是现代语言的璀璨明珠的丰富宝库。

（苗守正）

姓 氏 杂 议

姓氏的产生和发展变化与社会历史发展密切相关，与语言文字、风俗习惯、心理习惯也有紧密的联系。所以，姓氏不仅是民俗学、文化史的研究对象，而且也是社会语言学、心理语言学等十分注重的课题。

上古时代，姓与氏并不相同。姓起源较早，产生于母系氏族社会，一个姓表示由一个女性传下来的母性血统。最古老的几十个姓中，姬、姜、姚、娄、媿、妫、姞、姒、妘、婤、嫪、嬗、嬴等，都带有女字旁，表示它们是母系氏族族号称谓。姓主要有“明血缘”“别婚姻”的作用。“氏”起源较晚，是同姓氏族进一步繁衍分化的若干个小部族的新的族号。特别是到了父系社会，氏的数量大增。氏主要起“别子孙”“明贵贱”的作用。当时姓统括氏，氏系于姓，源流自分。到了战国时代，姓与氏逐渐混淆，到了汉代，姓氏不分，基本确定了姓氏混一体系。

姓氏的来源是各种各样的，东汉时应劭撰写的《风俗通义·姓氏篇》是我国较早的研究姓氏的专著，该书宋代失传，清代乾隆年间从《永乐大典》散见的资料中辑成一篇。该书将姓氏来源分为几类：祖先族号，如唐、夏、虞等；赏赐爵位，如公、侯、王等；分封国名，如郑、卫、齐等；担任官职，如司马、司空、太史等；贵族谥号，如庄、惠、宣等；居住地方，如城、郭、池等；亲属排行，如伯、仲、季等；从事职业，如医、卜、匠等。

其实，姓氏来源远不止这几类，还有好多个方面。如以颜色为姓：赤、黄、红；以动物为姓：马、狗、猪；以树木为姓：杨、柳、松；以矿物名为姓：金、石、玉；以农作物名为姓：麦、麻、粟；以数字为姓：一、二、三；以亲属称谓为姓：翁、姑、父、母；以干支为姓：甲、乙、丙、子、丑、寅；以方位为姓：东、南、西、北，上、下、左、右。有些姓氏形成的过程很奇特。如姓“救”的，那是遭难得救而改的姓。姓“赦”的则是因获罪遇赦而改的。有的向人问弓而姓“弓”，有人向人问薪而姓“薪”。汉初，齐国田姓大族各支迁移陇西，为便于识别，便以“第一、第二、第三”以至“第八”作为姓。后来有的去掉数字便姓“第”了，有的去掉“第”，改姓“一”“二”“三”了。

我国姓氏发展有一个单音节化特点。我国古代，两个或两个以上的字构成的复姓是相当多的，《中国人名大词典》中，有两字姓，有三字姓，也有四字、五字姓的。该书收录人名单姓 2280 个，两字以上的 1841 个，后者所占的比例也是很大的。

两字以上姓氏主要有两个来源，一是华夏族祖先封号、官职、住地、职业、名字，如公孙、王孙、司空、司徒、东郭、西门、屠羊、漆雕等；二是来源于少数民族姓氏，如完颜、慕容、尉迟、耶律、宇文、拓拔、纳兰等。古时人多为单名，单姓单名居多。由于汉语词汇发展的双音节化倾向，人的姓氏和名字连起来称说也习惯于双音节，于是姓氏变化有单音节趋向，双字或多字姓逐步简化为单姓的情况很多，如“北门”“北郭”“北宫”简化为“北”，“右行”“右师”简称为“右”，“拓拔”改姓为“元”。现在，我国姓氏，特别是汉族姓氏，单姓占绝对多数。

旧时由于封建礼法、心理习惯等的影响，改变姓氏的现象时常发生。

封建时代，皇权神圣，皇帝及后妃名字属忌讳之列，于是为避讳改姓的事件屡见不鲜。东汉明帝名庄，姓“庄”的就改姓“严”；唐宪宗名淳，姓“淳于”的改姓为“于”；北宋名人文彦博，祖先姓“敬”，曾祖父时为避后晋高祖石敬瑭讳改姓为“文”，后晋灭亡后，恢复姓“敬”，北宋太祖赵匡胤的祖父为赵敬，为避讳，又改姓为“文”。一个家族在前后仅20年间为避讳竟把姓氏翻来覆去地更改。不唯皇帝，连孔子之名也在避讳之列。古人写孔子名字，要么改“丘”为“某”，要么“丘”字缺笔为“⺌”。而姓“丘”的为避孔子讳，在清雍正三年（公元1725年），按照皇帝颁布的诏书，一律加个右耳刀，改“丘”为“邱”了。

由于姓氏来源复杂，变化繁多，所以姓氏逐渐失去原有的“明血缘”“别子孙”的功用。一个姓可能来源有好几个，不同的姓可能同出一源。比如我国古代汉、唐较强盛，皇帝分别姓“刘”和“李”，他们赐予不少功臣姓他们的姓，这样姓“刘”、姓“李”的大增。秦灭六国后，原战国各国贵族以诸侯王后裔而改姓“王”，姓“王”的自然会多了起来。周初的姜子牙，姓姜名尚，因祖先封于吕，族人以“吕”为氏，所以又姓“吕”，他本人被周王封于齐，后代又有部分人姓“齐”。这样，“齐”“姜”“吕”实际上同出一源。齐国国君后来的姓田，因语音相近关系，又姓“陈”；西汉丞相田千秋，因年老资深，皇帝特许上朝乘车，又被称为“车千秋”，后代有以“车”为姓的。这样一来，“陈”“田”“车”就有了密切关系。

（京　笛）

百家姓，不够用

姓氏字是汉字的组成部分。在现代汉语里，有些字除了做姓氏用以外，就没有其他意义了，如：刘、冯、贾、袁、廖、郦、浚、薛、亓，等等。

古往今来，中华民族有多少个姓氏？说法很不相同。中国科学院遗传与发育生物学研究所曾经有人经过多年的收集、研究，认为中国人古今姓氏已超过 22000 个。这 22000 个姓氏包括少数民族的汉译姓氏。《半月谈》杂志曾经报道，中华民族的姓氏多达 11939 个。1996 年北京教育科学出版社出版的《中华姓氏大辞典》（袁义达、杜若甫编著），我国古今各民族用汉字记录的姓氏一共有 11969 个，1997 年警官教育出版社出版的《中华古今姓氏大辞典》收录姓氏 12000 多个，《中华姓氏书法大词典》共收录了 10129 个姓氏。台湾学者王素存所著《中华姓府》收录姓氏 7720 个。但也有人查检、统计，中国历代文献记载中出现过的姓氏，共达 6403 个。1984 年，人民邮电出版社出版的《中国姓氏汇编》（阎福卿等编）共收集单姓、复姓 5730 个。又据 20 世纪 80 年代统计，北京市、上海市、沈阳市、武汉市、重庆市、成都市、广州市七大城市共有不同的姓氏 2587 个。从有关资料推测，中国现存的姓氏数量约为三四千个。

姓氏的起源及形成较为复杂。常见的有以下几类：1. 祖先的称号，如轩辕、高阳；2. 祖先的谥号，如文、武、昭；3. 祖先建立或被分封的国家名，如郑、宋、赵；4. 祖先的爵位，如公、侯、伯；5. 祖先居住的地方，如东郭、西门、南里；6. 祖先任过的官职，如司马、司空、太史；7. 祖先从事的职业，如卜、陶、漆雕；8. 先人的名或字，如高、施、皇甫；9. 兄弟排行次第，如孟孙、仲孙、季孙；10. 动物、植物名，一般是氏族时的图腾，如马、羊、杨、柳；11. 农作物名，如麦、麻、粟；12. 矿物名，如金、石、玉；13. 颜色名，如白、黄、青；14. 少数民族姓氏译音，如宇文、慕容、赫连；15. 因避讳、避仇杀改变的姓氏，如帅、常、沐、同。姓氏的形式很多，并且在不断发展，同姓异源，或异姓同源，等等，情况十分复杂。随着岁月的流逝，又不断出现新的姓氏。

根据国家统计局提供的数据进行统计，当代中国 100 个常见姓氏中，集中了全国人口的 87%。其中，占全国人口 1% 以上的姓氏有 19 个，前十个分别为李、王、张、刘、陈、杨、赵、黄、周、吴。全国姓氏中以李姓最多，约占汉族人口的百分之七点九，即超过 8700 万人。王姓约占汉族人口的百分之七点四，即超过 8000 万人，是中国第二大姓。王姓来源众多，大多为帝王的后人自称为王氏。张姓人口约为 7800 万，占汉族人口的百分之七点一，是当今中国第三大姓。在中国历史上，刘姓在中国建立的封建王朝最多最久，是其人口能够得到大发展的一个重要原因。刘姓约占汉族人口百分之五点四，超过 6000 万，是中国第四大姓。陈姓约占汉族人口的百分之四点五，即超过 5000 万人，是当今中国的第五大姓，在南方人口中所占比例较高。杨姓排名第六，出自姬姓，来源有二，一支系以国名为姓，一支是以居住地为姓。赵姓是当今中国的第七大姓。黄姓为我国第八大姓，在南方人口中所占比例较高。周姓是当今中国第九大姓。吴姓在当今中国最常见的汉族姓氏中名列第十位，在南方人口中所占比例较高。

古今记录姓氏的书籍不少，收录的姓氏的数目很不相同。

其中以《百家姓》流行较久、流行最广、影响最大。据考证，此书编辑于北宋初期，距今已经一千多年了。据统计，《百家姓》总共记录了 440 多个姓氏，其中 408 个是单姓，比起汉族人上万个姓氏来，《百家姓》收录的实在是太少了，远不够用。明代初年吴沈等编辑《千家姓》，收录了 1968 个姓氏。明代万历年间凌迪知编辑《古今万姓统谱》，“万姓”只是虚数，收录的姓氏不过几千个。

（余　鸣）

铁匠和专名

人类进入铁器时代以后，铁匠在人类生活中居于举足轻重的地位，反映在语言中是不少语言都有以“铁匠”一词作姓的。如俄语中常用的姓 кузнецов（库兹涅佐夫）是从 кузнец（铁匠）加表示领属关系的后缀-ов（相当于汉语的“的”）构成的，本义是“铁匠家的人”。从词源上看，кузнец 又是从 ковать（锻造、打铁）派生的。

无独有偶，英语中最常见的姓 Smith（史密斯，据《光明日报》1987 年 11 月 18 日《英语国家最大的姓氏》报道：“在大不列颠全国范围内，至少有 65 万多姓史密斯的家族进行了姓氏保险。在美国，估计至少有 230 多万个姓史密斯的家族”）的意义也是“铁匠”。荷兰语 smid，瑞典、丹麦语的 smed，德语的 schmied 的意义都是铁匠，这些语言中都有由这些词派生的姓。这些语言中表示“铁匠”的词分别从荷兰语的 smeden，瑞典语的 smida，丹麦语的 smede，德语的 schmieden（意思都是“锻造”“打铁”）派生的。

上面说的都是印欧语系的语言，非印欧语中也有一些以“铁匠”为姓的例子。如属于芬兰－乌戈尔语系的匈牙利语中的“铁匠”是 kovács，匈牙利语中常用的姓“科瓦奇”就是从这儿来的。kovács 与动词 kovácsol（锻造、打铁）也是同一词根。历史上匈牙利人同斯拉夫人接触频繁，kovács 与斯洛伐克语的 kováč（铁匠）、俄语的 ковать 音近，也许是借自斯拉夫语。

汉语中虽然没有来自铁匠的姓，但地名中却有来自“铁匠”的。如北京的铁匠营、南京的铁匠营（子）。俄语中也有从“铁匠”一词派生的地名，如库兹涅茨克市、库兹涅茨克煤田。塞尔维亚有一个地名叫库兹尼查，也是从普通名词铁匠铺、打铁场得名的。

姓来自某种人从事的职业名称，这是许多语言中都有的现象，不限于“铁匠”一例。如英语姓 Baxter（巴克斯特）来自 baker（面包师傅），英语姓 Webb（e）（韦伯）、Webster（韦伯斯特）、英德语姓 Weber（韦伯）都分别与英语的 Weaver、德语的 weber（意义都是“纺织工”）有渊源关系。甚至普通名词也有的来自人所从事的某种职业的名称。如英语的 spinster（未婚女子、老处女），在美国英语中的另一意义是 One who spins（从事纺织的女子），荷兰语的 spinter 至今仍只有一个意义“纺织工”，这个后缀-ster 比表示人的另外两个后缀-er，-ist 要古老得多。

汉语中有些姓，如“屠、师、巫、祝、卜”也都是来自职业的名称。至于名字，像先秦的“优孟”“优旃”，一望便知是演戏的人，对此肖遥天在《中国人名的研究》一书中做过详尽研究，此处不赘述了。

人名和地名，都属于语言学中的专名学，它同民族学、地理学、历史学都有密切关系。人名和地名往往能反映当代和古代社会的许多特点，历来受到学者们的重视。

（伍铁平）

禁忌语杂谈

1987 年 5 月，我国东北大兴安岭地区发生了一起森林大火，燃烧了 20 多天。火灾给当地的生命财产带来了很大损失，使全国震动，全世界瞩目。真是水火无情。现代的人对火灾犹感惧怕，又何况消防条件远不如今天的古代人呢！古时人们不仅谈起火灾色变，甚至连“失火”二字也不敢吐口呢。

我国古典名著《红楼梦》就写过一起失火的故事。刘老老二进大观园，凤姐让她讲些乡村中的“新闻故事儿”给老太太、太太小姐们解闷。刘老老挖空心思地编出一个“抽柴火”的故事。她说，一个十七八岁的极标致的小姑娘，天未亮时在她家屋门外大雪地里抽柴火，书中写道：

> 刚说到这里，忽听外面人吵嚷起来，又说：“不相干，别唬着老太太！”贾母等听了，忙问“怎么了”，丫环回说：“南院子马棚走了水了，不相干，已经救下去了。”贾母最胆小的，听了这话，忙起身扶了人出至廊上来瞧时，只见那东南角上火光犹亮。贾母唬得口内念佛，又忙命人去火神跟前烧香，……贾母足足地看着火光熄了，方领众人进来。宝玉且忙问刘老老：“那女孩儿大雪地里做什么抽柴火？倘或冻出病来呢？”贾母道：“都是才说抽柴火，惹出事来了，你还问呢！别说这个了，说别的罢。”

刘老老说到女孩子抽柴火，偏巧贾府就失了火。贾母认为失火正是谈柴火引出来的，就制止了这一话题。由于迷信观念和恐惧心理，人们不敢直说“失火”二字，而是像那个回话的丫环说的，用“走水”代替。人们不敢或不愿说像“失火”一类词语，而换成别的词语，这就是人们称作的禁忌语，这种现象也叫作避忌。

如上例所说，由于迷信观念作怪，人们认为说出什么话，就会应验，就能直接带来某种后果，于是对不吉利的话，对表示灾祸的词语甚至与它们同音的词语都要避讳。如旧时在船上，最忌讳说“沉”，因为人们生怕船沉。于是连“chén”这个音也不敢说了，如果船上有姓“陈”的，人们不能直呼其姓，只能称为“耳东”，就是把“陈”字拆成两个字来说了。再如旧时商人最怕折（shé）本，于是不敢说“折”，与它同音的也要忌讳。有的地方就把“牛舌”“猪舌”改说成“牛利”“猪利”。正是人们忌讳某些词及其语音，就使得一些词的同音词很少了，在现代汉语中，“死”就没有什么同音词了。

又有一种情形，人们并非出于迷信，而是认为某些动物可怕，某些词语粗俗下流，就不愿说那些动物名或词语，而改换成别的说法。比如古时人们怕虎，说到“老虎”时改说成“大虫”，现代有的地方人们怕蛇，把“蛇”叫成“长虫”，这就是畏惧心理造成的。河南东部忌讳说“蛋”，连同音词也禁忌，说到饭菜的咸淡的“淡”就改说为“甜”。那里还忌讳bī音，连姓“毕”的也改读姓为“bēi”，这因为那里人们认为“蛋”“屄”是猥亵词语，忌讳说这些词及其同音词。

由于封建礼法、伦理，要避讳很多事物，这在禁忌语中占有很大比重。如帝王后妃的名字，与他们有关的词语，官僚、主人的名字，尊亲的名字等等都要避讳，还殃及一些同音词语。

秦始皇姓嬴名政，避讳“政”音，历法中“正月”被改为“端月”。唐太宗李世民，当时避讳“世”“民”二字分别改说“代”“人”，以至于大慈大悲的菩萨观世音，也避讳“世”，改称了“观音”。五代丧权辱国的后晋石敬瑭，对契丹自称“儿皇帝”，但要人们避其名讳上却十分突出。迫使姓“敬”的改姓。宋时文彦博的曾祖父就在石敬瑭时改姓“敬”为“文”了。又迫使姓“唐”的改姓，当时有个唐縠就改姓为“陶”了，其实，“唐”不过与“瑭”同音罢了。因为避讳，农作物“薯蓣”（即山药）先改称“薯药”后又改称为“山药”。实在是改得面目全非了。

上行下效，君王不可侵犯，贵族达官作威作福，效尤避讳。五代时四朝元老冯道，20多年官居相位，有一次让门客讲《道德经》（即《老子》），第一章开头一句“道可道，非常道”，门客为避讳“道”字，念作“不敢说可不敢说，非常不敢说”，把“道”改成“不敢说”，成了一大笑话。

北宋官僚田登，为避其名，演出一场“只许州官放火，不许百姓点灯”的闹剧，更是流传千古，恶名尽知了。爱国诗人陆游《老学庵笔记》卷五中记载：“田登作郡，自讳其名，触者必怒，吏卒多被榜笞。于是举州皆谓灯为火。上元放灯，吏人书榜揭于市曰：‘本州依例放火三日。’”田登此事，许多宋人笔记都有记载。庄季裕《鸡肋编》记载，“依例放火三日”乃是州官田登亲自批写的告示。

窃国大盗袁世凯，篡权上台，当了大总统，认为“元宵”与“袁消”同音，对自己不利，于1913年下令改“元宵”为“汤圆”，当然这丝毫挽救不了他的灭亡，只能在历史上留下笑柄。

如本文开头所说，广大人民避讳“失火”，当然对“放火”也要禁忌的，然而封建官僚田登为避讳自己名字，把

“放灯”改称“放火”，完全不顾广大人民的心理习惯，足见其横蛮霸道了。他给汉语留下来一个“只管州官放火，不许百姓点灯”的典故，也是他罪有应得了。

出于封建伦理关系，人们避讳尊亲名字也十分普遍，如大文学家司马迁为避父亲司马谈的名讳，《史记》中就禁忌“谈”字。唐代诗人李贺父亲名晋肃，为避讳，有人就说他不能去科举中进士，因为“晋”与“进”同音。《红楼梦》中的林黛玉，母亲叫贾敏，她写字遇到“敏”时就要少写一两笔，并且将“敏”字改读成“密”字音，这正是从字形到字音都避讳的例子。

封建礼法形成的不少禁忌语，随着封建王朝覆灭，很快就成了陈迹了。出于迷信观念的禁忌语，也会随着科学文化的发达而逐渐土崩瓦解。由于人们心理习惯形成的禁忌，也会因时间、地点、条件的转移而在不断变化、消亡。

（韩敬体）

从山药、野鸡和炊饼的改名说起

山药是一种常见的农作物。它的块根可供食用，又有药用价值，因而身价甚高。山药原产于我国，古时原名叫薯蓣，即使现在其学名仍然叫薯蓣。后来名称叫作山药，怎么发生了这么大的变化？这是我国封建社会时期为避唐宋两代的皇帝的名讳造成的。

秦始皇统一中国，建立大一统的国家，开始了我国封建社会中央集权制的新的时代。皇帝是国家的最高统治者，具有至高无上的权威。皇帝的名字成了神圣不可侵犯的东西，他名字用的字，别人就不能用，他对那个字有垄断权，对他的名字避讳也成了国家的一项制度，要求人们谨遵恪守。不然就是犯圣讳，就会被治罪。清代乾隆皇帝大搞文字狱，其中有个王锡侯的《字贯》案，《字贯》中对康熙、雍正、乾隆三朝皇帝的御名（福临、胤禛、弘曆）没有采取避讳措施就成了十恶不赦的罪名。乾隆皇帝下令将王锡侯满门抄斩，并销毁《字贯》书版及王锡侯其他著作。由于这一字书案件的牵连，还使得地方上各级官员、士人近百人受到严厉惩处。为了避讳皇帝的名字，一些事物就得改名。

山药原本叫薯蓣。唐朝第九个皇帝，也就是唐玄宗的孙子、唐肃宗的儿子唐代宗。他是平定安史之乱的一位有所作为的皇帝。他名叫李豫，为避其嫌名（与名字语音相同的字）的 yu 音，“薯蓣”的“蓣”改称为“药”，薯蓣就被改称为薯药。岂料三百年后，迎来了宋朝第五个皇帝宋英宗，他名叫赵曙，又是为避其名字 shu 音，“薯药”的“薯”改称为“山”，这样，薯药就改名叫山药了。

野鸡，有的地区叫山鸡，学名雉。汉朝以前，野鸡本来就叫雉，但是，刘邦创立了汉朝，他的皇后姓吕名雉字娥姁，是一位很有作为的女政治家。刘邦死后，15 岁的太子刘盈（汉惠帝）继位，由太后吕雉掌握实权。7 年后刘盈病逝，吕后临朝称制，大权独揽。她掌握政权 16 年，历史上把她同皇帝一样看待。汉朝为避吕后名讳，雉就改称为野鸡了。

《水浒传》中的武大郎的形象给人印象颇深，他的职业就是卖炊饼。炊饼是一种食品，什么样呢？据记载就是现在的馒头，看过 1998 版电视剧《水浒》的，潘金莲（王思懿饰演）起夜蒸馒头、武大郎卖馒头的镜头给人的印象极为深刻。馒头怎么叫作炊饼呢？原来宋朝仁宗以前，馒头叫作蒸饼（现在中原有的地方还叫作蒸馍呢）。宋朝第四个皇帝，也是宋朝在位时间最长的一个皇帝宋仁宗，名叫赵祯，祯古时音 zheng，与蒸同音。为了避讳，蒸就改说成炊，蒸饼也就改叫作炊饼了。

动物（雉）、植物（薯蓣）、食物（蒸饼）为避皇帝名讳要改名，这还算是小意思，就连姓氏、地名、人名、官名也得为避皇帝名讳而改称。东汉为避汉明帝刘庄讳把姓庄的改作姓严，后晋为避皇帝石敬瑭讳和宋代为避宋太祖赵匡胤的祖父赵敬讳把姓敬的改为姓苟或姓文。晋朝为避晋愍帝司马邺讳把建邺改称建康，汉朝为避汉文帝刘恒讳把恒山改为常山，宋朝为避宋太宗赵光义讳把义兴改成宜兴，清朝为避康熙皇帝玄烨讳把北京紫禁城北门玄武门改称神武门。汉代为避汉武帝刘彻讳把蒯彻改名蒯通，唐代为避唐太宗李世民讳把李世勣改称李勣。东汉为避东汉光武帝刘秀讳把秀才改称茂才，晋朝为避司马师讳把太师改称太宰，唐朝为避唐太宗李世民讳把民部尚书改称户部尚书。就是神仙也难逃避皇帝讳而改名的厄运。汉代为避汉文帝刘恒讳，姮娥改称嫦娥，唐代为避唐太宗讳，观世音改称为观音。

由于避讳而改称，涉及语言中的许多领域，自然，给语言文字的运用和变化带来一定的影响。要研究语言文字发展变化，研究我国封建社会历史，不能不注意历史上的避讳现象。

（韩敬体）

地名的雅化与俗化

一个地方的名字，由于历史久远、社会变迁、语言发展和语音演变以及人们心理习惯等因素，也要发生这样或那样的变化。有的出于社会政治原因而改变地名，如北京，明、清时代作为国都，将元代大都改名为北京，民国时代一度改称为北平，新中国成立以后又改为北京了。有些地方为纪念历史人物而改变地名，如山西省介休市，汉代称界休，晋代改作介休，这与春秋时代晋国人介之推隐居介山有关。广东省中山市，本为宋代置县名为香山县，1925 年为纪念孙中山先生而改称中山县。山西省的左权县、陕西省的子长县、志丹县都是为纪念革命先烈而改称的。北京城区有佟麟阁路、张自忠路和赵登禹路三条街道，名字是为纪念三位抗日将领而改称的。不少地方名称变化，是因为语音演变和人们心理变化，使地名雅化或俗化而形成的。

北京西城有个少年儿童活动中心，那个地方叫官园。为什么叫官园呢？原来这里曾是与白塔寺相毗邻的大庙朝天宫后院的瓜园，“瓜园”变成了“官园”，语音上变化了，名称也雅一些了。离官园不远，过去有一眼井，水苦，称为苦水井，所在的街道自然也应叫苦水井了，然而后来名称变雅致了，改称为“福绥境”，这是现今的一个街道名称了。北京西城还有辟才胡同，原本叫作劈柴胡同，大概那里原为劈柴市场吧，但改为辟才胡同，语音变了，名称雅了，但一般人并不理解其含义了。北京有不少街道本来都是名称很通俗的，可能因为人们觉得俗气，就改为语音相同或相近的名字了。比如大哑巴胡同、小哑巴胡同改成了大雅宝胡同、小雅宝胡同，狗尾巴胡同改称为高宜伯胡同，猪尾巴胡同改为智义伯胡同，鸡爪胡同改为吉兆胡同，老母猪斜街改称为杨梅竹斜街等等。这种情形在各地都有，如福建省长乐市的酒店（镇）雅化为首占，安溪县的湖丘雅化为虎丘，南安县的坑尾雅化为康美等等。

相反，有些地方因时代久远，语音变化，人们对原义不理解了，就越来越往通俗处叫了。比如河南省东部有一个柘城县，先秦时就有柘邑，秦汉置县，以当地盛植柘树而得名。后来水旱灾害频仍，柘树很少了，桑蚕业也凋零了，人们连“柘”义也不理解了。明代柘城被一场洪水冲毁了，县城变成一个大水泊，嘉靖年间在旧城南筑新城。后来人们传说旧城沉陷下去了，当地人把陷落说成“蛰”，于是附会说柘城是城蛰了下去了。那里把“柘”读成 zhé 与“蛰”同音，不像北京人将柘读成去声。柘城县东 40 华里处有一个地方叫起台寺，据说那里是战国楚将吴起筑台点兵之处，后建有寺庙，才得名起台寺。但后来人们并不理会这种历史沿革，读音也讹误得让人难以猜测其含义了。

白居易《琵琶行》诗中，写琵琶女叙述自己身世时说：“自言本是京城女，家在虾蟆陵下住。”这里的虾蟆陵是唐代妓女聚居之处。这个名字乃是由“下马陵”讹误俗化而成。相传那里汉代为一代大儒董仲舒墓，门人过此都要下马以示尊崇，所以称作下马陵。时代久远，后人音变成虾蟆陵，好像那里与虾蟆有关了。

爱国诗人文天祥在著名的《过零丁洋》诗中说“惶恐滩头说惶恐，零丁洋里叹零丁”，惶恐、零丁是地名又表示诗人的心理状态，遣词对仗很巧妙。其中地名“惶恐滩”也是语音讹变成的。江西赣江中游万安县境内有十八滩，其中有个黄公滩。北宋诗人苏轼曾经过此地，当时他心境很不好，因遭贬谪心情恐惧，写下一诗，将黄公滩改称惶恐滩，诗中说“山忆喜惧劳远梦，地位惶恐泣孤臣”，以后，黄公滩也就叫成“惶恐滩”了。

地名雅化、俗化的例子很多，值得社会语言学者和民俗学者认真调查研究。

（韩敬体）

枫桥与封桥

月落乌啼霜满天，江枫渔火对愁眠。
姑苏城外寒山寺，夜半钟声到客船。

张继这首以情景交融达到妙合无垠的《枫桥夜泊》诗是家喻户晓的。然而，亲爱的读者，你可知道这“枫桥”原来并非叫“枫桥”，而是叫“封桥”。

人们知道，文学艺术的作用有时是相当大的，以至于一首诗有时能引起某方面的变革。张继的《枫桥夜泊》就是一例。

枫桥，在寒山寺（在今之苏州市阊门西 7 里的枫桥镇上）西南数百米处，横跨于大运河的支流枫江之上。现在是花岗石单孔拱桥，清时所重建。明初诗人高启的《泊枫桥》诗云：“画桥三百映江城，诗里枫桥独有名。”枫桥在唐以前叫“封桥”，大运河流经此处，此地是一个大码头，水陆交通要道，是旅客南来北往必经之地。每到夜里就要实行封江，封锁交通，故桥名曰“封桥”。今苏州天平寺多藏唐人书，背有“封桥常住”四字可以佐证。不知是因为谐音关系，还是认为“封桥”不美而有意加以诗化，张继诗首称之为“枫桥”。这一称呼很快为人所接受，从此“枫桥”“封桥”二名同时使用。北宋宰相王珪王郇公居吴时，亲笔书张继诗于石。张继诗碑矗立之日，便是“枫桥”正名之时。从此再也无人使用“封桥”之名了。

（邱万紫）

标点符号琐谈

标点符号是用来标明语言在书面形式上的停顿、语气等的符号。由于标点及其位置不同，使一些由相同的字、词组成的句子变成了表达的意思极不相同的语句。在这方面，流传着不少的故事。比如“下雨天留客天留我不留”10 个字，不同地方加上标点，就会变成几种不同意思的话：“下雨天留客，天留，我不留。”“下雨，天留客，天留，我不留。”“下雨天，留客天，留我不留?”“下雨，天留客，天留我不？留!”

话说从前，有一个很吝啬的财主，请一位私塾先生来家教学，在招聘合同上写明对伙食供应的规定：“无鸡鱼亦可无鸭肉亦可青菜一碟足矣”，但没有加标点，他的意思是:“无鸡鱼

亦可，无鸭肉亦可，青菜一碟足矣。”充分表现他对老师饭食供给上的苛刻。到吃饭时，他只给先生一碗青菜。先生不吃，指责财主违反合同，克扣伙食费。财主说，他遵守合同，青菜一碟就够了。老师把合同拿出，把那一句念作：“无鸡，鱼亦可；无鸭，肉亦可；青菜，一碟足矣！”就是说，每餐要保证两荤一素，鸡鸭鱼肉得有两种，外加一碟青菜。这与财主的意思，真是大不相同。

可见，标点不同，会导致人们对同一书写形式的话语有完全不同的理解。

我国什么时候开始有标点符号的，人们的意见大不相同。有人说，我国的标点符号使用得很晚，全是由西方传来的。但有人认为，事实上我国早在1500多年前就开始使用标点符号了。比西方开始使用标点符号要早上几百年呢。在西凉至北宋的敦煌遗书中，有标点符号的文献资料相当可观，据统计，所用符号多达十七八种，其中句号、顿号与今天使用的基本相同。但当时的标点符号，与科学、规范的要求相距甚远。一个符号有多种用途或一种用途用多个符号的情况较多。

有人用一个标点符号写成一封信，用来表情达意。法国大作家雨果与出版社一次通信被世人传为佳话。雨果的《悲惨世界》写成后，稿子寄给了出版社，很久不见回音。他写封信去询问出版社对稿子的意见和处理情况。信文就只写了一个问号（?）。不久，出版社就给他回了一封信，信文也只写了一个标点符号——惊叹号（!），表示的意思是，大作极好，令人叹止。这种用一个标点写成的一封信，被人们称作世界上最短的信。

我国唐代中期，著名诗人杜牧写的七言绝句《清明》，全诗才28个字，据《语法修辞逻辑趣谈》说，有人将这首诗加上一些标点符号，竟改编为一出短剧：

（清明时节。雨纷纷，路上。）

行人：（欲断魂）借问酒家何处有？

牧童：（遥指）杏花村。

这里，还是原诗的字，仅仅多加了些括号、冒号、句号，而且改变了原先的某些停顿，就变成有时间、地点、环境、人物、表情、动作、对话、语气等各种因素的微型剧了，实在让人感到奇妙。

标点符号还有比喻作用。比如，唐弢先生是研究鲁迅的专家，他认为鲁迅从民主主义者成长为伟大的共产主义者，后期作品体现了他思想的最高境界，不愧为我国伟大的文学家、思想家、革命家。因此，唐弢先生将鲁迅比喻为伟大的句号（。）。爱尔兰的现实主义剧作家萧伯纳，作品锋利幽默，讽刺、鞭挞社会上的丑恶现实，有关系的人看了无不胆战心惊。所以有人把萧伯纳比喻为伟大的惊叹号（！）。还有人把挪威剧作家易卜生比喻为天才的问号（？），因为他在名作《玩偶之家》里提出了妇女解放存在的问题，但如何解答问题，他自己也不清楚，剧作中也没有解答。

（荆　蒉）

标点趣事

人们都知道，在现代社会中，写文章离不开使用标点符号。因为它能帮助人们更好地表达自己的思想观点，抒发感情，达到预期的目的。相反，如果不使用标点符号或用得不恰当，则会给人满纸烟云、不知所言为何物的感觉，引起误解，得到适得其反的结果。

传说先前有一个从事酿酒、造醋、出售酒糟的酿造作坊主。一天，他在自己门口张贴了一张广告，上面写着：

酿酒缸缸好造醋瓮瓮酸糟儿好养猪大
如山老鼠子只只死

广告的意思是说自己的作坊善于酿造，酿出来的酒醋是上等的，酒糟质量很好，用它来喂猪，猪长得又快又大，可以长得像座山，而老鼠吃了这酒糟却会一只只地死掉。它的正确的读法是“酿酒缸缸好；造醋瓮瓮酸；糟儿好，养猪大如山，老鼠子只只死。”作坊主希望以此招揽顾客，流播美名。但是，这广告中他没有使用标点符号，这就留下了被人利用钻的空子。

一个颇有点文化的人路过作坊门口，看了这张广告，笑了一笑，即时产生了一个歹念头，他借来了一支笔，在广告上加了几个标点，就成了下边的样子：

酿酒缸缸好造醋，瓮瓮酸；糟儿

好养猪，大如山老鼠子，只只死。

加上了几个标点符号，意思全变。这作坊就成了“阎王开店，鬼也不敢上门”了。这样的恶作剧是不应该闹的，但不使用标点符号也是不好的。

文章不注意标点符号的这种事过去有，现在仍然有。有某单位一位姓张的女同志，因小孩夜里得病一早要去就诊，赶到单位去请假，人们都因时间尚早未上班，她就在办公室门口贴上了一张请假条后离去。假条写着：

因小孩病故请假一天

有一个平时爱开玩笑的另一科室的同志上班，见此假条就掏出笔来，在它上面加了两个标点符号：

因小孩病故，请假一天。

上班的时间到了，姓张的那个办公室的人们见了门上贴的假条就议论纷纷，大惑不解。有的说前两天还看见张某的小孩活蹦乱跳，很健康，怎么就死了呢？有的说小孩死了肯定极度悲伤，怎么才请一天假？商量决定派人到她家去慰问。

这两件事都说明了我们要掌握标点符号，正确使用标点符号，才能使得书面语言的意义明确，避免因产生歧义而造成不必要的麻烦。

（邱晓彤）

写作的知识与勇气

——从叶梦得直言批评欧阳修说起

月落乌啼霜满天，
江枫渔火对愁眠。
姑苏城外寒山寺，
夜半钟声到客船。

唐朝诗人张继的这首《枫桥夜泊》诗，使苏州寒山寺声名为之大振。近几年来，每到除夕，外国客人，特别是东邻友邦日本的游客，漂洋过海，来到中国，涌向苏州。他们一是为了聆听寒山寺的钟声，二是要买一张书有这首诗的中堂。可以毫不夸张地说，《枫桥夜泊》和寒山寺钟声成了传播友谊的纽带。

可谁知道，为“夜半钟声到客船”一句诗却打过很长时期的笔墨官司呢。

北宋大文学家欧阳修，晚年写了一本《六一诗话》，其中对张继《枫桥夜泊》评述说：“唐人有云‘姑苏台下寒山寺，夜半钟声到客船。’说者亦云句则佳矣，其如三更不是打钟时。”他的意思是，诗作不应该违反生活真实，张继的诗虽佳，却违背了生活真实。此评褒中有贬，提出《枫桥夜泊》一诗不真实的问题。

大家知道，欧阳修是唐宋八大家之一，北宋文学改革运动的主将。据宋史评述，该公论道理可以与韩愈齐名，说事理能够同陆贽并论，纪事实不下于司马迁，吟诗赋比得上李太白。可见，他是一位历代不可多得的全才。《六一诗话》是他晚年的力作，又是第一部诗话，其权威性可想而知。

但是，后生可畏，北宋末年苏州学子叶梦得直截了当地批评欧阳修，为了结这场笔墨官司起了重要作用。叶氏的《石林诗话》（卷中）说："盖公未尝至吴中，今吴中山寺实以夜半打钟。"《唐诗纪事》卷二五也说："此地有夜半钟，谓之无常钟，继（指张继）志其异耳。欧阳以为语病也。"

叶梦得以一个后辈身份，敢于对欧阳修这样的大方之家的大作提出否定意见，这是要有一点勇气的。他之所以能胸有成竹、语气肯定地为张继平反，是与他长期生活在苏州，谙熟苏州当时习俗，而又通读古书分不开的。自从叶氏此说问世以后，其他学者广征博引，赞成叶说者颇多，而反驳者却未见。可见叶氏之说有一锤定音之效。

看来，勇气来源于实力，作文的实力则来源于熟读"生活"和"知识"两部大"书"，叶梦得敢于直言批评欧阳修，不正是他熟悉生活而又博览群书的结果吗？

南宋爱国诗人陆游，在谈到写诗的时候，曾留下了一句名言："功在诗外。"意思很清楚，要作好诗，功夫必须用在作诗之前，决不是作诗时搜索枯肠、苦思冥想所能奏效的。这也就是人们常说的功力。陆游的话既是他自己的经验总结，也是前人的经验总结。司马迁的不朽著作《史记》被鲁迅誉为"史家之绝唱，无韵之《离骚》"，其成功经验，正是在于司马迁"读万卷书，行万里路"。据《太史公自序》，我们可以知道，司马迁的足迹遍布今天的大半个中国，他"二十而南游江、淮，上会稽，探禹穴……过梁楚而归。"后来，又"西征巴蜀以南，南略邛笮（今四川西昌一带）、昆明"。看起来好像是游山玩水，实际上则是他进行实地考察。

“探禹穴”的一个“探”字写得明白，他是在进行实地调查，把书本上的记载和实地情况进行核对、校正、辨误，做更为艰苦细致的工作。

“读万卷书，行万里路”，这难道不是我们搞写作的同志应该认真吸取的宝贵经验吗？写作者的知识和勇气不也正是来源于此吗？

（孟守介）

炼　字

我国历代的文学大师都十分注重炼字。唐朝伟大的诗人杜甫是“语不惊人死不休”“新诗改罢自长吟”。诗人卢延让“吟安一个字，捻断数茎须”。足见他们炼字的严肃不苟的精神。苦吟诗人贾岛则是“二句三年得，一吟双泪流”，其炼字几乎达到入迷的程度。他因“鸟宿池边树，僧敲月下门”诗句中一字（敲还是推）未能定夺，低首沉思而闯了韩愈大驾的故事，早已是人们熟知的文坛佳话了。

所谓炼字，是指用心琢磨，选择恰当的文字，润色语句，以增强表达效果的一种写作上的功夫。字“炼”得好，用得精，就会使语句言简意赅，熠熠生辉，脍炙人口，历千古而不衰。

我们且看杜甫的《旅夜书怀》这首五律：“细草微风岸，危樯独夜舟。星垂平野阔，月涌大江流。名岂文章著，官应老病休。飘飘何所似？天地一沙鸥。”第三、第四两句中的“垂”和“涌”字，“炼”得是何等地妙呀！“垂”字表现出平野辽阔、明星低垂的景象，“涌”字则表现出江水滚滚、月随波涌的气势。这两句写景雄浑阔大，历来为人们所称道。而第八句中的那个“一”字，更真切地表现出诗人孤独的处境和感伤的心情，真可说是“画龙点睛”之字！诗人写辽阔的平野、浩荡的大江、灿烂的星月，正是为了反衬出他孤苦伶仃的形象和颠连无告的凄怆心情。这是以乐景写哀情的手法，在古典作品中是经常使用的。

炼字，首先要注意真实，真实才能动人。脱离生活真实，一味追求新颖绮丽，甚至奇险怪僻，以辞害义，那就不足取了。

北宋文学家范仲淹写了一首《采茶歌》。他用心琢磨，刻意求美，写成之后，去找友人蔡君漠提意见。蔡君漠看后不加掩饰地说："大人的新作，遐迩闻名。不过依我看，'黄金碾时绿虫飞，碧玉瓯中翠涛起'两句，有些欠妥。"范仲淹问："是词语欠绮丽吗?"蔡君漠说："不是。'绿虫''翠涛'色彩是足够鲜艳了，但是，当今名茶，其色贵白，绿色乃是次品。"范仲淹听后，恍然大悟，忙问："依先生之见如何改呢?"蔡君漠说："只要将'绿''翠'换为'玉''素'二字就可以了。"范仲淹立即采纳了友人的意见，把两字改了过来。

炼字，还要注意效用，尽可能使一字多用、一字两用，至少是一字一用。如果某一字可有可无，那就坚决去掉，换上另一个能起作用的文字。要"惜字如金"，力避重复。在这方面，毛泽东为我们做出了榜样。

毛泽东的那首《七律·长征》，初写成时是这样的："红军不怕远征难，万水千山只等闲。五岭逶迤腾细浪，乌蒙磅礴走泥丸。金沙浪拍悬崖暖，大渡桥横铁锁寒。更喜岷山千里雪，三军过后尽开颜。"这首诗气势雄伟，语言精练，已臻于完美的地步。但毛泽东精益求精，后来将第五句中的"悬"字改为"云"字。"悬崖"只是一种事物，"云崖"则是两种事物，这一改，意思丰富多了。过了些时候，毛泽东又将第五句中的"浪"改为"水"。因为这首诗的第三句中已经有了一个"浪"字，改换成"水"以后，意义相同，但避免了字面上的重复。

炼字，要多下一番功夫。只要刻苦认真，细心琢磨，总是可以把字"炼"好的。

（韩敬华）

“一字师”种种

“一字师”又说成“一字之师”，意思是改正一个字的老师。这是词语中的一个典故，在我国的写作历史上承传了类似情况的一段又一段的佳话。

据认为，“一字师”典故指唐代末年僧人齐已拜诗人郑谷为师的故事。宋人陶岳《五代史补》卷三记载，和尚齐已写了首《早梅》诗，诗有“前村深雪里，昨夜数枝开”两句，他把诗拿给郑谷看，郑谷认为“数枝非早也，未若一枝佳”，一枝梅花初绽，比起数枝齐开来更能表现报春梅花的“早”意。齐已对郑谷改“数”为“一”的指点非常佩服、赞赏。当时人们传诵此事，郑谷改的既是一个字，又是一个“一”字，所以称郑谷为“一字师”。

《渔洋诗话》记载，唐代大诗人高适，过杭州清风岭僧院，题诗一首，诗中有两句说：“前峰月落一江水，僧在翠微开竹房。”后来他想到诗中“一”改为“半”为好。他又经过该寺时，僧人却告诉他，有一个人过此地，说“诗佳矣，但‘一’字不如‘半’字”。高适惊问那一个人是谁，僧人说是骆宾王。这则故事看来是诗话作者虚构的：骆宾王是初唐时人，高适是盛唐时人，二人不可能互相谈诗改诗的。《麓堂诗话》则说是任翻在台州题寺壁写诗，有两句说“前峰月照一江水，僧在翠微开竹房”。他走后，一个观者将“一”改为“半”字。两种诗话说法不同，但诗句和改“一”为“半”都是一致的，也都是“一字之师”的故事。

“一字师”传到后世，一般是指知名作家被一位不出名的小辈指出一个字而改正作品，其事既表现出小人物的“千虑一得”，也反映了大家巨匠的虚怀若谷或不耻下问。所以这种事情被传为美谈，对小辈和大家都有益无害，无论哪方面都乐于传播。因此，“一字师”美谈越传越多。比如唐朝李相称自己的小吏为“一字师”，宋代的曾吉父称韩子苍为“一字师”，张咏称萧楚才为“一字师”等。

到了现代，“一字师”佳话也是层出不穷的。

1942 年，在延安和重庆就接连出现了两段“一字师”故事。

在延安，吴玉章写了一首《和朱总司令游南泥湾》诗，其中写到南泥湾旧时衰败景况，说“纵横百余里，回乱成荒地”，“回乱”指的是 1869 年清王朝派左宗棠镇压的西北回民叛乱。后来征求身边一位小服务员的意见，小服务员对“回乱”提出意见，认为诗中好像把南泥湾变成荒地的责任归到“回乱”上，不好，应改。吴老听了，非常赞赏，经反复推敲，改为“剿回”二字。以后，吴老常对人说，小服务员乃是他的“一字师”。

在重庆，郭沫若的历史剧《屈原》上演了几场，其中第五幕一场婵娟斥责宋玉的一段话：“宋玉，我特别地恨你，你辜负了先生的教训，你是没有骨气的文人。”郭沫若对最后一句话总感到听起来不够味。在剧中扮演钓者的演员张逸生说：“不如把‘是’改为‘这’，你这没有骨气的文人，那就够味了。”郭沫若听了，觉得改得好，他接受了张逸生的意见。同年 5 月，他还专门为此事写了一篇文章，标题就叫“一字师”。

（余　鸣）

范仲淹修改文章
——“一字师”一例

常言道：“文章不妨千次磨。”在中国文学史的长河中，流传着许多文人学士精心修改自己的文章，认真推敲自己的作品的佳话，什么“两句三年得，一吟双泪流”“吟安一个字，捻断数茎须”等。但也不乏文学大家虚怀若谷，认真听取他人意见，修改自己作品，使之臻于完善的例子。

北宋政治家、文学家范仲淹曾经做过桐庐县（今浙江省桐庐县）县令。在任期间，他曾在东汉著名隐士、光武帝刘秀的同学严子陵隐居钓鱼的地方，建造了严先生祠堂，并亲自写了一篇颂扬严子陵高风亮节的文章《严先生祠堂记》。此文的结尾有四句颂诗：“云山苍苍，江水泱泱，先生之德，山高水长。”

一天，老朋友、江西南丰人李泰伯造访，范仲淹拿出了自己的这篇新作向他征询意见。李泰伯一边读一边赞叹文章写得好。末了，他从座位上站了起来，说：“范公，你的文章一经传出，定会闻名于世的。我的浅薄之意是想给你换一个字，使文章更加完善。你看怎样?”范仲淹惊奇地握着他的手询问。李泰伯说：“云山、江水这些词，蕴含的意义很大，有气魄，而用‘德’字来承接它，显得有些不舒展，不协调，把它换作‘风’字怎么样?”李泰伯的话是真知灼见，“云山”“江水”境界阔大，可见可感，而“德”（道德）是虚的，境界也谈不上，虚实放在一起不协调，改成“风”指的是风范，虽也属虚的，但“风”可以引人联想，联想到自然界之风，避虚就实，变为可感之物，意境阔大。这样全诗就协调一致了。听了李泰伯的话，范仲淹聚精会神地推敲了一会儿，不住地点头称好，几乎都要下拜，感谢李泰伯这位一字之师了。

（邱万紫）

用词的幽默

用词是要准确的。用词不准确，不能正确地表达思想感情，也就丧失或损害了语言的功能。军阀韩复榘曾讲“你们大学生都会好几国英语”，被传为笑料。因为他用词概念不准确。如果机智地选用有趣或可笑的说法，使人既明其意，又感到意味深长，那就是幽默。

用词造句的幽默，表面看来不合常规，有悖情理，其实不仅含意明晰，而且词锋讥诮诙谐，意味隽永，表现出健康优美的情趣。

庄词谐用和俗词庄用是常见的。丰子恺有一篇散文写他拔牙与装假牙的事，影射攻击国民党贪官污吏。文章题目《口中剿匪记》，当拔牙时，他“任命易医师为口中剿匪总司令，次日立即向口中进攻。攻了十一天，连根拔起，满门抄斩，全部贪官，从此肃清。我方不伤一兵一卒。全无痛苦，顺利成功。”“任命”“剿匪”“进攻”“满门抄斩”等词都是庄严词语，写拔除病牙，诙谐有趣，一语双关。“阿 Q 说：‘你还不配……’这时候，又仿佛在他头上的是一种高尚的、光荣的癞头疮，并非平常的癞头疮了。”生癞头疮竟然也感到高尚和光荣，不是充分表现了阿 Q 精神胜利法的劣根性吗？介绍人物生平是庄重的，可是漫画家的自我介绍往往妙趣横生。如某漫画家说：“承蒙××漫坛错爱，抬举为漫画研究会会长，每逢想到占着窝儿不下蛋的公鸡，便不觉大汗淋漓。”

褒贬错位，常常出现在作家的笔端。毛泽东在抨击国民党和谈骗局时，采用了褒词贬用的手法，“所谓‘缩短战争时间’，‘减轻人民痛苦’，‘以拯救人民为前提’，这些传遍人间、沁人心脾的名句，再也不提了。”（《毛泽东选集》第四卷）“沁人心脾”是赞美事物给人的清新、爽朗、舒适感觉的褒义词，作为反语修饰蒋介石鼓吹和谈的滥调，极尽揶揄之意。故意用贬词的，如某青年漫画家自我介绍：“本人却‘不务正业’，步入漫画生涯，至今执迷不悟，毫无悔改之意，自我感觉良好。”有些作家用贬词，取其转义，如臧克家：“我是一个两面派，新诗旧诗我都爱。”冰心：“我是护短的，主张写短文。”

使用大词故意夸张，造成幽默情趣。左拉《陪衬人》叙述百万富翁杜朗多用出租丑女的卑劣手段牟取暴利，说他是“具有独创精神的工业家，而今又在商业上显露出他的才华。”“他使人类迈出了新的一步。”“杜朗多的大名流芳后世。”阿Q“既没有号——也许有号，只是没有人知道他——又未尝散过生日征文的帖子：写作阿桂，是武断的。”也是明显的例子。

有时故意选用谦辞和内涵狭小的词，也可造成幽默情趣。鲁迅在《范爱农》中说：“我被摆在师范学校校长的饭碗旁边。”把写作《阿Q正传》——正是一篇流芳后世的不朽著作，说“要做这一篇速朽的文章”。他还在文章中使用口语俚语，如说王金发是“绿林大学出身”，自己“运交华盖欲何求，未敢翻身已碰头”。可见，选词造句时突破常规，适当地灵活调度，既能表达深刻的思想，又闪耀幽默风趣的光华。

（苗守正）

从韩愈替贾岛选词说起

《唐摭言》《鉴戒录》《刘宾客嘉话》《唐才子传》等许多著作，记载以苦吟著称的唐诗人贾岛的遗事趣闻颇多，其中有一则关于选择词语的故事流传极广，故事说：

有一天，贾岛在马上吟得“鸟宿池边树，僧推月下门”两句话，觉得颇满意，但又想把“推”改为“敲”字，一时决定不下，就用手做推敲之势，不觉“神游物外”，连马也失于驾驭，任它冲入一队人马中去。等到被押到一位官员马前时，贾岛才如梦方醒。正巧，这位官员竟是韩愈，他听了贾岛诉说原委之后，竟“立马良久”，说道：“‘敲’字佳。”于是，两个并驾而行，结成了“布衣交”。

这就是后来被广为传播的“推敲”一词的典故。韩愈是一个著名的诗人和散文家，完全有理由被称为语言大师。他“立马良久”，为贾岛选词，认为“敲字佳”是很有道理的。现在拿“推”与“敲”在这两句诗中的作用，略加比较就清楚了。

“推”与“敲”都是动词，意思都是为了把关着的寺门打开。但二者作用是不一样的。当时和尚回寺，已是夜深人静了，寺院门前的树上，鸟儿已经不再啼鸣，安安静静地在巢中“宿”下了。寺院门紧紧关闭着，里面的和尚累了一天，也许早就安睡了。因此，和尚要进寺院，“推”门是推不开的，必须“敲”方能敲醒守门僧。“敲”字，似可听到静夜之中的笃笃声。这个“僧敲”才正与上句“鸟宿”一词相照应。如果用“推”自然就少了这层意义了。从词义的分析看，韩愈选“敲”之妙，不需细说。

不过，如果仅仅是这些意思，恐怕推敲的故事，尚不足为文人墨客传为佳话，应该说，还有更深刻的意思，那就是韩愈不仅推敲了词语意义，而且推敲了词语的声音。

作诗要讲究音律美，必须考虑到它的用字的音韵的各种因素。从韵母上看，“推”是开口度不大的字，与它相对称的上句中的“宿”又是一个小口型的字，念起来就不够响亮了，也吟不出抑扬高低来，势必呆板。而韩愈选定一个开口度很大的“敲”字，其效果就不一样了。这样一来，上句“鸟宿”是大开口字加小开口字，对句“僧敲”是小开口字加大开口字，上下对仗，不仅字义上对得工巧，声音上也对得工巧，念起来自然流畅，抑扬顿挫，朗朗上口，易吟易唱了。

诗词歌赋一类韵文，只讲词义，不讲韵律，一定是作不好的。这个道理很浅显，因为韵文，从古至今，它不是给人“视”的，而是要吟唱的，作者的思想是用人的嘴传达给听众的。试想，如果韵文拗口难念，怎么吟？怎么唱？无法吟唱的韵文，怎么会有生命力！很多读者一定记得，“文革”时期，语录歌曾经风靡一时，但是很快就销声匿迹了。其中一个重要原因，是它违背了诗歌必须具有语言美、讲究韵律、易吟易唱等规律。当然，也有政治等方面的原因。

作诗要讲究音律美，作散文也是要讲究声音美的。一篇文情并茂、语言优美的好散文，读起来也应该是顺口悦耳的，否则，不管意义怎样深刻，感情多么充沛，而文字佶屈聱牙，念起来十分费劲，就算不得一篇好文章了。

其实，我这个意见并非什么新见解，早在60年代，著名语言大师老舍先生就说过，而且说得十分透彻。他说：

> 我写文章，不仅要考虑每个字的意义，还要考虑到每个字的声音。……好文章不仅让人愿意念，还要让人念了觉得口腔是舒服的，随便你拿李白、杜甫的诗来念，你都会觉得口腔是舒服的。因为在用哪一个字时，他们便抓住了那个字的声音之美。以杜甫的“烽火连三月，家书抵万金”来说吧，“连三”两字，舌头不用更换位置就念下去，很舒服（引者按，“连三”两字不仅韵母相同，声母发音部位也相近，声调当时都念平声），在“家书抵万金”里，假如你把“抵”换成“值”字，那就别扭了

（引者按，从韵母上看，在唐代“抵”是舒声，“值”是促声，从声调上看，“抵”是上声，“值”为入声，二字声音相去较远，老舍先生这么说，无论古今都是站得住的），字有平仄，……这就是关于我们的语言之美。为什么不该把平仄调配得好一点呢？当然散文不是诗，但是要能写得让人听、念、看都舒服，不更好吗？有些同志不注意这些，以为既是白话文，一写就是好几万字，用不着细细推敲，他们吃亏也就在这里（转引自《写作论文选》）。

老舍先生不仅是个多产的作家，而且在语言上颇有特色，形成自己独特的风格：叙述口语化，人物语言性格化，平中见奇，质朴自然，寓优美于平淡之中。如果这样概括有一定道理的话，那么，与他注意推敲——既推敲词义，又推敲声音有着密切的关系。这一点，恐怕也是我们应该向老舍先生好好学习的。

关于语言的运用，对初学者来说，既要学习韩愈、贾岛这样的古人，也要学习老舍这样的今人，而且学习当代人更为重要，因为他们与我们更接近，更亲切。

（孟守介）

啰唆先生

从前，有个学生问老师：“先生，啰唆这个词怎么解释啊?”那先生晃着脑袋慢吞吞地说：“啰唆者，啰里啰唆之谓也。即说话啰啰唆唆，絮絮叨叨，也就是说，说话不干脆，不利索。反过来说，语多，话多，即有啰唆之嫌。”

这个笑话虽然有点儿夸张，然而在现实生活中，类似这个啰唆先生的人还是屡见不鲜的。

有人写信，开头总是“近来工作忙吧，任务紧吧，精神愉快吧，身体健康吧”之类的话，好像没有这“四吧”就不成其为信似的。有人写总结，开头总爱写“在中央和上级党委的正确指引下，在我单位党支部的具体领导下，在××精神的鼓舞下，在全体职工的努力下……”，好像没有这“四下”，就不成总结了。这种公式化的开头，俗不可耐，然而有些人却视为楷模，津津乐道……

一般人如此，就连文人的作品中，有时也有这种现象。

《小说选刊》1987 年 6 月号第 45 页上，有这么一句话：“想起史奶奶往日这些恩典，刘再生的肠子下水都发热……”“下水”这个词，本来就是指“肚（dǔ）子和肠子”，那么，“肠子下水”的意思不就是“肠子、肚子和肠子”了吗？同刊同期第 115 页上，有这么一句话：“快要关门打烊的时候……”这里的“打烊”一词，本意就是“（商店）晚上关门停止营业”，那么，“关门打烊”的意思，不就是“关门、（商店）晚上关门停止营业”了吗?

啰唆，实质上就是语意重复和烦琐。一句话能说清楚的，偏要说两句；一个词能代表其义的，偏要用两个或更多。“往事”的意思是“过去的事情”，可是有人却说“过去的往事不要再提了”。“凯旋”的意思是“胜利归来”，可是有人爱说“凯旋归来”。再如：我们仿佛好像见过面，他正在看报刊杂志，这件事，真是出乎意料之外。有人写了一首诗，“日落黄昏晚风吹，一个老翁独自归。抬脚迈腿慢移步，关门闭户掩柴扉。”四句诗中，每句都有几个意思重叠加起来的词语，也真够啰唆的了。

这里应该说明一点，重复并不都是啰唆。为了表达的需要，有时故意使同一个词语或句子一再出现，形成缓慢的节奏，造成特殊的效果，这在写作上非但允许，而且还是一种修辞手法呢。例如柯岩的《周总理，你在哪里》：

总理呵，我们的好总理！
你就在这里呵，就在这里！
——在这里，在这里，
　　在这里……
你永远和我们在一起
——在一起，在一起，
　　在一起……

“在这里”出现了五次，“在一起”出现了四次，它们表达了诗人对周总理深沉怀念的感情，这是修辞上“反复”手法的运用，和啰唆不能相提并论。

（韩敬华）

善造境，书生巧解商人困

在旧时代，商人重利轻文，追求的是蝇头小利，故社会地位不高，特别是为知识分子所贱视，而他们却千方百计地想在高雅之堂中占有一席之地。

传说清朝乾隆年间，扬州有一富商，一次做东大宴宾客，广交士人以提高自己的社会地位。席间，一致议决以古人诗句飞红为令联句。依次轮到富商时，只见他从座位上站了起来，脱口而出地吟道："柳絮吹来片片红。"众客一听，大为哗然。柳絮是雪白的，这是普通常识，何处见过红的呢？正当富商处在尴尬局面无法下台时，一位书生站了起来，帮他摆脱了困境，胡诌说这是元朝人描写扬州的诗句，上句是"夕阳返照桃花渡"，并随口念道："廿四桥边廿四风，凭栏犹忆旧江东。夕阳返照桃花渡，柳絮吹来片片红。"吟罢，众宾客击掌称好。富商甚为感激书生的帮助。书生随机应变，敏捷的才思的确令人叹服。富商那句大谬不然荒唐至极的诗句，经书生略加点染，点铁成金。试想，夕阳返照下的桃花，一片火红，红得耀眼，甚至连空气也变成了红颜色，因而飞来的柳絮被染成了红的。这意境该是多美啊！春天的美丽、旺盛的生命力该多引人遐思啊！书生真是善造境。正因为如此，那句显然不合理的诗句才变得合情合理了，堪称绝唱。

这个故事说明了一个人必须善于观察生活，有高深的文学造诣，才能写出好作品。

（邱晓彤）

虚词删增的学问

读过王勃《滕王阁序》的人，无不记得那“落霞与孤鹜齐飞，秋水共长天一色”的佳句，人们对它赞不绝口，但对句中“与”“共”虚词的用法却有不同见解。

一则笔记小说记了这样的故事。王勃死后，《滕王阁序》不为人重视，滕王阁下的江面上常常闹鬼。这鬼很奇怪，常拦住行人，让其背诵《滕王阁序》中“落霞与孤鹜齐飞，秋水共长天一色”，背不出来就会被捉弄。传说是王勃死了，为此佳句被人遗忘而死不瞑目。但是有一天，这个冤鬼遇到一个不买账的人，二人进行了一场辩论。那个人理直气壮地说：“这两句话又有什么值得背诵陶醉的，照我看，并不怎么样，如把句中的‘与’‘共’圈去岂不更简洁、更通达?”鬼听后，羞愧下潜，从此那里不再闹鬼。

编这个荒诞故事的人刻意挑王勃的毛病，好像在吹毛求疵，但也并非没有道理。王勃的这两句话中，删去“与”“共”是完全可以的。老舍先生就同意这种意见。他在《写作论丛》的一篇文章中引用了这则故事后，还劝导大家，尽可能不用或少用虚词。老舍的意见是对的，因为虚词多了，段与段、句与句之间就显得松散，甚至多次转折会把读者绕糊涂了。一般说，能不用虚词的最好不用，使话语显得简洁、明快，千万不可像小学生学造句那样，生拉硬拽地把“因为、所以，不但、而且”之类用在一句之中，让人读了生厌。

清代人潘永因编的《宋稗类钞》却记载了另一个增加虚

词的故事。一天，宋代大文学家欧阳修受朋友之托，写了一篇《相州锦堂记》，开头的两句为“仕宦至将相，富贵归故乡”，写好交稿后又索回要求修改，几天后主人接到欧阳修的改定稿一看，十分奇怪，看不出与原稿的差别。后经仔细校对，才发现作者将开头的两句改为“仕宦而至将相，富贵而归故乡”，比原稿增添了两个虚词“而”字。主人一咏三唱后，拍案叫绝，大为赞赏。从字面上看，只增两个“而”，但读起来语气由急促变得舒缓，音节更和谐，增加了文句的节奏感和音乐美。

文章写在纸上没有声音，但读起来就有了声音。既然要人读出声音，就得讲究音乐美，要和谐而富有节奏感。曹靖华说：“不但诗要讲节奏，散文也要讲这些，讲音调的和谐。也应下字如珠落玉盘，流转自如，令人听来悦耳，读来顺口，不至佶屈聱牙，闻之刺耳，给人以不快之感。”这话说得十分透辟，也是这位老作家笔耕 60 年的经验之谈。

上面引了两个故事，一个是删虚词，一个是增虚词，这正是矛盾的统一。用词必须看需要，不该用之处，多一个也不要，该用之处，又绝不可少。历来作文讲究增一字则嫌多，减一字则嫌少，这就叫作恰到好处。用虚词就是以恰到好处为佳。

（孟守介）

切忌想当然

词语释义要做到正确无误，自然是不易的，需要很多条件，决不是一篇小文章可以说清的，但是，说说纠正想当然，凭主观猜测的毛病，恐怕不是多余的，因为这类毛病不仅一般语文工作者易患，就连大学问家也偶尔难免，因此，特别值得注意。

北宋大文学家苏东坡有首《卜算子》词云：

> 缺月挂疏桐，漏断人初静。谁见幽人独往来，缥缈孤鸿影。惊起却回头，有恨无人省。拣尽寒枝不肯栖，寂寞沙洲冷。

如何理解这首诗，前人是不一致的。黄山谷认为，虚无缥缈，主题不明。《词学筌蹄》的作者周瑛则认为主题明确，表达了作者因赵宋皇帝不了解自己，郁郁而不得志的心情：“拣尽寒枝不肯栖”是不肯苟安于高爵显位，“寂寞沙洲冷”是指作者对自己地位的不满，是一首政治诗。明朝的文学家郎瑛，对这种解释十分满意，认为得了苏氏原意，解释得正确，但有一点认为原词“鸿”不能栖于“枝”上，当改“枝”为“芦”才好。并为此而洋洋得意。其实，上述三位学者的说法，均不是苏东坡的原意。苏州人王勉夫的《野客丛书》中有段令人信服的记载：这首诗作于惠州白鹤观。当时惠州有一个漂亮的女子，年已 16 岁了，不愿嫁人，听说大文学家苏东坡到了惠州，而且住在自己附近，于是常常一个人深夜徘徊在苏轼吟诗的窗外。一次，苏轼发觉有人在窗外徘徊，推窗去望，那女子却含羞跑开了。后来，东坡先生也打听了那女子的情况，也有人为之提亲，由于东坡先生急着要离开惠州，这事就耽搁下来了。谁知过了一段时间，苏东坡又返回惠州的时候，那女子却死了。好事未成，香魂埋葬在沙滩上。东坡在后悔失望之余，便写下了这首词。这首词上阕头两句是写：一个晚上，弯弯的月牙儿挂在天上，周围静悄悄的。后两句的"幽人"指那女子，她如缥缈的孤鸿，来了又去了。下阕是写那女子想追求而又不知如何得到意中人的爱的惆怅心情。末句则写那女子孤魂埋葬在沙丘上，那样寂寞冷清。通篇寄托作者怀念爱恋之情，实在是与赵宋皇帝不相干的。

这种想当然，自然也可以看作是"作者不然，读者未必不然"的，但毫无根据地推测，并据此去分析作者的政治态度，岂不大相径庭了？这种想当然，主要是不了解原作的背景。

从上面的例子看，要做到不想当然，切忌凭个人经验主观武断，还要切忌只凭字面望文生义。

（鲁启华）

由“暗香”“疏影”所想到的

——主语和谓语必须搭配得当

北宋初，著名诗人林和靖写过一首咏物诗《山园小梅》：“众芳摇落独暄妍，占尽风情向小园。疏影横斜水清浅，暗香浮动月黄昏。霜禽欲下先偷眼，粉蝶如知合断魂。幸有微吟可相狎，不须檀板共金樽。”这是一首吟咏梅花的著名诗篇，诗人着力描写梅花清幽、淡雅、不染尘俗的品性，借以表达自己孤傲不俗的情操。特别是“疏影横斜水清浅，暗香浮动月黄昏”两句，成为描写梅花的绝唱，为后人所广泛传诵。

可是，“疏影”等两句名诗并非纯是林和靖所创造的，它是点化前人诗句而成。五代南唐江为有残句：“竹影横斜水清浅，桂香浮动月黄昏。”林和靖只是把江氏的残句改动了两个字，把“竹”改成“疏”、把“桂”改成“暗”，就变成了千古佳句；而原作除了部分文学史家外，恐怕没有多少人知道。这可是一件有趣的事。什么原因呢？还是让我们先来看看这两句的句子结构吧！在两句诗中，“竹影”“桂香”分别是该句的主语，“横斜”“浮动”分别是谓语，“水清浅”和“月黄昏”是状语后置。这样一分析，我们就会发现，原诗的主语和谓语搭配不当；经林和靖一改，句子的结构没有改变，但主语“疏影”与谓语“横斜”、主语“暗香”与谓语“浮动”搭配得很好，非常熨帖。竹子应是挺拔的、向上的、不曲不挠的，不是向横的方向生长，“横斜”岂不是东倒西歪，尚有何美可谈？相反，梅花以疏为美，以曲为美，直则无姿态，所以疏影横斜就显出美来。桂花香气浓郁，弥漫四方，有“桂花开来十里香”的说法，其香气袭人，用“浮动”一词来形容是不恰当的。浮动者，时有时无之幽香，似断似续，“仿佛远处高楼上渺茫的歌声似的”（朱自清先生《荷塘月色》中形容荷香的清香的名句）。梅花香气清幽，如丝如缕，时有时无，和动词“浮动”的搭配真是天衣无缝。所以，二诗虽然只是二字之差，却是天渊之别。江氏原句主谓搭配不当，不但未能写出竹形的特点，也未写出桂花的风姿，未能构成一个统一和谐的意境，读者也感触不到诗中主人公的思想感情，因而不仅整首诗没有流传下来，就是留下的残句也少有人知晓。而林和靖强调梅花的“疏影”“暗香”，主谓搭配得十分恰当，这就抓住了梅花的本质特征，写出了它清淡娴静的美，寄寓了诗人的审美理想，也反映了诗人清静淡泊的隐逸生活情趣和不染尘俗的高洁品性。“暗香”“疏影”甚至成为梅花的代名词，南宋的姜夔写了两首著名的咏梅词，创造了《暗香》《疏影》两个调名，可见其艺术的感染力之强。

当然，在林和靖生活的年代，汉语还没有今天的主语、谓语的术语，但由于作家的文学修养，对大自然的观察，创作中反复推敲，知道怎样搭配、形容才符合规律，这就和汉语的语法规律相合。因此，生活在现代的人更应学好语法，掌握汉语规律，为我所用。

附带说一句，林和靖之诗的成功还和两个后置状语有关。“水清浅”“月黄昏”起到了很好的衬托作用，使整个句子的主干和修饰语搭配得好，融合一起，妙合无垠，锦上添花。但这已不是本文所要详加分析的了。

（邱晓彤）

病句修改略说

有些人，甚至是做宣传工作的人，对语法知识的学习很不以为然。而他们的文章、演说中出现的某些病句，却常常妨碍了他们准确地表达意思，甚至贻误工作。

因此，学点语法知识，学会分析、修改病句很有必要。它可以提高我们运用语言的能力。病句修改的学问很多。这里主要是结合病句的类型说说病句的修改问题。

病句的类型很多，如成分残缺、语序紊乱、相关成分搭配不当、结构杂糅等。

（一）成分残缺。成分残缺就是句子结构不完整，缺少必要的成分。例如：

（1）总政文工团的演出，受到观众的热烈欢迎，对这次演出赞叹不已。

（2）通过这篇文章，热情歌颂了甘做“泥土”、“人梯”，呕心沥血育人才的人民教师。

（3）我们一定要增加生产、厉行节约的号召。

例（1）两个分句的主语不同。第二个分句缺少主语，应在“对这次演出赞叹不已”前补充主语“观众”。例（2）滥用介词“通过”，使“这篇文章”成为介词的宾语，失去了做主语的资格。整个句子就没有主语了。应删去“通过”，让“这篇文章”做主语。例（3）缺少谓语，应在“增加”前加“响应”。

（二）语序紊乱。汉语的语序很重要。语序乱了，也会造成语法错误，引起意义上的混乱。例如：

（1）这次会议对培养干部问题交换了广泛的意见。

（2）这是有效的治疗高血压症的方法。

例（1）做定语的“广泛”，应该做“交换”的状语，改为“广泛地交换了意见”。例（2）复杂的定语“治疗高血压症”应放在简单定语“有效”的前面。

（三）相关成分搭配不当。相关成分搭配不当有主谓搭配不当，述宾搭配不当，定语、状语与中心词搭配不当等。

（四）结构杂糅。

了解了病句的基本类型，还要学会检查病句的主要方法。这就是“简缩法”和“类比法”。

要判断长句子是否有语法错误，可用简缩法来检查。简缩法就是去掉句子的附加成分，保留句子的主干的方法。例如：

他在长期的研究实践中建立了经济学研究的基本方法。

利用简缩法检查这个句子，可以发现述语“建立”和宾语的中心词“方法”搭配不当，可以把“建立”改为“形成”或“摸索”。运用简缩法可先找出句子的主干及它们之间的问题，然后再检查句子主干与附加成分之间以及附加成分内部是否有问题。

对于某些感到不符合语言习惯，又找不出毛病的句子，可以运用“类比法”检查。类比法就是仿照某句的格式另造一些句子的方法。

总之，了解语言结构的规律，学会分析、修改病句，可以使我们对语言的运用从自发到自如。这样，可以大大提高我们做宣传工作的水平。

（李明之）

王维和王安石读古书闹的笑话
——谈通假字

王维、王安石都是历史上有名的人物。王维是盛唐时代的大诗人、大画家，被人誉为“诗中有画，画中有诗”。王安石是北宋时的大政治家、大文学家，是唐宋古文八大家之一。他们是文化名人，对我国古籍自然是精通的。然而，“智者千虑，亦有一失”，就是这些文化名人，由于时代局限，不明白通假字的道理，仍不免在读古书方面闹出笑话，以至成为后人谈话的资料。

《庄子·至乐》篇中写了一个寓言故事：“支离叔与滑介叔观于冥伯之丘，昆仑之虚，黄帝之所休。俄而柳生其左肘，其意蹶蹶然恶之。”意思是说支离和滑介两个人在昆仑山黄帝休息过的冥伯丘坪上观察自然，忽然，支离的左胳臂肘上生出了“柳”，他很吃惊并感到厌恶。王维对这一个故事十分欣赏，在写诗时不止一次地引用这一典故。

王维在七言古诗《老将行》中写道：

自从弃置便衰朽，世事蹉跎成白首。
昔时飞箭无全目，今日垂杨生左肘。

说的是一位老将军年轻时征战沙场，本领高强，屡建奇功。但年老衰朽不再被任用了，岁月蹉跎干不了事了。他过去箭法那样好，射飞鸟的左眼就不会误中它的右眼，而现在呢，由于弃置不用，筋骨衰朽，以至左肘上竟长出了一棵垂杨来。

王维引用了庄子“柳生其左肘”的典故，他自己还很得意地注明出典，为了字数关系，他把“柳”改换成了“垂杨”。王维在另一篇五言古诗《胡居士卧病遗米因赠》中，又引了《庄子》这个典故，说“徒言莲花目，岂恶杨枝肘”，也是将“柳”换成了“杨”。

对于王维这种用典，有人持否定态度，指责他“误用”“误甚”。但也有人赞赏，认为他另有深意。甚至有的人为之辩解，说这是夸张，由于肘衰朽，竟长出杨树来。其实，这是王维因不了解通假字，误会了原意闹了笑话。原来《庄子》是说支离的左肘上忽然长出个“瘤”子，而“瘤”这个字是后来造出的，当时可能还没有这个字，于是就用“柳”来代替了。把长出了瘤子误解成“柳”树或杨树，当然就是大笑话了。

《诗经·豳风·七月》中有一句“八月剥枣”，这里的“剥”也是个假借字，应是“扑”字，意思是“扑打”。“扑枣”，就是“打枣”，现在北方话中收枣子还叫打枣呢。王安石著《诗经新义》一书，对这里的“剥枣”，注为“剥其皮而进之，所以养老也。”这是拘泥于“剥”的本义讲解的，然而给老人剥枣皮恐怕是十分奇怪的事，我们知道，枣子除非煮熟了，不然皮是很难剥离的。这也正是王安石不懂通假字闹了笑话。

古书中用通假字的现象是很常见的。这大体上可分为两种情况。第一种是造字的假借。《说文解字》说的“本无其字，依声托事”，就是说本来没有那么个字只好按声音关系找一个字来代替了。比如表示瘤子的“瘤”，《庄子》时代因没有这个字，就用音近的“柳”代替了。再比如表示困难和容易的“难”和“易”字，都是因没有本字而假借的。“难”本是鸟名，“易”本是蜥蜴。另一种情况是用字的假借，就是已有本字了，写字的人一时想不起来该怎么写，就写了一个音同或音近的字。这一类情况与前一种不同，这实际上是写了别字。比如本来已有表示“早晚”的“早”字，《孟子·离娄下》“蚤起，施从良人之所之”，把“早”写成了“蚤”。再如《荀子·劝学》“君子生非异也，善假于物也”，这里就把表示资质、禀性的“性”字写成了“生”字（当然，有人讲作“生”是“生下来”，可以讲通，但通观荀子整个思想，应该作“性”讲）。古书中这种通假字不少，现代不少写字多年的学者偶尔也会写错别字，在这方面古人也会是这样的。

古书通假字有一个原则，就是字在语音上应该彼此相同或相近，声音毫不相干，是不好通假的。通假现象给后人读古书增加了困难。我们读古书时，应该留神通假问题，要冲破这个字形方面造成的迷雾，才能避免闹出王维、王安石那样的笑话。

（余　鸣）

一“点”不能马虎

传说古时候，有一个画家，喜欢画四不像的动物。有一天，他画了一张老虎头、马身子的画。朋友问他：“这画的是马还是虎呢?”他说：“管他是什么，马马虎虎吧!”挂在墙上，他的大孩子问：“爸爸，这是什么?”他漫不经心地回答：“是马。”改日，二孩子问他，画家又心不在焉地回答说：“是虎。”两个孩子马虎不分。一次大孩子遇到一只虎，认为是匹马，想抓住骑上，结果被虎吃掉了；二孩子碰到一匹马，认为是虎，引弓把马射死了。

画画不能马虎，使用语言文字更不能马虎。一点一画，关系重大，一“点”也不能马虎!

古时候县官判案，按案卷所写情节定罪。有一名白天破门而入的抢劫财物的凶犯，应判死刑。强盗家里人贿赂县衙里的孔目（孔目官，掌管档案目录的官员），偷偷把案卷“某盗大门而入……”一句中“大”字添了一“点”，成为“犬门而入”。县官阅卷后，按从狗洞钻入，偷鸡摸狗的一般盗窃案论处，免于斩首，从轻发落。这像蝇屎样的一“点”，竟然使凶犯免于一死，非同小可。

谈到清史，有人说：雍正继承皇位，是靠在谕旨上添了一笔而夺位的。康熙晚年，各皇子拉帮结党，争夺继位的斗争十分激烈。十四子胤禵，有才有功，处于要职，为康熙所器重。四子胤禛（雍正）也受到康熙赏识。由于康熙病逝猝然，只有几位皇子和雍正的舅舅隆科多在宫。因此隆科多传遗嘱，雍

正上台后，就流传：圣祖皇帝原传位十四子，皇上将“十”字添一笔改成“于”字篡了位。这桩历史疑案，我们且不考辨，留待史学家研究。但从使用文字的角度可以看出，一笔一画事关重大，有时竟关系天下的得失！

这些都是传闻。而今天在四化建设中，由于一点一画差错而造成巨大经济损失和恶劣政治影响的事情，却是屡见不鲜的。请看：

多一“点”，损失 16 万元。1986 年乌鲁木齐市挂面厂，在日本印制塑料包装袋一千卷，重十吨，工本费 16 万元。可是，这批塑料包装袋漂洋过海，从日本运到厂里，打开一看，“乌鲁木齐”竟印成了“鸟鲁木齐”，原设计样给“乌”字添了一点。印制单位没有责任，厂方只好报废，损失16万！这就是并不起眼的一“点”的经济价值。

又是多一“点”（顿点），打一场旷日持久的官司。前年某外贸公司向粮食部门订购若干吨黄白芝麻准备出口，签订的合同上写成“黄、白芝麻若干吨”。数月后，粮食部门运交黄芝麻和白芝麻各若干吨交货，外贸部门拒不接收。他们说，出口的是黄白相间的芝麻。然而经济合同具有法律效力，它又明明多一个顿点。双方各执一端，诉讼到经济法庭，结果既耗费时日，又严重影响正常贸易的进行。

少一“点”（小数点），使30万人蒙受不白之冤。1986年12月26日，《中国妇女报》头版头条刊出一条消息：《近亲婚配，波阳三分之一人口患遗传病》。报纸传来，波阳引起轩然大波，外地亲友也都纷纷写信，关切地询问。波阳全县共有人口106万。文稿作者仅根据一千多人的抽样调查，所得比例，而推出有3万人患遗传病，约占全县人口3.1%。怎么竟会是三分之一呢？原来编辑同志不慎，误将3.1%看成31%，取其约数，又改作三分之一。三分之一人口，就有三十五万之多。这一“点”之差，竟意味着三十多万人重病缠身，生命垂危。看，其貌不扬的一“点”（小数点）被抹杀，竟发生这么一件令人瞠目的奇闻！可见，一“点”一画，形体虽然渺小，作用却是巨大的。

我们的汉字就是由点、画构成的。一“点”的有、无，位置在上、下、左、右，就会构成不同的汉字。拿汉字的独体字来说，“主——玉——王”“大——太——犬”“厌——庆”“今——令”“刀——刃”“几——凡”“万——方”“尸——户”“木——术”“斤——斥”“又——叉”“九——丸”“艮——良”“冶——治”“冼——洗”“刁——习”……都是依据有无一点，或一点在哪里来区别的。而这些独体字又派生出许许多多合体字来。当前，为什么某些人常写错别字？轻视一“点”，马虎随便，恐怕是一个重要的原因。

从汉字构造来看，有没有那一“点”，都是有道理的。例如“步”字，甲骨文为两个脚印“”，演变为小篆两个“止”字，“”，现代楷书仍为两个止字变形，“步”自然不应随便加一点，误写成“步”。“盲”是会意字，古代“亡、无”相通，亡目，即无目，为盲。当然不应误写为“育”或“肓”。汉字中形声字占绝大多数，相似形旁如“衤——礻”“⺗——水”“宀——穴”，相似的声旁如“氏——氏”“令——今”“叚——段”，只要我们注意加以区别，就可以正确地使用一批汉字。

一切伟大的作家、学者对于一点一画都是决不马虎的。英国著名作家王尔德举行宴会，宾客们济济一堂，等他很久。当他匆忙赶来，施礼道歉，说明缘故，竟然是临来时想到一句诗稿要修改。他十分满意地笑着说，删去了一个逗点，然而，经过反复思考，又把它加进去了。

这真是一“点”也不马虎呀！

（苗守正）

老虎打盹和名家错字

老虎还有打盹的时候呢，所以，作家，即便是知名作家，写点错别字似乎也不必大惊小怪。

然而，我还是想说一说。就从《小说选刊》1988年第6期的两篇文章说起。

一篇是谌容的《懒得离婚》。她在开篇不几句写道："记者部的例会，照例热热闹闹。平常日子各路记者撒下去，跑机关的，跑工厂的，跑农村的，跑学校的，跑旮里旯栏儿的，各有使命，各显神通，难得见面。只有每星期一的例会，老、中、青记者们聚会一堂。……"旮里旯栏儿？该读作gālilálánér了。方言乎？新词乎？想必都不是，而是"旮里旮旯儿"之误吧。"旮旯"两个字，的确非常容易让人写错。

另一篇是张洁的《鱼饵》。文章中有这样一段话："把一个活了60年的人的过去叫一辈子大概不算言过其辞。"这"言过其辞"，是不是"所说的话超过了所说的话"？叫人难以捉摸。也许还是"言过其实"贴切一些。还有下面的一段话："湖边的山石并不狰狞，平和规整如市内公园内的长椅，隔山差五列于湖旁极便游人憩息。"只知有"隔三差五"，"隔山差五"则闻所未闻。我猜想，作者说不定受了天津方言的影响，因为天津语中，一二三的"三"和上高山的"山"是分不清楚的。至于此文中把"鱼钩"一律写成"鱼钓"，不知是出于幽默还是源于疏忽。也可能是出于排印之误。但"见BA蹩得几乎肠子梗阻"的"蹩"一定是错了，当为"憋"；"扣板机”也应写作“扣扳机”才对。

作家往往文债累累，知名作家更是如此。写作起来，千言万言，洋洋洒洒，精疲力竭，“打个盹”实在是在所难免。作为读者，总希望他们写作时“不打盹”，做到少写或不写错别字以免误人子弟。但愿这不算苛求于人。

（李志江）

和尚化“绿”

我们所使用的方块形的汉字，是由点、横、竖、撇、捺、提、钩、折等基本笔画构成的。一个字一个样子，形体复杂，容易念错。

错读的原因很多。有些字，形体相似，只有一些细微的差别，如“己”“已”和“巳”三个字，差别仅仅在于不封口，半封口和全封口；“戊”“戍”和“戌”三个字，差别仅仅在于里面有无一点或一横。有些字，不仅形体相似，而且意义也很接近，如“折”“拆”“析”三个字。还有许多形声字，由于汉语语音的发展变化，声旁已不再起注音作用了，如“涸”（hé）、“吼”（hǒu）和“忾”（kài）等；有些字声旁不完全起注音作用了，如“哺”（bǔ）、忏（chàn）等。对于这些形体相似、意义接近和声旁起了变化的汉字，我们一定要仔细辨识，如果马马虎虎，不求甚解，就要念错音，闹笑语。

随便举几个例子吧。有人老是把“臀（tún）部”念成“殿部”，把“酗（xù）酒”念成“凶酒”，把“棘（jí）手”念成“辣手”。对成语中某些字的意义了解不透，把“负隅（yú）顽抗”念成“负偶顽抗”，把“鬼鬼祟祟（suì）”念成“鬼鬼崇崇”，把“如火如荼（tú）”念成“如火如茶”，把“惴惴（zhuì）不安”念成“揣揣不安”，把“受宠（chǒng）若惊”念成“受龙若惊”……

有个商人，识字不多，却好卖弄文墨，显示自己。一次他和几个同伴到江心寺游玩，看到寺门口写着的“江心赋”三个字，便大惊失色地说："哎呀，有贼！"同伴们都慌了手脚，忙问："哪里有贼？"商人指着三个大字说："那不是贼吗？"同伴们看后笑着说："那不是贼，那是赋。"商人摇摇头说："富（赋）倒是富，就是有点贼样子。"

西子湖畔有座岳庙。据说，有一次纪晓岚和一位做和尚的朋友在岳庙门前游玩，碰上两个书生指着庙门上的字在争辩。甲书生说念"兵廟"（"庙"的繁体字），原因是里面坐着个带兵的人。乙书生说念"岳朝"，原因是里面坐着岳王爷，旁边文武官员在向他朝贺。两人谁也说服不了谁，只好问那个和尚。和尚指出他们都错了。两书生挺不服气。和尚说："二位不信，请问问这个京城来的大学士吧。"两书生问和尚叫什么名字，和尚并不答话，只在地上写了"纪晓岚"三个字。两书生看过字说："是该请教一下大学士纪晓风了。你这白肚皮的和尚不配跟我们解答问题，还是化你的绿（缘的误认）去吧！"

我们一定要端正学习汉字的态度，努力掌握汉字（尤其是常用汉字）的形、音、义，特别要分辨清楚那些在形、音、义方面容易混淆的字，切不可闹出上面所说的商人、书生似的笑话来。

（韩敬华）

充分发挥汉字在文化学习中的作用

这是一个真实的故事：有一个学生长期分不清经线和纬线，哪个是连接南北的纵线，哪个是连接东西的横线，经常把二者弄混。后来，老师给他讲训诂学知识，告诉他“经（jīng）”“茎（jīng）”和“颈（jǐng）”是同源词，都是从直立得义。植物的茎虽然有缠绕茎、攀缘茎、匍匐茎等多种，但大多数植物的茎都是直立茎，如松、柏、甘蔗等等。人的头颈，除开歪脖子以外，都是直的。这些字偏旁“巠”的意义本是“水脉”（其中巛就是川，原来是水流的象形），也是从直得义。“径直”“直径”“胫”（小腿）都跟直义有关。经这样一系联，“经线”自然指直线，学生一下子就记住了，再也不会同纬线混淆不清了。

这个故事说明词源知识、文字知识对汉语学习（不论是汉族人，还是外族人学习汉语）还是有较大作用的。这也是完全合乎记忆的心理机制的。良好的记忆好比爬山，必须找到支撑点，也就是一定的联想关系。词源联系就是一种极好的支撑点。

我国传统的训诂学中包含有十分丰富的有关词源的诠释。但由于西方结构主义学派只重共时描写，排斥历史解释这股潮流的冲击，加之我国语言学界在过去相当长的一段时间内没有很好地贯彻百家争鸣的方针，致使训诂学长期受到冷落，影响了我国的语文教学充分利用训诂学中的精华，为提高语文教学水平服务。当然，我国传统的训诂学也有不科学的地方，对它应该采取分析的态度，但不能因此而全盘否定它的价值。现在结构主义受到美国学者乔姆斯基一派人的批评，名声跌落。乔姆斯基这一派人指出，结构主义只对语言进行描写和分类，不对语言现象进行解释，是十分片面的。乔姆斯基派呼吁建立新的解释型的语言学理论。当然，乔姆斯基所说的解释是从心理机制角度出发的，他因此把语言学看作心理学的一个分支。对此，许多语言学家是不同意的。俄罗斯有些学者现在也不满足于单纯描写和分类，也在大声疾呼要建立解释型的语言学理论，他们指出词源学就是一门有着悠久历史的传统的解释型的学科，呼吁恢复19世纪词源学在语言学中所占有的重要地位。因为正确地、恰如其分地利用词源知识，对提高全民族的语文水平，有很大的意义。传统的词源学自然也存在不少缺点，需要加以提高和革新。

欧洲探索词源只能根据词的语言外壳往上推。汉语的词源研究则比欧洲多了一个十分有利的条件，那就是汉字有时能帮助我们去研究词源。例如，“茎”“颈”“经”都是以“〼”作为声旁。草字头能帮助学生记住“茎”同植物有关。“页”字旁告诉我们，“颈”同头部有关，因为“页”在甲骨文中是头和身的象形，“首”本表示头和头发，所以“页”“首”有共同的表示头的部分。许慎的《说文解字》指出：“页，头也。”因此，“頭（头）、项、颅、颠、顶、额”等与头部有关的字都带有“页”旁。“经”从“糸”，可见同织物有关。上面说到的“经线”和“纬线”是从织布机上的“经线”和“纬线”借用到地理学中来的。《说文解字》上说：“经，织纵丝也。”《玉篇》说：“经，经纬以成缯帛也。”显然，“经”“茎”“径”“颈”“胫”这些词之间的词源联系一旦没有了汉字从字形上加以指示，就很难看出。因为都用jing拼音，就很难将上面那些与“直”义有关的字同“敬”“靖”“静”“净”

“竟”“镜”“境”“景”“井”“警”“晶”“精”“京”“惊”等字分开，分成若干个有词源联系的组别，只好一个词一个词地死记了。因此，只要汉字存在一天，我们就要充分发挥汉字的作用，不要只批评它的缺点，而要借用它来提高我们民族的文化水平。

（伍铁平）

汉字和汉语词汇到底有多少

汉字有多少？至今并没有一个确切数目。由于甲骨文、金文中还有相当数量的字尚未考释出来，看来，很难对汉字数目做出确切统计。

对汉字数量，一般说可以从收字较多的字典大致反映出来。我国第一部系统、完整的字典是东汉时许慎的《说文解字》，这部字典是公元100年编写的，收录9353个汉字。南北朝梁、陈之间顾野王撰写的《玉篇》，据说收字有16917个，现在看到的《玉篇》，经唐、宋人增订，收字达22000多个。宋代王洙、司马光等纂修《类篇》收字31319个，《集韵》收字32381个（有说53525个，因为其中有重文21000多个）。明代梅膺祚撰《字汇》收字有33179个，张自烈撰《正字通》收字也有33000个以上。由张玉书、陈廷敬等编纂的成书于康熙五十五年的《康熙字典》，收字47043个，是我国20世纪以前的收字最多的字典。

20世纪初，欧阳溥存等在《康熙字典》基础上编成一本《中华大字典》，收字48000多个。1955年开始出版的日本人诸桥辙次主编的《大汉和辞典》收单字49964个，但其中有一些是日本人造的汉字，流行于日本国，这本词典注明“国字”。1968年台湾省中国文化学院出版部出版的《中文大辞典》收字达49905个。1986年10月，由四川辞书出版社和湖北辞书出版社出版了《汉语大字典》第一版第一卷，1990年10月全书出齐。这部字典收录单字54678个。2010年，这部大字典出版第二版，收录单字增加至 60370 个。1994 年出版的《中华字海》收字多达 85568 个。如果问汉字有多少？这两本字典收字数目基本上可回答这个问题。当然还不能说它们收录的以外，就没有汉字了。一些没考释出来的古字和流行于个别地方的方言字，肯定还不能说都进入了大字典，但数目毕竟是少得多了。2009 年，北京国安咨询设备公司汉字库收录不重复的汉字多达 91251 个，这是目前所知道的收字最多的字库。

有人说，英国《牛津英语词典》收词 40 多万，美国《韦氏三版新国际英语词典》收词 45 万，比起来，我们的字典收字太少了。说这种话的人恐怕并不了解字典、词典在国内和外国是不同的。在汉语中，特别是现代汉语中，字和词是不同的。词可以是一个字的，如人、牛、刀、手等，可以是两个字的，如勇敢、学习、飞机、沙发等，可以是三个字的，如图书馆、拖拉机、自行车、大锅饭等，也可以是四个或四个以上的字组成的。所以在汉语中，字典和词典是不同的。前者主要收一个一个的字，后者主要收一个一个的词条。比如“中国人民”不过是四个字，但却可以组成人、中、中国、中人、国人、国民、人中、人民、民国、民人等十来个词，《现代汉语词典》收字不过 11000 多个，但收词却有六七万个，而英语、俄语、法语、德语等就不同了，它们字和词是不分的，一部词典收多少字也就是多少个词或词条。所以不能拿我国的字典与外国的字典相比，应该用我国词典与外国字典也就是词典相比。

汉语有多少词汇？没有人做过精确统计。在语法中讲的词汇与词典中收的词汇或词条是不完全相同的。就大型词典或辞典收词来说，新近出齐十二卷正文的《汉语大词典》收词有 37 万 5 千多，台湾编辑出版的《中文大辞典》收字 49905 个，收词也达 37 万多，日本人诸桥辙次主编的《大汉和辞典》收字 49964 个，收词 47 万左右。如果说汉语大型词典词条收得更多些，词条达到五六十万并不是困难的事情。

（京　笛）

合体字与合音字

汉字构造有所谓“六书”原则，即象形、指事、会意、形声、假借、转注，这是约两千年前许慎等人提出来的，它基本上符合汉字的构造特点。六书之中，前四种是造字方法，后两种只是用字方法。在造字法中，会意和形声覆盖了汉字的百分之九十以上，值得特别注意。它们都是将两个或两个以上的独体字合并起来造成新字的，形声字、会意字都是合体字。

会意字，人们从几个独体字合并起来的意思去理解这个字的意思。如“武”，《说文解字》认为是“止戈”组合成的，意思是制止战争（其实，这个字上面是“戈”，下面“止”表示脚，指人持戈，是征伐用武的行动）。“休”是“人木”组成的，由一个人依靠在树上表示休息之意。形声字则由形旁（又叫义符）和声旁（又叫声符）两部分组合的，形旁表示事物的类属或意义，声旁表示字的读音。如“河”字形旁是“水”（三点水），声旁是“可”；“材”字形旁是“木”，声旁是“才”。也有会意又兼形声的字，如“輿”字，《说文解字》说“车舆也，从车，舁声”而“舁”又是表示“抬”的意义，所以是形声兼会意。再如“旄”其中“毛”是声旁，也有表义作用，“㫃”形旁，表示旗子。

会意字产生、发展分两个阶段，早期在象形字基础上形成；后期因字体隶变以后，象形字已不象形了，会意字以方块字表示的字义拼合而成。比如“尖”，取上大下小，一头大一头小的意思，这是很晚才出现的会意字。“卡”由上下拼合形成，不上不下，表示卡在那里的意思。另如“不正”组成“歪”，“不大”组成“奀”，“不好”组成“孬”，“两手分开”组成“掰”等，都是后期的会意字。

形声字的产生，基本上是脱离了纯粹表形，发展到标音阶段。它的形旁，也只是表示意义范畴而已。晚期造字，形声字就特别多了，如化学上的用字“氧、氢、氕、氘、氚、氟、碘”之类就是。

值得注意的是合音字。

早期合音字，是一个字的声音等于与它形体毫不相干的两个字的读音的快读拼合。如“诸”由“之乎”“之于”合成，“旃”由“之焉”合成，“诸”在意义上也相当于“之乎”“之于”，“旃”在意义上也相当于“之焉”。合音字“诸”“旃”作为形声字在形体上与它们所合音的两个字没有什么关系。

到了后期，合音字干脆由两个字拼成，形音义都是拼合了。如“甭”，由“不用”二字形体拼合，音、义也都是“不用”拼合成的，即音为“不用”快读合音，义为“不用”，即“不需要”的意思。这样的字还有“甯”“嫑”等，多为流行于某个地区的方言字。

化学上造新字也使用了这种形、音、义拼合法，不过，不是采用完整的两个字，而只是字的主要部分或声符。

“羟”，由“氢”“氧”二字的声符组成，音也是它们的合音，读成 qiǎng，“羟基”也就是“氢氧基”。必须说明，“羟”这个字形，古已有之。《说文解字》四卷羊部“羥，羊名，从羊，巠声。”但无论音、义，与现代的化学用字毫不相干，原来是个形声字，义为“羊名”，“羊”是表义的形旁，“巠”是声旁，表示声音。而现代造的化学用字“羟”并不是形声字，而是个合音字，“羊”“巠”不是声旁、形旁的关系，而是它们都是拼合字音的声素，意义上都代表原来它们作声旁的字（氧、氢）发挥作用。所以化学上用字“羟”，与《说文解字》中的“羥”，完全是两回事，音义都不同，不过形体相同而已。

“巯”由“氢”“硫”两字的声旁合成，读音为 qiú，化学上“巯基”就是“氢硫基”，音、义都是“氢”“硫”的拼合，而形体只是它们声符的拼合。

“羰”，由“碳”“氧”二字的声符合成，读音是“碳”“氧”的拼合 tāng，化学上“羰基”就是“碳氧基”，意思也是“碳”“氧”的组合。

此外，还有复音合体字，如“瓩”字形是“瓦”“千”的结合，语音上不拼合，仍读为“千瓦”，还有“呎”“唡”“哻”等，都是可读一个音 chǐ、liǎng、xún，又可读两个音：英尺、英两、英寻。《现代汉语词典》早期版本中曾收了一个特别的字：“圕”，从音、义上它都是“图书馆”合成的，是个三音合体字。

（京　笛）

多音字带来的麻烦

同一个字，有两个或更多的读音，不同的读音又表示不同的意义，这是多音字中数量较多的一种，在使用过程中必须多加留意，不然就会出错。比如“参”字，常见的就有 cān、cēn、shēn 三个读音，读 cān 时，是“参加”“参考”的意思；读 cēn 时用于“参差”“参错”等词中，表示不整齐或交错；读 shēn 时，则是“人参”“党参”的通称。再比如“差”字，常见的就有 chà、chāi 和 cī 等读音，意义也因音而不同。由“参”和“差”组成的双音词“参差”，表示长短、高低、大小不齐的意思，读作 cēncī，如把它读成为 cānchā、cānchāi，那就错了。

“行”字，有 xíng、háng 两种读音，都很常用。前者多用于走动的意思，后者多用于行列、行业的意思。“发行”“同行”“一行”这些词语中，“行”念成不同的音，就形成了不同的词语。

发行　fāháng　批发。

发行　fāxíng　发出新印制的货币、公债或新出版的书刊等。

同行　tóngháng　①行业相同。②行业相同的人。

同行　tóngxíng　一起走路。

一行　yīxíng　一群，指一群同行（xíng）的人。

一行　yīháng　一个行列（是数词加量词结构）。

这样“发行”“同行”都是同形词了。“一行”则是一个词和一个词组同形。“一行”中“行”读 háng，可以说“排成一行”，“行”指“行列”；也可以说“干一行爱一行，干一行专一行”，“行”指“行业”。如读 xíng，“一行”指“一同行走”或“同行的一群人”。可说“代表团一行五人前往参观学习”。唐代著名的天文学家“一行”，这个“行”该读什么音呢？有一则谜语，谜面为“鉴真东渡”，谜底就是这位天文学家的名字，因为他是高僧，所以叫他僧一行。如果按这个谜语，一行名字中的“行”就只能读作 xíng，不能读为 háng 了。上世纪八九十年代，我国足球界有一位著名国脚容志行，开始人们误称他为“志 háng”，其实他叫“志 xíng”，意思是“志在必行”。

有些成语，其中有多音多义字，由于读音不同，就会使成语有不同的意思，有的就是两条不相干的成语。

“丧家之犬”中的“丧”有 sāng、sàng 两种读音。有人把“丧”读 sāng，把成语原义解释为“有丧事人家的狗”，主人忙于办丧事，无暇管理，使狗失去照顾、喂养，到处乱窜。有人读“丧”为 sàng，解释为“失去了家的狗”，到处乱窜，没有依靠。尽管这两种读音，成语的比喻意义仍然相差不多，但它使人们对成语本义有不同的理解。

“难兄难弟”中的“难”有 nán、nàn 两种读音，意思不同，就使得同一形式因音不同形成两条成语。读 nán，本形容两兄弟都很好，语出《世说新语·德行篇》。说的是东汉时陈寔的儿子陈元方、陈季方都有名。陈元方的儿子和陈季方的儿子都夸耀自己父亲的功德，争论不休，就去问爷爷陈寔，陈寔说“元方难为兄，季方难为弟”，意思是说元方好得做他的弟弟难，季方好得做他的哥哥难，两兄弟都好，难分上下。现在这个成语多反其意而用之。“难”读 nàn，则指共过患难的人或彼此处于同样困境的人，与读 nán 的成语意义不相同。

山海关附近有一个“贞女祠”，俗称孟姜女庙，殿门两侧有一副奇特的对联，就利用了多音多义字给人造成麻烦的特点，使人耳目一新。那副对联是：

海水朝朝朝朝朝朝朝落
浮云长长长长长长长消

对联中用字不多，但“朝”“长”二字却都重复了七字之多。原来“朝”有 cháo、zhāo 两种读音，读 cháo 的同“潮”；而“长”又有 cháng、zhǎng 两种读音，利用两字的多音关系进行巧妙组合，应该读为：

海水朝（cháo），朝（zhāo）朝（zhāo）朝（cháo），朝（zhāo）朝（cháo）朝（zhāo）落；浮云长（zhǎng），长（cháng）长（cháng）长（zhǎng），长（cháng）长（zhǎng）长（cháng）消。

如弄不清楚“朝”“长”的多音多义关系，就会对这副对联感到难以索解或莫名其妙了。

与这副对联极相似的，还有福州罗星塔上题的一副对联：

朝朝朝朝朝朝夕
长长长长长长消

应该读为：朝（zhāo）朝（zhāo）朝（cháo，通“潮”），朝（cháo）朝（zhāo）朝（cháo）夕；长（cháng）长（cháng）长（zhǎng），长（cháng）长（zhǎng）长（cháng）消。有人认为读“zhǎng”的“长”应该为 zhàng，是“涨”的通假字。

据说，还有个地方，这副对联又成了这样子：

朝朝朝朝朝朝朝

长长长长长长长

那就应读成：朝（zhāo）朝（cháo）朝（zhāo）朝（cháo）朝（zhāo）朝（zhāo）朝（cháo）；长（cháng）长（zhǎng）长（cháng）长（zhǎng）长（cháng）长（cháng）长（zhǎng）。

（荆　蒹）

谈汉字简化

文字是人类最重要的辅助语言的工具。人们既要文字结构简单，笔画少，写起来快而省力；又要文字能很好地表达语言，分辨率高，不会混淆。正是两方面的要求，就造成了汉字四五千年的发展历史上的不断简化和繁化的现象。

由于汉字历史悠久，用它记载的典籍数量多、时间跨度大，总的字数太多，异体字太多，一些字笔画太多，使人感到难学、难认、难写。我国历代政府也对汉字做过一些整理工作。但比较起来，新中国成立后进行的汉字整理和简化工作规模之大、力度之强是以前不可比拟的。1952 年在政务院文化教育委员会下成立中国文字改革研究委员会，重点研究汉字简化问题。1954 年 12 月，中国文字改革研究委员会改组为中国文字改革委员会，简称文改会，直属于国务院。1955 年 1 月文改会拟定了《汉字简化方案草案》，1956 年 1 月《汉字简化方案》由国务院正式公布。1964 年 5 月文改会编印出《简化字总表》。经过补充、调整，简化字由方案收录的 515 个增加到 2236 个，1986 年 10 月经国务院批准，重新发表《简化字总表》，又对原来总表中的个别字进行了调整。2013 年 6 月，国务院发布《通用规范汉字表》，对以往规范进行了整合，是最新最权威的规范汉字依据。

我国 20 世纪五六十年代进行汉字简化的方针为约定俗成，稳步前进。《汉字简化方案》和总表中的简化字，绝大多数是有约定俗成的基础的，有其稳定性和普遍性。汉字简化使数量可观的常用汉字笔画得到简化，也减少了一定数量的汉字。这次简化基本上是成功的，是受我国大陆广大群众欢迎的。但是，由于当时推行简化汉字的指导思想存在问题，只是把汉字简化工作当作改革汉字、通向拼音文字的“过渡时期的一种权宜办法”（吴玉章），变成一种短期行为，所以对整理和简化汉字的一些理论和方法问题缺乏深入细致地科学论证。这不能不给文字的发展和运用带来消极的影响。1977 年 12 月《第二批汉字简化方案（草案）》发布及推行不久即被废止，正是其存在问题更为突出所造成的。

文改会通过制定汉字简化方案，将简化字划分为八种类型：1. 假借字。借用笔画简单的字代替笔画较繁的同音字或异音字，比如脸面的“面”代替面粉的“麵”、山谷的“谷”代替谷子的“穀”，是同音假借；占卜的“卜”代替萝卜的“蔔”、升斗的“斗”代替斗争的“鬥”，是异音假借。2. 形声字。指用形声结构造字原理简化汉字，这又有几种情况。A. 原字的笔画太繁的形符改为笔画较简的，如刮风的刮—颳、肮脏的肮—骯。B. 原字的笔画太繁的声符改为笔画较简的，如袄—襖、衬—襯、础—礎；也有原字的笔画较繁的形符和声符同时都改为笔画较简的，如脏—髒、惊—驚。C. 原字的笔画较繁的非形声字改为笔画较简的新形声字，如邮—郵、窜—竄。3. 草书楷化字。指将繁体字的行书、草书写法，改为楷书的形式，如东（東）、车（車）、贝（貝）。4. 特征字。指用原字的特征部分来代替原字，有的留一角，如声（聲）、医（醫）；有的留一半，如录（錄）、号（號）、丽（麗）；有的留大部分，如垦（墾）、阳（陽）、际（際）。5. 轮廓字。指保留原字的轮廓，省略其中的部分笔画，如卤（鹵）、乌（烏）。6. 会意字。指用几个笔画少的意义相关的字或偏旁表示一个意义，构成一个字，如尘（塵）、笔（筆）、泪（淚）。7. 符号字。指把原字中笔画繁难的部分，用简单的字或笔画代替，这些字或笔画在字中不表音或义，只起符号的作用，如用“又”的汉、叹、艰、难、欢、观、权、劝、仅、鸡、戏、邓、对，用“不”的还、环、坏、怀。8. 偏旁类推字。指运用已简化的字或偏旁类推出来的字，如军（軍）、阵（陣）、连（連）、诨（諢）。

在简化字的八种类型中，草书楷化字，一般为独体字，因为是汉字原有的一种字，这种字可明显地减少字的笔画，又不会增加汉字字数，不失为一种较好的办法。但是这种情况在简化字中所占比例很小。特征字、轮廓字、会意字、符号字之类，如果是约定俗成的早已流行的字，既可以减少字的笔画，又不会增加汉字字数，也是不错的办法。但是这几种办法中都还有一些新造的简体字，比如“导、卫、邓、击、严、农、乡、盘”等，作为单字是减少了笔画，但作为汉字字数并没有减少，有的打破原有系统性，对学、认有关的字却未必有利。如“盘”，把上半的“般”换作“舟”，少了四画，但汉字中又多了个“盘”字，而且与“般、搬、瘢、磐”失去了系统；“导”字与“道”没有了关系；“邓”与“登、蹬、瞪、簦、凳、磴、镫、澄”系统脱了钩。

在原有形声字基础上简化偏旁的简化字，既维持了原来的形声结构，又在字形上与原字有较多联系，便于学习和辨认，这种办法比较受欢迎。偏旁类推简化字，是运用简化的偏旁或字作为偏旁或部件类推出来的简化字。这种办法简化效率很高，《简化字总表》的第三表就是运用《汉字简化方案》收入的 54 个简化偏旁和补充规定的 92 个可作简化偏旁用的简化字类推出来了 1754 个简化字。简化字中的偏旁类推字，与前面说的几种办法存在的问题一样，也是只能减少字的笔画，并不能减少字数。简化还有个范围问题。从 1964 年《简化字总表》的“说明”来看，当时主张类推简化是没有范围限制的。20 世纪七十年代晚期出版的《现代汉语词典》《辞海》所收汉字都是进行类推简化的。但到八十年代后，我国要编辑出版大型字典、词典，类推简化范围问题就突出了。《汉语大字典》《汉语大词典》类推简化只限于“总表”收字范围，以外的就不再类推简化。但是 1994 年 9 月出版的《中华字海》收字 85568 个，比《汉语大字典》多出三万多，主要是收录了《简化字总表》范围之外的类推简化字，甚至连一些古代的讹字也进行了类推简化。我们认为，类推简化不必只限定在“总表”之内，但也不能毫无限制。是不是可将古今的主要典籍用字弄清楚，把现代地名用字弄清楚，确定个范围。这以外的较为罕见的字，有的只在较专门的古书中用到，或者只是古代字书上收录，一些古代不用现代也不用的字根本没有必要类推简化。2013 年 6 月国务院发布《通用规范汉字表》，语文主管部门解读字表时，主张字表以外的字不再类推简化。

假借字问题。同音代替在汉字发展的历史上就是汉字简化的重要方式。这种办法不仅简化了笔画，而且又减少了字数，这是最为符合汉字简化的目标的。但在文字运用中，这种办法出现的问题较为突出。由于是同音代替，有的还不完全同音，这就给选用的字增加了义，有的还增加了音，就有引起混淆的可能。比如“干”字，近年常见“干细胞”一词，其中的“干”有人读阴平，有人读去声，如不了解术语含义，就难以确定；翻译地名“塔什干”中的“干”，中央电视台的播音员不止一个人读成去声，但也有读阴平的。我买到一本印装精致的《论语》小册子，用繁体字排版，里面当作说话义的“云”字，没有例外地全都在上面加个“雨”字头印作“雲”。由于汉字简化已经推行了半个多世纪，同音代替又是所使用的重要方法，它所确定的简化字基本上稳定下来。我们如果能对个别的同音代替容易产生混淆的繁简关系进行适当调整，如“后（後）、发（髮）、谷（穀）、当（噹）、蒙（濛懞矇）”等；对那些原本通用范围受限制的假借加以说明，以防转换时产生错误，如“干（乾乹幹）、斗（鬥）、淀（澱）、范（範）、里（裡裏）”等，也许就会减少一些混淆现象。

（荆　蒐）

谈异体字的整理

异体字就是跟规定的正体字同音、同义，写法不同而能够被正体字所取代的字，异体字的存在是汉字中较为普遍的现象。异体字的使用、流行，给语言文字的学习和应用都带来不利的影响，因此，整理异体字是语言文字规范化工作的一项很重要的任务。

异体字类型，就异体字与正体字的形体结构不同而言，可以分成若干类。著名文字学家裘锡圭先生在《文字学概要》中就把“狭义异体字”划分成八类，它们是：加不加偏旁的不同（皃—貌、凳—櫈）、表意和形声等结构性质的不同（泪—淚、豔—艷）、同为表意字而偏旁不同（尠—尟、麤—尘）、同为形声字而偏旁不同（杯—盃、迹—蹟）、偏旁相同但配置方式不同（鹅—鵞、翄—翅）、省略字形的一部分跟不省略的不同（雖—虽、聲—声）、某些比较特殊的简体跟繁体不同（頭—头、對—对）、写法略有出入或因讹变造成的不同（弔—吊、呪—咒）。汉字异体字的数量是十分惊人的。如所共知，我国古代收录汉字最多的字典是《康熙字典》，这部字典收字有 47035 个，有人统计，它所收的异体字有 9300 多组，每组异体字又往往不止一个，可以说这部字典所收异体字多达上万个，占全书收字总数的四分之一以上。当代收字较多的权威字典是《汉语大字典》，第一版共收汉字 54000 多个，异体字就有 11900 组，所收异体字 20000 个左右。如此庞杂繁多的异体字，对于语文的学习、运用，信息的处理确实带来很多的困难。

由于异体字的存在给人们的学字、认字、用字造成困难，历史上总是不断地对异体字进行规范、整理。最著名的是秦朝的“书同文”，以秦国通行的小篆作正体，废除了六国许多的异体字。汉代对隶书的规范、唐代对楷书的规范以及古代编写的一些字典，都对当时存在的异体字进行了不同程度的规范。新中国成立后，更是有计划地进行汉字的规范、整理工作。1955 年 12 月公布了《第一批异体字整理表》，整理了上千的异体字。

要确定正体字和异体字，应该考虑以下几条原则：

通用性，或者叫普遍性。指一个字使用的广泛和经常的程度。通用性强的自然被选用为正体字的概率就大。

理据性，或者叫科学性，有理据者或理据性强者宜于选用为正体字。

稳定性，指一个字在社会文字运用的实践上使用的时间比较长，或者被国家语文管理部门选用为规范字已为社会接受，流行时间比较久，不宜轻易变动。

简易性，指一个字笔画的多少及书写的难易程度，一般说来简易的字学习、书写起来比较便捷，效率较高。

明确性，又叫区别性或分辨性，指一个字形体跟别的字区别明显，易于辨识，实用效率就比较高。

这几条原则前三条较为重要，但一般需要统筹兼顾，综合考虑。

这里对异体字的进一步整理问题提出几点意见，供有关部门考虑。

一、依据通用性、稳定性原则，对《第一批异体字整理表》一些字的正异体关系在科学性、系统性、明确性等方面存在问题的地方进行研究，采取适当方法处理和完善。

1. 为弥补该字表的缺欠，后于字表发布的关于恢复“阪、挫”二字规范地位的通知、《简化字总表》《现代汉语通用字表》《普通话异读词审音表》都有纠正或补充字表的有关规定，这些规定如无不妥，可以继续执行。

2. 字表中有些音义不全同的正异体关系应更为明确地进行处理，如“发、岳、拈、咤、偷”等字。为表意明确，可考虑异音异义分化，使某些原定异体字恢复其规范字地位。

3. 确定整理范围，范围外的死、僻、讹、罕见字可以不列入表。

4. 考虑有些姓氏用字和某些多用于地名、人名的字不要轻易地异化。

二、进一步整理字表，完善汉字规范工作，需要强调全局性和前瞻性。整理异体字时应该与繁简字、异读词、新旧字形等的整理统筹规划，通盘考虑，进行综合治理。要有全局性和前瞻性，以国家统一、民族团结为重，必须考虑台湾、香港、澳门及海外华人社区的用字习惯，减少相互间的差别和繁简转化的麻烦，对有关的繁简、异体定位存在问题的要略加调整。

三、继续整理社会使用已约定俗成的异体字。要注重《现代汉语词典》等工具书推行多年的情况，其为人们广泛接受的正异体关系，可以作为进一步整理异体字的参考。比如“鬓—鬂、挨—捱、抻—捵、捂—摀、咨—谘、傻—儍、丛—菆、貂—鼦、棂—櫺、筘—簆、解—觧”，等等，应该都可以明确其正体、异体关系。

四、整理工作必须周密计划，稳步进行。一时还没有研究清楚的，不要匆忙决定。要给学术界预留充分的研讨空间，待问题解决了，或者已经弄清楚了，再做新的补充规定。必须认识到，语言文字的规范或标准，应该是动态而有弹性的，随着社会前进和语言文字使用的发展也要与时共进，不断修订及完善的，不能期待搞出的规范是尽善尽美甚至是一劳永逸的。我们应该做到制定规范或标准时，进行充分的科学论证，尽最大的努力，少留下些遗憾，少存在一些违背事物发展规律的问题，既要对前人负责，也要对后人负责。无愧于国家交给我们的这项重要工作。

（补记：此文写得较早。2013年6月国务院发布《通用规范汉字表》，听取了社会上的意见，对一些字的正异关系进行整合，形成了新的规范。）

（荆　莠）

异形词的整理和规范

2001 年 12 月，教育部和国家语言文字工作委员会发布了《第一批异形词整理表》，引起了人们的广泛关注。众所周知，汉语书面语在运用和发展中，由于各种因素（比如语音演变、词汇变化、语用变化、汉字运用的变化等）起作用，出现了不少词语同音同义用法相同而字形不同，这就是人们所说的异形词语。比如“耿直”，又可写成“梗直”“鲠直”，“宏图”又可写成“鸿图”“弘图”，“俯首贴耳”又可写成“俯首帖耳”。这些词语中有不少本来就是一个词语，只是使用的字不完全相同或完全不同而已。这类词语的存在，给汉语语文学习和运用、语文信息处理等带来了诸多不便。因此，适时整理、规范异形词语一直是促进国家语言文字规范化的一个重要课题，也是我国语言文字工作者肩负的历史使命。

异形词语，是用字或写法不同的同一个词语。《现代汉语词典》（以下简称《现汉》）收录这类词语时，经过整理，确定出推荐的词形，业内称之为正条，进行详细释义。而其异形词语，视其在语文应用实际中约定俗成的不同程度，采取了层次不同的处理方式，有的出见条或称副条，有的就不出条。《现汉》编写时收集的异形词语比较多，经过爬梳、研究、处理，最后表现在《现汉》中的就减少了很多。《现汉》第 6 版对异形词处理方式分为两种情况。

一、有国家试行标准的，以推荐词形立目并做详细注释，非推荐词形加括号附列于推荐词形之后。在同一个大字头下的非推荐词形不再出条，不在同一个大字头下的非推荐词形如果出条，只注明见推荐词形。例如：【关联】（关连）……，“关连”不再出条；【宏图】（弘图、鸿图）……，“弘图、鸿图”虽然都分别出条，但都只注为：见〖宏图〗。

二、试行标准未做规定的，以推荐词形立目并做注释，注释后加“也作××”，××如果出条，只注为同推荐词形。例如：【岔流】……也作汊流，【汊流】同“岔流”。【辞藻】……也作词藻，【词藻】同“辞藻”；【俯首帖耳】……也作俯首贴耳。

《现汉》对不同层次的异形词语采取的不同的处理方式是建立在语文应用实际的基础之上的。

《中华人民共和国国家通用语言文字法（草案）》修改情况的汇报中指出：“实现语言文字的规范化，是一个长期渐进的过程，重在引导，尽可能不用强制手段。”这次异形词的整理规范，采取的就是引导推荐试行的办法。异形词规范是词汇规范的重要组成部分，涉及面广、影响深远。汲取以往发布语文规范的经验，采取积极稳妥、循序渐进、区别对待、分批整理的工作方针是十分正确的。如前所说，当前学术界对异形词的认识还不甚一致，一些理论问题比如什么是异形词，它与异体字有什么关系，它的范围如何界定，异形词整理的原则应该有哪些，它们之间又有什么样的关系等等都还需要认真探讨，有位教授说现在异形词规范的理论准备不足是有道理的。即如现在公布的《第一批异形词整理表》的338组异形词来说，研制者打包票说绝无问题，实际上问题却不少。他们所依据的语料及所做的论证就存在一些问题。我们应该收集尽可能全面的、充分的语言材料对现在的异形词语进行深入的研究，依据通用性、理据性、系统性等标准划分出不同类型，进行不同梯次的处理。我们可以汲取《现汉》的经验，把异形词语分成已经约定俗成取此舍彼的、虽无确定取舍但通用势力相当悬殊的以及彼此通用势力接近的等不同类别，区别对待。在整理时，可采用取此弃彼、引导分化、暂时并存等不同的规范办法。因异形词来源不同，关系复杂，使用情况不同，整理时切不可急于求成，采取一刀切的简单化办法。

（京　笛）

造字的故事

汉字是谁造的？什么时候造的？流传最广、最有影响的说法是仓颉造字。仓颉造字的传说早在两千二百多年前的战国时期就已经广泛流传。《荀子·解蔽》记载："好书者众矣，而仓颉独传者，一也。"《吕氏春秋》《韩非子》也有反映。仓颉是传说人物，据说是黄帝的史官，黄帝统一华夏之后，感到用结绳的方法记事，远远满足不了要求，就命他想办法，造字。他呕心沥血数十载，创制了汉字。汉代的《淮南子》《论衡》《说文解字·序》中更有所引申、发展，以至神化。由于造字对于社会文明发展的巨大贡献，仓颉被尊为"造字圣人"。说他长有四只眼，《淮南子·本经》中还说："昔者仓颉作书，而天雨粟，鬼夜哭。"后来为了纪念他，在黄河中游不少地方都有仓颉的遗迹。纪念他的故里、祠、庙、陵墓、造书台等在不少地方都有，如河南的濮阳、开封、虞城，陕西的白水，山东的寿光、东阿，全国共有 6 处之多。

由于造字功绩煊赫，地位特殊，令人景仰。还有别的原因，历史上还有一些帝王东施效颦，要过一把造字的瘾，以使自己留名后世。《三国志》就记载有孙休造字的事件。孙休，是三国时期吴国皇帝孙权的第六个儿子，继孙权、孙亮之后成为吴国的第三任皇帝。他在位期间武功方面没什么建树，却爱好文史，有个特别的癖好，就是想像圣人仓颉一样造字。孙休到底造了多少字，今天已无从知晓，因为那些生造出来的字，不符合规律，不便于使用，根本就没有流行。孙休还为四个儿子取名，专门造了几个字。

太子：名“䨪”，读音同“湾”，写法为上面一个“雨”字，下面一个“单”字；

次子：名“𩅦”，读音同“觥”，写法为上面一个“雷”字，下面一个“大”字；

三子：名“𥬀”，读音同“莽”，写法为“鼓”字去掉右半边，再加一个“巨”字；

幼子：名“𧆢”，读音同“褒”，写法为一点一横，左下一个“先”字，右下类似“鼓”字的右半边；

孙休为皇子们取名选造的字十分怪异，还特别就此事颁布了诏书，说他此举是为了让老百姓方便避讳。孙休只做了六年皇帝，年仅三十岁就病死了，侄子孙皓被拥立继位，他的儿子们及其名字很快都销声匿迹了。

武则天造字的故事流传很广。但她是不是造了字，造了多少字，史籍记载不详，学界意见不一。有人根据大周时期的墓志认为武则天一共造了二十个字。除了“曌”字避讳不用外，其余的都可以在大周墓志中看到。《资治通鉴》中记载：“天授元年十一月，太后享万象神宫，赦天下。始用周正，改永昌元年十一月为载初元年正月……”“凤阁侍郎河东宗秦客，改造‘天’‘地’等十二字以献，丁亥行之。太后自名“曌”……”胡三省为《通鉴》作注时把这十二个宗秦客新造的怪字一一列出。由此看来，武曌之名是武后看了宗秦客呈上来的奏疏后，见“曌”甚合其意而以之为名，并非她自己创造的，其他的字也是宗秦客所造。随着女皇帝的退位，武周王朝告终，原字恢复，则天文字但由于书写困难，最终停止使用。

五代十国时南汉的开国皇帝刘龑，本名刘陟、刘岩，汉高祖刘邦的弟弟楚元王刘交的后裔。他身材魁梧高大，擅长骑马射箭，武艺超群。刘陟当了南汉皇帝后，穷奢极欲，据说造的昭阳殿，以金为顶，以银铺地，富丽堂皇，耗费了大量财物。刘陟登帝位后九年，梦见“白龙见南宫”，赶紧拿出《周易》算了一卦，取《周易》中“飞龙在天”之意，创造发明了一个“上龙下天”的“龑”（读“演”）字作为自己的名字。其人极端残忍、变态，以观赏酷刑、杀人为乐。这位在天飞龙，最终没有逃出病死的命运。

我国著名文学家、思想家鲁迅先生，1921年发表了小说《故乡》。在小说中他造了一个字“猹”。8年后，著名教育家、出版家、《辞海》主编舒新城去信请教鲁迅，希望弄清这个字的出处和释义。鲁迅回信中作了解释：“‘猹’字是我据乡下人所说的声音，生造出来的，读如‘查’。但我自己也不知道究竟是怎样的动物，因为这是闰土所说，别人不知其详。现在想起来，也许是獾吧。”《故乡》多年被选入中学语文课本中。由于“查”是个多音字，既可读chá，也可读zhā。以“查”为声符的“猹”该读什么呢？鲁迅没有说到。也许是因为鲁迅“生造”的，1936年版《辞海》中没有收录这个“猹”字。新中国成立后修订的《辞海》收录进去了，注为“獾类的野兽”。《新华字典》《现代汉语词典》等辞书都收了这个字，注音为chá，释义为“野兽，像獾，喜欢吃瓜（见于鲁迅小说《故乡》）”。有人批评说猹本虚拟，本非实指，辞书释义应暂付阙如，而不应坐实。还说《现代汉语词典》因此“自降身价，而错过了典范的良机”。其实，此字因《故乡》已广为人知，给以音义规范是必要的。据知《新华字典》《现代汉语词典》不仅是根据鲁迅致舒新城的信的意思收了“猹”字，而且还经过调查，专门咨询过鲁迅胞弟、著名生物学家周建人先生，并非像批评者说的那样。

上面谈到的孙休、武则天、刘龑和鲁迅造字，比起近现代科学家特别是化学家造字来，简直是小巫见大巫，不值一提。19 世纪中期以来的一百五十多年，化学界造的字比前面提及的人造字的总和还要多。由于西学东渐，西方科学名词随着科学书籍翻译过来，逼得科学界造出一个一个的新字来。据说，最早造这些字的是一位叫傅兰雅（John Fryer 1839—1928）的英国传教士和一位叫徐寿（1818—1884）的，他们在江南制造局翻译馆工作。两人搭档翻译化学元素。他们根据拉丁字第二音节谐音“弟”，加“金”字旁，造了个新字“锑”；78 号元素 Pt（Platinum），当时已有译名“白金”，他们合并两字造一新字“铂”。利用同一原理，他们还造了：钠、铝、镁、钾、钙、钒、铬、锰、镍、锌、钡、铱、钨、铀、硒、碘。金属元素用“金”字旁，非金属用“石”字旁，右边加洋文的单音节谐音字，徐寿和傅兰雅采用的这种造字方法，后来被中国化学界接受，一直沿用至今。后来发现的元素不断增多，化学界为它们造的字也不断增加。如近些年新发现的元素镄、钔、锘、铹、𬬻（lú）、𬭊（dù）、𬭳（xǐ）、𬭛（bō）、𬭶（hēi）、鿏（mài）、𫟼（dá）、𬬭（lún）。这些字都是用形声造字法造的，凡是从某类的都是一个偏旁。这类字还有一些，比如芳香族的从艹，表示从植物或煤中提取的，如苯、蒽、菲、苄等；含氧衍生物很多都是从酉，表示从酿造中而来的，比如醇、醛、酮、酸、酰、酯、醚等；烃类化合物从火，表示主体为碳，比如烷、烯、炔等（声旁其实也有意义，表示为碳原子的饱和程度）；杂环化合物从口，表示有环，比如，呋喃、噻吩、吡唑、吡咯、嘧啶、吲哚等。其他元素的有机物有时从月（即肉），表示与生物有关，比如胺、膦等。还有两个形声字部件（一般为声符）拼合形成的，比如碳氢组成的烃、碳氧组成的羰、氢硫组成的巯。

（京　笛）

《康熙字典》得失谈

《康熙字典》是清代康熙皇帝在康熙四十九年（1710 年）三月下达诏令编纂的。由张玉书、陈廷敬二人任总阅官，组织了当时翰林院的学士、编修三十人的编纂团队，前后用了五年多时间，至康熙五十五年（1716 年）成书。它是我国古代语文辞书发展到后期的标志性著作，是古代字书的集大成者。在我国辞书史上，在它出现前的两千年以至它成书后的近二百年里，其影响之大，除《说文解字》外，还没有别的字书能跟它相提并论。

《康熙字典》的特点是它的完备性、权威性、规范性和实用性。

完备性。《康熙字典》在 20 世纪以前是我国收字较为完备的一部字典。《康熙字典》收字到底有多少，历来说法不一。清人统计，《康熙字典》正文共收字 47035 个（另有古文 1995 个）。近期，北京书同文数字化技术有限公司统计出《康熙字典》收列的全部字头，包括古字、补遗及备考中的字共计 49188 个。其中有 2196 个字重出，有 40 个字竟重复出现过 3 次。比起以往的辞书来，《康熙字典》收字还是多很多的。《康熙字典》且在字音字义的收集上也是务求完备的。这部书的“序”中所说，它追求“无一义之不详，无一音之不备”的目标，充分吸收前人的成果，汇聚了以往辞书的可采取的注释，在字音、字义的完备性方面是空前的。直到它问世 200 年后出版的《中华大字典》（1915 年）收字 48000 多个，才在收字上略微超过了它。

权威性。这部字典由当时的最高统治者康熙皇帝亲自下诏编纂，而且编纂工作的主持者也是由他亲自指定的两位位高资深、学养和编纂经验都能深孚众望的重臣。参与编纂的翰林学士都有一定的文化素养。由于这部字典由康熙皇帝钦定，加之当时为强化文化思想的专制统治，大搞恐怖性的文字狱，更使得这部字典有着不可侵犯的地位。

典范性。《康熙字典》编纂的目的就是要制定文字的规范，在康熙皇帝为字典写的“序”中说，字典应当“善兼美具，可奉为典常而不易”，让“官府吏民亦有所遵守”。《康熙字典》考察了以往字典存在的欠缺，提出在《字汇》《正字通》这两部字书的基础上，使字义详略适中，归于至当。在字形上，对“古今形体之变”进行妥善处理，订正讹字。在字典正文部首排列方面，确定从形归部、形义兼顾的部首归类标准，部首定为214部，完善并规范了汉字的部首编排和检字的传统方法。

实用性。《康熙字典》编纂成书，至今已近三百年，还是有好几种版本印行。这种情况是与其实用性分不开的。它的实用性表现在：1. 收字多，能满足人们查检古、旧、僻字的需求；2. 收录字的音义较为完备；3. 释义带有相应的书证，资料较为丰富；4. 对字形的辨正和对字义的按语能给人以启示；5. 附录有一定的实用价值。

由于有以上几方面的优点，《康熙字典》对于阅读、研究古代典籍具有较高的参考价值，也成了编写古汉语字典、词典的必备参考书。

《康熙字典》的缺点和错误还是较多而突出的，特别在编校方面存在的差错多得简直令人难以置信。道光七年（1827年），王引之为首的94位学者对它进行校勘，改正原书错误

2258 条。1885 年，日本人渡部温出版《〈康熙字典〉考异正误》，对字典考异 1930 条，正误 4000 条。1915 年中华书局出版《中华大字典》，纠正《康熙字典》的错误 4000 多条。王力先生 1988 年编写《〈康熙字典〉音读订误》，校正其音读错误 5200 余条。另外，还有一些学者都在论著中或多或少地订正了《康熙字典》的错误。这些错误汇总起来，去其重复，至少不下万条，有人估计会有一万几千条之多。《康熙字典》全书约 450 万字，错误竟达一万多条，差错率高得实在令人吃惊。按当前我国规定的图书质量检查标准，出版物差错率在万分之一以内才算合格，那么《康熙字典》不仅不是合格图书，而且应该是劣质辞书。

《康熙字典》编校质量竟如此低劣，大概有以下几方面的原因：

首先，这部极为重要的字典竟然没有贯穿始终、把握全局、通览全书的主编。《康熙字典》的主持人张玉书和陈廷敬二人都是开编后不久就去世了，班子过早地群龙无首，工作自然难以做好。其次，编纂班子知识结构方面有明显缺欠。编辑人员都是翰林学士，多在程朱理学上有较深修养，而在文字、音韵、训诂之类语文专业修养方面，却乏善可陈。再次，编纂人员遭遇事变和旁骛的干扰过多，不能专心从事字典编纂工作。两位主编（总阅官）年老多病，又有其他书的编纂急务缠身。编辑班子中还有 13 人兼任其他大型书籍的编纂校勘工作。开编刚刚两年班子中就有 6 人死亡，2 人被革职，7 位先后去外地任职。剩余的人，还有别的一些事务。最后，编纂时间过于匆促。《康熙字典》内容宏富，规模巨大，编纂任务十分繁重。当时用的是雕版印制，制版极为艰巨，花费的时间要比活字排版多得多。一部四五百万字的字典当时能在五年时间编纂定稿又刊刻、印装成书，实在是够迅速的了。据人考证，

《康熙字典》可能在康熙五十一年已经完稿，而且后来刊刻的就是那个稿本。如此，两年多一点的时间完稿，更是神速了。清人王引之等人也说是“卷帙浩繁，成书较速”“纂辑诸臣迫于期限”。由于过于赶时间，不能不给这部辞书在编校上留下过多的遗憾。

这部字典是我国古代辞书的集大成者，它继承了以前辞书编写的优良传统。把古代辞书编纂的水平提升到一个新的高度，在我国辞书史上占有划时代的重要地位。《康熙字典》尽管存在错误、不足，特别是它编校上的粗疏、低劣，应为后来的编辑出版业者引为教训，但它在我国文化教育史、语言学史、辞书史上的重要地位还是值得充分肯定的。

（余　鸣）

我国历代帝王名号及习惯称说

我国历史上4000多年的君主专制时期，共有多少个帝王或君主呢？统计者说法不一。新版《现代汉语词典》附录的《我国历代纪元表》中共收录320多个，表中还没有列入一些地方割据政权，如五胡十六国、五代的十国的君主。有一本名叫《中国历代帝王年号手册》（北京燕山出版社2000年出版），只收录秦始皇以后的帝王年号，列入的帝王334个。还有一本名叫《正说中国三百五十帝》（黑龙江出版社2006年出版），里面收录的也是秦始皇以后的帝王，实际列有339个。如果我们再加上这两本书没有列入的秦始皇以前夏商周各代的君主，我国历代帝王就会有四五百之多。

夏代君主生前称后，死后称帝。夏代君主的名字多为单名（一个字），如启、相、桀，等等。商代君主生前称王，死后称帝。商代君主的名字大多为两个字的复名，而且第二个字又都是天干中的一个字，如太甲、盘庚、武丁，等等。周代君主生前称天子，死后称谥号“×王”。周代君主的名字多为单名，如周武王名发、周成王名诵、周赧王名延。也有少量的两个字的复名，如周孝王辟方、周平王宜臼。秦代君主的名字单名、复名都有，如秦昭襄王名则、孝文王名柱，秦始皇名政，庄襄王名子楚、秦二世名胡亥。秦始皇帝废除死后称谥号制度，生前以世代次序称几世皇帝，如秦二世。从纪元表看，从秦代开始，直到唐宋，帝王的单名占绝大多数。新朝王莽曾下令要人们用单名，所以东汉、三国、西晋帝王都用单名。南北朝是过渡时期，复名已有一些，表示辈分的名字或专用字开始出现。到了明代，皇帝除了第二代用单名外，后代开始系统地使用复名，名字中包括前一个辈分用字和后一个严格地按照“火、土、金、水、木”五行相生的顺序做偏旁的字。如明成祖朱棣以后，洪熙帝名高（辈分）炽（火旁）、宣德帝瞻（辈分）基（土旁）、英宗祁（辈分）镇（金旁）、景帝是英宗弟弟，名祁（辈分）钰（金旁）、宪宗见（辈分）深（水旁）、孝宗祐（辈分）樘（木旁）。清代入主内地，雍正以后名字汉化，向明代皇族看齐，采用两个字的复名，前一个字表示辈分，后一字同辈分的也要用同一偏旁。如雍正帝名胤禛，胤为辈分，后一字用“示”字旁，其哥哥弟弟名字为胤礽、胤祥、胤禵等，乾隆帝名弘曆（弘为辈分，后一字用“日”字旁），其弟兄名为弘时、弘昼等。

帝王虽有名字，但却成为社会上的忌讳，臣民不能直呼其名，就是国讳。避讳起源有不同说法。有说夏商开始，有说西周开始，有说春秋开始的。秦汉开始严格实行的。历时较长的汉、唐、宋、明、清几代，影响较大。帝王生前除了有名字外，还有为纪年用的年号，死后还有谥号和庙号。

谥号，是帝王、贵族、大臣等死后，依据其生平事迹追加的称号。帝王谥号由朝廷礼官议定、继位帝王确定。帝王的谥号大致可以分为三类。谥号反映了帝王生前的业绩、美德或恶行，寓意着后人对他的褒贬或同情。后来滥用褒谥，充斥着阿谀溢美。

周代谥号加“王”，秦代以后称皇帝，所以汉代以后谥号加“帝”。唐以后，谥号不断加长。如宋真宗谥号是文明武定章圣元孝皇帝，二十多年后又被加谥为膺符稽古神功让德文明武定章圣元孝皇帝，明太祖谥号是开天行道肇纪立极大圣至神仁文义武俊德成功高皇帝。清代皇帝谥号更长。

庙号是皇帝死后，在太庙立室奉祀时，特别追尊以某祖某宗的名号。一般由继位皇帝议立。各个朝代的第一个皇帝一般称为“祖”，其庙号为太祖或高祖；继位的帝王一般称“宗”，其庙号为太宗、高宗、世宗等。到了明清两代，继位的皇帝还有个别称“祖”的（明成祖、清世祖、清圣祖）。一位皇帝的全称，由庙号加谥号组成，庙号在谥号前，如汉文帝的全号为太宗孝文皇帝，汉武帝为世宗孝武皇帝。开初，只有生前建有丰功伟绩的死后才可以立庙，有庙号，才能够称祖宗。后来，对已死皇帝阿谀溢美，无帝不宗。

年号是帝王用来纪在位之年而立的名称。汉武帝以前，一般用干支纪年。汉武帝开始用年号纪年（从第五个年号元鼎三年开始用年号纪年）。新的帝王即位，一般要更改年号，称作改元。从汉代至元代，不少皇帝即位后不止一次地改元，有不止一个年号。汉武帝用11个，唐高宗用14个，武则天用17个。明清两代皇帝即位改元后，一般就只使用一个年号。帝王年号常有雷同的，建平、建武、永兴、中兴等年号都先后有六个到八个皇帝使用过，用“建兴”的，更有多达十一个皇帝。年号一般是两个字，也有三个字，四个字的，还有用六个字的，西夏景宗元昊的天授礼法延祚、惠宗秉常的天赐礼盛国庆。

我们在习惯上，对历代帝王，有的称呼名字，有的称呼谥号，有的称呼年号，似乎有点杂乱。其实，却有一个规律性。可以列成下表：

夏商	周	秦	汉 三国 晋 南北朝 隋	唐 宋 元	明 清
名	谥号	x世皇帝	谥号	庙号	年号

从表上不难看出，夏代、商代，君主一般称呼其名字，周代称呼谥号，汉代至隋代，继承周代称呼谥号，唐代至元代称呼庙号，明、清两代一般称呼年号。

（余　鸣）

五花八门的亲戚称谓

一位高中一年级学生给父亲的堂哥写信，称呼他为叔叔，称他的夫人为阿姨，称他的女儿为表妹，简直是大乱其套，街坊邻居无不引为笑料。

小说《红楼梦》第二十回写贾宝玉和林黛玉、薛宝钗的关系，宝玉见黛玉生气，去劝她，对她悄悄地说道："你这么个明白人，难道连'亲不间疏，先不僭后'也不知道？我虽糊涂，却明白这两句话。头一件，咱们是姑舅姊妹，宝姐姐是两姨姊妹，论亲戚，他比你疏。第二件，你先来，咱们两个一桌吃，一床睡，长的这么大了。他是才来的，岂有个为他疏你的？"林黛玉啐道："我难道为叫你疏他？我成了个什么人了呢！我为的是我的心。"林黛玉、薛宝钗跟贾宝玉都是中表关系，一个是姑表兄妹，一个是姨表姐弟，从血统关系上说，都是一样的。但在我国长期的封建宗法制度下，一直是重男轻女，以男系亲族为本位。所以，贾宝玉说，姑表亲戚比姨表亲戚更近一些。

我国汉族封建时代时间很长，一般说从春秋战国开始到清代结束，长达竟有两千六七百年。封建社会建立并不断完善、巩固一套宗法制度。比如三纲五常、忠孝仁义之类，无论哪一朝哪一代都会以一系列国家、家族礼法和观念维护宗法秩序。世界上很少有像汉族一样把尊卑长幼、亲疏远近的人际关系及与其相应的称谓划分得那样繁多细密，那样条理分明。一个人父系亲属向上数，有父、祖父、曾祖、高祖，向下数，有子、孙、曾孙、玄孙；父之母为祖母、父之兄为伯，父之弟为叔，父之姐妹为姑。还有女性的曾祖母、高祖母、伯母、婶婶。同辈的有兄弟姐妹嫂弟媳等，下一辈有侄、甥、侄女、甥女等。母系亲戚，母之父为外祖，母之兄弟为舅，母之姐妹为姨。还有外祖母、妗子、姨父，等等。与自己同族同宗但血缘关系已经相隔两代以上的亲戚关系都以“堂”相称：伯伯和叔叔的孩子跟自己互称堂姐、堂妹、堂兄、堂弟，上一辈与自己的父亲不是亲姐妹亲兄弟的人里有堂叔、堂伯、堂婶、堂姑，对下一辈其父与自己不是亲兄弟的人称堂侄。而由姻亲关系发生的亲戚一般以“表”字相称，包括外嫁的本宗族女性的夫家亲戚和嫁进本宗族女性的外家亲戚。例如：姑姑的孩子、舅舅的孩子、姨的孩子一般都称为表兄、表弟、表姐、表妹。与“堂”一样，“表”也普遍应用于姻亲关系发生的亲戚中的其他辈分的人，如表叔、表婶、表舅、表姨、表姑、表侄，等等。

这么一套名目纷繁、关系错综复杂的亲属称谓，差不多为汉语所特有。在西方的一些民族那里，一个 uncle 就能称呼伯、叔、舅，一个 aunt 就能称呼姑、姨、伯母、婶母。汉语中这些细致区分本是严格、细密的封建宗法制度下亲属关系的反映。在东方一些民族，由于深受封建社会和汉族文化影响，有的在亲属称谓上也有严格的区分，在朝鲜语中，一些称谓不仅仅有年龄标准，还有性别标准，弟弟和妹妹对哥哥、姐姐、表兄弟姐妹、堂兄弟姐妹、姐妹丈夫、兄弟妻子就有不同的称呼。在人际关系言谈或书信交往中，汉语中涉及长上、晚辈或下级时与尊卑长幼、亲疏远近相适应，在用词上还有用尊称敬辞、谦称卑辞之类的讲究。如称对方的父母兄弟时前面加一“令”字：令尊、令堂、令兄、令弟，自己的父母、兄、姐用“家”字：家父、家母、家兄、家姐，对自己的弟弟、妹妹用

"舍"字：舍弟、舍妹。尽管我们早已摒弃了封建宗法制度，但传统的体现尊老爱幼、尊师重道的文化习俗有的还要传承，有的也需了解。

附：汉语亲属称谓五代示意图：

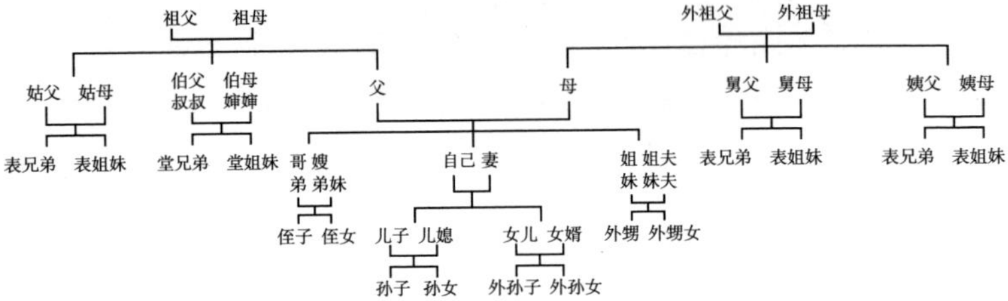

（韩敬体）

“五”“五行”对汉语的影响

数字五与一、二、三一样，是语言中基本数字，也是婴幼儿最先接触的数字。一般说，婴儿两三个月就会看自己的小手了。一个人有一个头、一个鼻子、一张嘴，两个耳朵、两只眼睛、两条胳膊、两只手、两条腿、两只脚，一只手有五个指头，一只脚也有五个指头。这也就是婴幼儿最早接触、意会、习得的数字。由于五是一个基本数字，因此，它的用途很多，由它构成或引领的词语也相当多。我国古代最早的军队编制的最基层的单位就是由五个人组成的“伍”。我国较早的一种朴素唯物主义的哲学思想“五行”，就是由数字五引领的。

十多年前逝世的北京大学一位著名教授，名叫金克木。他与季羡林、张中行、邓广铭一起被尊为“燕园四老”。他博古通今，学贯中西，在北大东方语言文学系任教半个多世纪，学术研究涉及诸多领域，为我国学术事业做出了突出贡献。为什么他名叫金克木？还有个明朝皇帝取名字的故事，明朝皇帝，从第二代起，名字的后一个字为什么都要依次用木、火、土、金、水作偏旁的字，而且循环往复？这些正与“五行”有直接关系。

五行指水、火、木、金、土。五行学说是中国古代的一种哲学观念，认为五行是构成宇宙的基本物质元素，宇宙万物都是由木、火、土、金、水五种基本物质的运行（运动）和变化所构成的。随着这五个要素的变化及相互影响，大自然就会产生变化，宇宙万物都会变化发展、循环往复。五行学说，被广泛地应用于政治、中医学和占卜等各个方面。五行之间存在着的关系就是相生相克：

五行相生：金生水、水生木、木生火、火生土、土生金。

五行相克：金克木、木克土、土克水、水克火、火克金。

“相生”就是使它生长的意思，表示生成化育；“相克”就是对它反对、制衡的意思。相克相生也就是相反相成。这种关系可用下图示意：

五行生克示意图

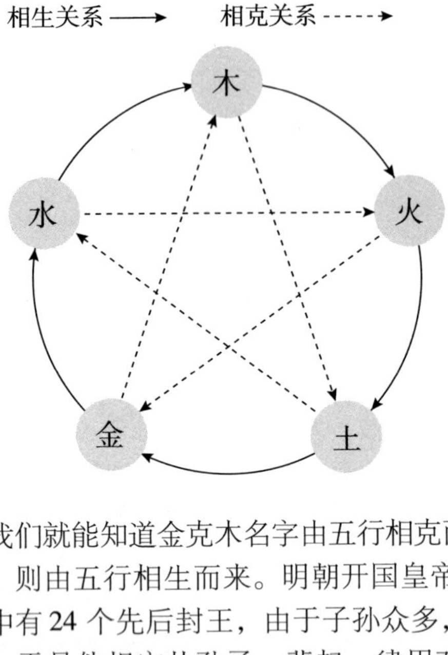

从这里我们就能知道金克木名字由五行相克而来。而明朝皇帝的名字，则由五行相生而来。明朝开国皇帝朱元璋有 26 个儿子，其中有 24 个先后封王，由于子孙众多，怕起名字有重复的现象，于是他规定从孙子一辈起一律用双名（两个字的名字），前一字为辈分用字。他还给各个儿子确定了 20 代的子孙辈分用字，由于他深受五行观念的影响，所以又规定了子孙名字的后面一个用字必须以五行字作偏旁，依据木－火－土－金－水相生顺序排列，周而复始。明代皇族严格按照朱元璋规定的排辈字加另一个按五行偏旁的字取名。朱元璋的儿子一辈全部为单名，名字以木为偏旁，如长子为太子朱标、四子朱棣。由于朱标早死，1398 年朱元璋病死，由皇太孙朱允炆继位，炆为火字旁。朱允炆应该再传位给名字第二字为土字旁的儿子。只是，朱元璋的四子燕王朱棣，也是朱允炆的四叔发动了建文四年的靖难之役，取代了朱允炆当上皇帝。朱棣的名字棣也是木字旁。朱棣传给儿子朱高炽（后一字火字旁）。下面是朱瞻基（土字旁）—朱祁镇、朱祁钰（金字旁）—朱见深（水字旁）；然后，再进行一个轮回，传位给朱祐樘（木字旁）—朱厚照、朱厚熜（火字旁）—朱载垕（土字旁）—朱翊钧（金字旁）—朱常洛（水字旁），再进行一轮，传位给朱由校、朱由检（木字旁）。但是，至朱由检即崇祯帝而王朝灭亡，没有能循环下去。

由于受五行影响，中医、地理、音乐等不少方面都有将有关事物、现象按其属性、形态分别归纳为五大类的说法。比如：五脏（肝心脾肺肾）、五体（筋脉肉皮骨）、五神（魂神意魄志）、五窍（目舌口鼻耳）、五音（角徵宫商羽）、五色（青赤黄白黑）、五味（酸苦甘辛咸）、五液（泪汗涎涕唾）、五声（呼笑歌哭呻）、五方（东南中西北）、五谷（麻麦稷稻豆）、五菜（韭薤葵葱藿）、五果（李杏枣桃栗）五畜（鸡羊牛犬猪）、五时（春夏长夏秋冬）、五常（指天气：风热湿燥寒）、五化（生长化收藏）、五毒（蛇蝎蜈蚣壁虎蟾蜍）。此外，汉语中还有不少这类词，如五彩、五帝、五更、五官、五荤、五金、五经、五伦、五香、五刑、五岳、五服、五禽、五洲，等等。还有不少含有数字五与其他词组成的四字格，如五大三粗、五光十色、五行八作、五湖四海、五黄六月、五冬六夏、五花八门、五花大绑、五讲四美、五劳七伤、五体投地、五颜六色、五脏六腑、五洲四海，等等。总之，数字五及古代的五行观念，给汉语词语孳乳带来不小的冲击，丰富了词汇，增强了表达力量。

（韩敬体）

历史剧中层出不穷的文化知识硬伤

我国有四千多年的文明史，出现了为数众多的历史人物和不可胜数的传奇故事，为当今的文学作品提供了极其丰富的素材。特别是话剧、电视剧中，历史题材的占有相当的比重。优秀的历史剧对于丰富人们的文娱生活、给予人们民族传统文化教育，普及历史文化知识具有显著的作用。优秀的历史剧，本着大事不虚、小事不拘的原则，进行艺术创作，对历史重大事件及相应时代的语言文字、典章制度等基本常识都比较注意，收到较好的社会效果。比如《三国演义》《雍正王朝》《后宫甄嬛传》等就是较为成功的剧作，受到广大观众和艺术界、学界的欢迎。

但是，也有一些历史剧却不是这样，它们对历史事件任意戏说，胡编乱造，甚至闹出相声大师侯宝林讽刺过的“关公大战秦琼”的荒唐事来，对与时代相应的文化知识也不考究，任意“穿越”，让人啼笑皆非。还有些电视剧，制作还算认真，对历史事实并加以考究，但在语言文字或文化知识上严重失实，也造成很大的失误。不能不让人感到遗憾。

一些历史剧没有尊重历史，把不同时代的历史事件弄在一起，扭曲了历史的真实性。长篇历史大片《楚汉传奇》，制作费用不菲，宣传力度甚大，剧中表现秦始皇焚书坑儒的事件，所坑死的儒生在私塾中教学童们读的书竟然是《三字经》，而《三字经》学界一般认为是成书于宋代以后的启蒙读物。三字经成书在秦始皇焚书坑儒后起码有一千三百多年！还有秦始皇的儿子公子扶苏竟然进谏父皇不要拆除祭祀孔子的“大成殿”，而祭祀孔子的殿堂起码在秦始皇后一千五百多年后才有“大成殿”之名呢！历史剧《赵氏孤儿案》是一部颇有功力的巨作，在不少地方有可称道之处。起源于元杂剧的历史剧，在中外都有影响，京剧中也有较长历史的改编演出，较为成功。但也存在一些严重问题。剧中晋景公要夺赵朔兵权时，竟然引用商鞅和商君书的历史典故。而晋景公是公元前6世纪初期的人，商鞅变法则是公元前4世纪中期的事情，晋景公怎么可能预知二百四五十年后的人和事呢？电视剧《凤凰牡丹》的历史情节大框架是把原本发生在明朝“土木之变”的历史，移花接木地提到了一千七百多年前的周代的卫国，卫明王、卫宣王之类都是向壁虚造的。如果是周代前期，战国以前，卫国君主只能称公、侯，不能称王的。而且，即使称宣王、明王，这些应该是他们死后才有的谥号，决不能在他们生前大臣们就当面称呼的。

皇帝的谥号和庙号，都是在他死后才有的称号，在他生前不可能有这些名号。现在，在一些反映历史题材的戏曲或电视剧中，竟有臣下在君主或皇帝生前甚至当着他们的面，直呼皇帝死后才有的谥号或庙号的现象。比如，有一个反映隋末历史题材的电视剧《隋唐演义》，竟在隋炀帝杨广还在世的时候多次地通过不同人的口称他为隋炀帝。有位说评书的艺人说唐太宗李世民时的故事，竟通过大臣的口当面直呼李世民为唐太宗。电视剧《大汉天子》中汉景帝生前写的遗诏的落款竟然有“景帝绝笔”字样。电视剧《孝庄皇后》也是在生前就乱叫“孝庄”的。电视剧《文成公主》有一个镜头，皇后宣读皇帝在贞观十五年下达诏书将宗室女封为文成公主时，竟然两次直呼皇帝为唐太宗。电视剧《大明奇才》里，在朱元璋还在位时，主考官竟然说出“太祖皇帝登基以来”的话。电视剧《大唐游侠传》中，两个要刺杀唐玄宗的人竟一口一个“玄宗”地谈论。电视剧《杨家将》里，也是对当时还在位的北宋皇帝赵光义直呼“太宗”。这些都是缺乏历史文化常识的表现。

历史上职官或君主亲属称谓，不同朝代有的是不一样的，不能随便乱安。《楚汉传奇》中“驸马”“太监”的称谓都是当时还没有出现的名称。驸马称谓西汉中期汉武帝时才有，太监之名唐代才有。《凤凰牡丹》出现的“郡主”之名也是所谓的卫国灭亡四五百年以后的晋代才有的。《杨贵妃秘史》中的人物竟然不断说出“裸奔”“蜜月期”“黑帮老大”“老牛吃嫩草”之类的当下时髦词语。更是让人匪夷所思。

电视剧《隋唐演义》阵容强大，内容和演技都还不错。但是先生教李元霸写字以及剧中书信、通缉布告等所用的文字一般都是小篆，这就与历史实际情况严重不符。众所周知，小篆是秦代统一使用的文字，那时隶体已经使用，汉代普遍用隶体字，到了南北朝、隋朝，楷书、行书已经流行，小篆已经不是很流行的了。电视剧《新洛神》里，曹植的唱词中竟然用了“梦黄粱”的典故。而这一典故是唐代沈既济的《枕中记》记载一个故事才有的，它比起曹植生活时代足足晚了 500 多年，曹子建再有文学天才也不可能引用到它的。

历史剧通俗地演义历史，寓教于乐，有益于传播历史文化知识。人们于娱乐中了解历史，感悟兴替，明辨善恶。但肆意穿越不同的朝代，前后倒置重要历史事件，颠覆文化常识，对于传统文化的学习、继承有害无益。

（余　鸣）

“娘子军”原先并不是指女兵

“娘子军”指由女子组成的军队或队伍是现在人们共知的。然而，这是不是它一出现就有的意思，却是值得讨论的。

“娘子军”一语出现较早，本是隋朝末年人们对李渊（后为唐高祖）的三女儿（后为平阳公主）率领的军队的称呼，距今已有近一千四百年的历史了。1977 年 12 月出版的《辞海·语词分册》对“娘子军”有较为详细的解释：“唐高祖的女儿平阳公主曾组织妇女成军，帮助高祖作战。《新唐书·诸公主列传》：‘主（平阳公主）引精兵万人与秦王会渭北。绍（柴绍，平阳公主丈夫）及主对置幕府，分定京师，号称娘子军。’后因泛称由妇女组成的队伍为娘子军。”认为“娘子军”一开始就是指平阳公主组织的女兵。《北京晚报》上世纪八十年代初曾经刊登过一篇《娘子关前忆巾帼》的特写文章，把此事演义得更加离奇，说：“当时，平阳公主率兵百万，皆由妇女组成。……时人便称她们为‘娘子军’。”然而，稍微认真考察一下有关历史记载，这种说法却是不能成立的。

李渊的三女儿领导的军队被称为“娘子军”一事，《旧唐书·平阳公主传》《新唐书·诸帝公主列传》《唐会要·公主杂录》《资治通鉴》等都有较为翔实的记载，文字也大致相同。据记载，李渊和李世民太原起兵之后，李渊的三女儿在鄠县（陕西地名，现作户县）招收山中亡命之徒数百人起兵响应，攻城略地，很快队伍发展到七万人。公元 617 年，这位女将军率精兵万余在渭北与李世民的军队会合。当时，她跟她的丈夫柴绍（在她起兵以前已先去太原）领兵各建营帐，围困京城长安，营中称她领导的军队为娘子军。第二年，李渊灭隋，建立唐朝，封三女儿为平阳公主。比《旧唐书》成书还要早二百来年的《隋唐嘉话》也记载了此事。只是文字简略一些，而且说平阳公主的军队“时谓之娘子兵”，不是“娘子军”。

不论哪一种历史记载，都没有平阳公主组织女兵的史实。她起兵时招收的数百名亡命徒，其中有没有女兵不得而知（恐怕就不会有什么女兵），就是后来部队发展至七万多人，其中有没有女兵，有多少女兵也不得而知。我们不能排除她身边的卫队会有女兵，但说她“率兵百万，皆由妇女组成”，那就只能是过于夸张的想当然之词了。不难想知，隋朝末年，全国人口能有多少，那时义军蜂起，与李渊部队不相上下的就有好几支，如果娘子军就有女兵百万，那李渊的部队会有多少，各地义军，再加上隋军，全国该有多少军队人马了？这实在令人难以想象。

那么，当时称李渊三女儿的军队为“娘子军”是什么意思呢？我们知道，“娘子”一词，古代最为常用的意思是指年轻的女子，包括未出嫁的和已出嫁的。根据历史记载，平阳公主跟她的丈夫对置幕府（营帐）时，才称她的军队为“娘子军”或“娘子兵”，其意思应该是“娘子”（年轻女子）统率的军队，以区别于她丈夫柴绍的军队。至于“娘子军”指妇女组成的队伍，应该是后来语意转移造成的。顺便说一下，称“娘子军”时，李渊还没有称帝，不可能有他称帝死亡以后才有的“唐高祖”庙号，其三女儿也不可能有平阳公主的封号。所以，“娘子军”一语，《现代汉语词典》解释为“隋末李渊的女儿统率的军队号称娘子军，后用来泛称由女子组成的队伍”是比较稳妥的。

（荆　蕙）

此致、敬启之类书信用语的用法

书信交往，是人们书面交际的主要形式。由于历史进入了网络时代，人们以 e-mail 进行函件往来的越来越多。由于历史久远，现在书信中还传承有一些旧时的格式和用语。如不认真学习，写信用语也会出问题。

我邻居的小孩儿，考上了某大学中文系，他入学不久就怀着感恩和兴奋之情向他的中学语文老师王老师汇报，为了表示郑重，他颇费精力地写了一封信。他信写得激情洋溢，还搜索枯肠地用些文辞。他自我感觉极好，也以为老师一定很满意。不料，很快收到了老师回信。大出意料的是老师对寄去的信封、信中的文字，都提出了严厉批评，而且老师还流露出在中学里没有教好学生的自责心情。他的信到底出了什么问题？为什么惹得恩师那样生气？王老师电话中给他进行了讲解，使他受到教益。原来在写信封时，他想到最普通的写“某某（收信人）收”字样，也有写“某某启”的。他为了表示对老师的尊敬，就写成了“王×老师　敬启”。在信文中还用了“无恙”“又及”，结尾处写上“此致敬礼”，落款在自己名字后加上“受业”。老师批评他没有弄懂书信中“敬启”的意思就乱用。“启”用在书信中是写信人对对方陈述、报告的意思，所以常用在书信文字的开头或结尾。用“敬启”则更加一层对对方的敬重。书信开头用“敬启者”，表示向对方述说以下内容，结尾用“某某敬启”表示向对方述说了以上的内容。至于信封上的“×××启”，启是打开信封的意思。与信文首尾用的“启”意思不同。信封写上要收信人“敬启”，写信人自认为这样好像是对收信人的尊敬，殊不知这样用恰好相反。让人“敬启”，就是叫人恭恭敬敬地拆开信封。这哪里含有敬意呢，简直是对人有点颐指气使的架势了。“无恙”是旧时对对方的问候语，现在可以不用。“又及”“受业”之类都有一定的用法，通常有一定的位置和格式。至于“此致”，虽从上世纪初以后已成了书信结束的套语，但它具有较为固定的意义和格式，“此致”什么意思，它和后面的“敬礼”到底是什么关系？需要弄个明白。一般说，早先的书信后面的“此致”的“此”是指前文，而“致”，有两种含义。第一种，尽、结束，“此致”的意思是信中要说的事情已经说完；第二种，送达、送给，“此致”的意思是上面这封信是送给对方的。这样，“此致”与后面的“敬礼”本来都是独立成句，并无动宾关系。我们只要看一看 1935 年大文豪鲁迅先生写的两封信使用“此致”的情况就很清楚了。鲁迅 1935 年 4 月 1 日的一封信的结尾是“此致，即请道安。”8 月 3 日，鲁迅另一封信的结尾是“此致，即颂暑祺。”鲁迅先生用的“道安”和“暑祺”前还有动词“即请”“即颂”。在书信末尾用“此致”，“此”者，不是指后面的“敬礼”，而是指前面信中所写的内容。与此同类的，给人回信，末尾用“此复”；下发通知，末尾用“此通知”；颁布命令，末尾用“此令”；张贴布告，末尾用“此布”。这些都是煞尾语，“此”字的作用在于概指前文，了结全篇。需要说明的是，过去书信末尾只写“此致”，显得突兀，下面再写收信人姓名；或加“先生”“同志”“女士”之类称谓即可，其他一概不用写，写了便成蛇足。后来“此致”后不写对方称谓，写上“敬礼”，演化为“此致敬礼”的形式，按照惯例，信件结尾处的“此致”可以放上文句号后面，也可单独成行，但要低几格，“敬礼”要另起一行还应该顶格书写。由于公文、书信末尾用“此致敬礼”的越来越多，人们认为“此致”的用法有了演变。我们翻看《毛泽东书信选集》，也可以看到毛泽东书信末尾用“此致敬礼”的也有不少。他用的“此致”都在信文末尾，敬礼另起行，顶格。有的书信“此致”换用为“谨致”“并致”“顺致”“即致”“致以”等词，与后面“敬礼”联系较为密切。近两年新出版的中型语文词典，如《现代汉语学习词典》（商务印书馆）《现代汉语规范词典》（外研社）、《当代汉语词典》（中华书局）都把此致注释为用在书信或公文末尾，意思是在此给予、表示或呈送，而且都举出“此致敬礼”的用例。这样，此致与敬礼之间就只能看成动宾关系了。

（韩敬体）

比喻漫谈

比喻是修辞中最常见最多用的一种手法。运用比喻，可以使语言形象生动，增强说服力和感染力。在日常语言活动中，谁不愿意多用几个贴切恰当的比喻呢？

人对待困难的正确态度，说起来是一篇大道理，然而一个浅显的比喻，“困难像弹簧，看你强不强，你强它就弱，你弱它就强”，就把道理说得明明白白。

生活是抽象的事物，它包罗万象，内涵丰富，然而“生活是多么广阔，生活是海洋”，一个简单的比喻，就使得生活具体可见了。

长而没有内容的文章，是令人讨厌的。但是怎么个讨厌法呢？毛泽东在《反对党八股》一文中，把它比作“懒婆娘的裹脚”。这一生动的比喻，使我们想起那又臭又长的布条条，厌恶的心情油然而生……

好的比喻来自人们对生活的深刻观察，来自作家对生活的深入思索。

人民大众是生活的主人，也是运用比喻的能工巧匠。他们在自己熟悉的事物中，找出某些相似点，把它们联系起来，造就出一个又一个生动的比喻。如说某人形态丑陋，则是“头钩得像豆芽”“腰弯得像麻虾”“眼瞪得像鸡蛋”；如说某女年轻好看，则是“脸嫩得像粉皮儿”“手指嫩得像藕尖儿”。这些比喻新鲜活泼，充满着浓厚的生活气息。

作家是语言艺术大师。他们对生活细心观察，深入分析，创造出了一个又一个精警的比喻。如莎士比亚把黄金比作“娼妓”；萧伯纳把虚伪的资本主义世界的法律比喻为“像蛛网一样，小虫给粘住了，飞鸟却一冲而过”；高尔基形容美国资本家的贪婪时说，他们“好像有三个胃袋和一百五十枚牙齿”。这些比喻意义深刻，给了读者以哲理性的启示。

好的比喻来自作家的辛苦劳动。有些作家为了找到一个恰当的比喻，吃不好饭，睡不好觉。苏联诗人马雅可夫斯基为了描写一个孤独的男人怎样疼爱和保护他的女人时，苦思了几夜，在蒙蒙眬眬的半睡半醒的状态下，想到了一个生动的比喻，就立即把它记在身边的烟盒上：“就像一个在战争中残废了的士兵爱护他的唯一的一条腿。”这样，才算找到了满意的答案。郭沫若为了找到一个恰当的比喻，倒卧在福冈图书馆后边的石子路上，亲昵着大地，感触她的皮肤，接受她的拥抱，如醉如痴地躺了许久，终于完成了他的构思。他把地球比作母亲，写成了一篇充满着激越感情的好诗。

好的比喻要有创造性。朱自清在《荷塘月色》一文中，把荷花的缕缕清香，比作“远处高楼上渺茫的歌声”，把荷塘上和谐的月光和树影，比作“梵婀铃上奏着的名曲”（有人把这种比喻叫“通感”），显得新颖独特。鲁迅先生在小说《药》中，把那些鉴赏杀人的无聊看客的“颈项”，描写成“仿佛许多鸭，被无形的手捏住了的，向上提着”，也是一个具有独创精神的巧妙的比喻。

拙劣的比喻总是步人后尘的。过去，某些小说，写猛将多是“虎背熊腰”“声如巨雷”，写美人多是“闭月羞花之貌，沉鱼落雁之容”，没有一点新意。法国小说家巴尔扎克说过：“第一个形容女人像花的人是聪明人，第二个再这样形容是傻子。”我们应记住关于比喻的这句名言。

（韩敬华）

打比方与词语的比喻意义

打比方就是修辞上说的比喻。打比方是用具体的、人们熟知的或近在眼前易于感知的人或事物去比拟跟它有类似之处的较为抽象、生疏或较远不易感知的人或事物，从而使要说的话显得更为通俗、鲜明、生动。比如说“小王干起活来像小老虎”“吼声如雷”“归心似箭”就是用“小老虎”“雷”声、飞“箭”来比方小王干劲大、吼声响和归心之急切。前者打比方的小老虎、雷声、飞箭比较具体，易于了解，后者被比方的干劲、吼声响度、归心急切程度都比较抽象，不易于一看或一听就知道的。

打比方用的事物和被比方的事物之间关系如何呢？这里要强调两点：一是二者既像又不像，某些表面的、次要方面相似，而本质上又是大不相同的。二是二者没有固定的比喻关系，用作打比方的词语本身不具有被比喻事物的意义。

打比方的事物与被比方的事物存在着似与不似的关系，就是说二者一方面必须有相似之处，否则无法用来打比方；另一方面二者又必须不一样，不能雷同，否则也不能进行打比方。前面举的几个例子可以说明。小王在干活勇猛活跃的劲头上跟小老虎相似，因为小老虎也活跃、勇猛、虎虎有生气。但在本质上，在很多方面，小王与小老虎毕竟大不相同。“吼声如雷”是说二者在响度上有相似之处，但吼叫与打雷无论从发声的事物或是音质、音强等方面都是大不相同的。“归心似箭”，只是说回归的心情十分急切，如射出的箭在飞一般，自然，心情与箭谈不上有什么相同的性质。列宁说得很好："打比方不是证明，任何比方都是有缺陷的，这是无可争辩的、人所共知的道理。"（《列宁选集》第4卷第596页）

打比方是人们常用的修辞手段，它要求比方恰当、新颖，给人以突出鲜明的形象。但是，一种事物的特征很多，人们在不同的时间、地点和条件下对它会有不同的认识和感受，所以人们可以用许多不同事物比喻某种事物，打比方的和被比方的二者间没有固定不变的关系：同一事物，可用不同事物加以比方，也可以用它去比方不同的事物。比如儿童，人们常用幼苗相比，也常用花朵来比喻。再如时光，有的比之于流水，强调其一去不返的特征；有的比作箭，强调其过得飞快。而花朵，人们可用它比方儿童，也常用来比喻女子；"箭"可用来比喻归心之急切，也可用来比喻时光飞驰。流水可以比喻时光流逝，也可以比喻花费没有节制。《西游记》中的主要人物孙悟空，毛泽东同志曾用它比喻敢于斗争、敢于胜利的革命者，诗中说："金猴奋起千钧棒，玉宇澄清万里埃。今日欢呼孙大圣，只缘妖雾又重来。"（毛泽东《七律·和郭沫若同志》）。又曾用它比方钻进内部的狡猾的敌人（毛泽东《在七届二中全会上的讲话》）。"牛"这种动物，有时比喻脾气倔强的人，有时比喻埋头苦干任劳任怨的人，有时比喻头脑笨拙、动作缓慢的人，有时还比喻饭量很大的人。总之，人们运用比喻，截取事物之间哪一方面类似点，赋予打比方的事物什么样的感情或意义，是以时间、地点、条件为转移的，不是固定不变的。用于比喻的词语不具有固定比喻的语义或感情色彩。

由于某些事物或词语，常用来比方某种事物，久而久之，它就被人们约定俗成地认为已含有了被比喻事物的某种意义，于是它们之间固定了比喻关系和词义。比如"弹丸"本指弹弓用的铁、泥等制作的小丸，它常被用来比喻狭小的地方，如

“弹丸之地”“弹丸之国”等，于是它渐渐具有了“地方狭小”的比喻意义。再如“鼎足”，本来鼎是古代煮东西的器物，有三条等距离排列的腿，人们常用“鼎立”“鼎峙”“鼎足”比喻如鼎的三条腿那样的对立、对峙，时间长了，“鼎足”“鼎立”“鼎峙”比喻意义固定了，成了词的主要意义，本义却并不多见了。

应该分清比喻手法和词语比喻意义，前者是修辞手段，是暂时赋予比喻的词语以某种含义，后者是词汇含有的固定意义。后者一般是前者的发展、稳定，前者则灵活、活跃，创造性强。

（韩敬体）

可以燃烧的云

水蒸气上升遇冷凝聚成微小的水点，成团地在空中飘浮叫云。云怎么可以燃烧呢？别着急，当早晨或傍晚，云因受到日光斜照，呈现出红、橙、黄等颜色而被称作霞的时候，就可以燃烧了。有人还是纳闷：霞又怎么可以燃烧呢？是的，霞是可以燃烧的。不信，请看峻青的抒情散文《海滨仲夏夜》就知道了。

“夕阳落山不久，西方的天空，还燃烧着一片橘红色的晚霞。……”

这里的霞就燃烧起来了。当然，这种燃烧，不是化学里燃烧的概念，这种燃烧是修辞里的一种比喻手法。换一个说法，这句话应为：“夕阳落山不久，西方空中的橘红色的晚霞，像一片熊熊燃烧的大火。”“晚霞像火”不就是比喻中的明喻吗？

明喻是由本体（被比的事物、像“晚霞”）、喻体（作比的事物，像“火”）和比喻词（像、似、如、仿佛……等）三部分构成的。而上例《海滨仲夏夜》中的那个比喻，只有本体，没有喻体，也没有比喻词，却有个与喻体相关的动词“燃烧”（我们称之为“喻体动词”吧），这显然是不同于明喻的另一种比喻。

其实，可以“燃烧”的不只是云霞，人的眼睛也可以“燃烧”。当一个人异常愤怒的时候，我们可以说他“两眼在燃烧”。这不光是一种夸张，实在也是一种比喻（愤怒的两眼像火球一样通红），只不过喻体、比喻词均没有出现，只出现了一个喻体动词“燃烧”，和上例实属一格。

《海滨仲夏夜》中的晚霞，除了可以“燃烧”外，还可以“染”东西。请看：“……大海，也被这霞光染成了红色，而且比天空中的景色更要壮观。”显然，这里是把“霞光”比作“红颜料”了，只不过喻体没出现，却出现了一个喻体动词“染”字。无独有偶，刘白羽的《长江三峡》中“特别好看的是悬崖上那一堆堆给秋霜染得红艳艳的野草”，流行歌曲《让世界充满爱》的歌词中“大海将沙漠染蓝”，也是同属一格的。

这种比喻的例子是很多的，如“热血沸腾”“怒发冲冠”“眼光刺人”。说到“眼光刺人”，使我们想起鲁迅先生的小说《药》中的那个凶狠的刽子手的形象来。当他杀过人，手拿人血馒头，面对老栓的时候，小说中是这样描写的：“一个浑身黑色的人，站在老栓面前，眼光正像两把刀，刺得老栓缩小了一半。”这里的比喻，如果去掉喻体和比喻词，就成了“眼光刺得老栓缩小了一半”，也即“眼光刺人”了。

这种只有本体、没有喻体、也没有比喻词，却有一个与喻体相关的喻体动词的比喻，就叫“潜喻”。

（韩敬华）

起外号与修辞

给人起外号，以外号称呼人是流行的也是有悠久历史的社会现象。一个人的外号可能是由多种因素形成的，但比喻、指代等修辞手段的运用，乃是形成外号的一个重要原因。

鲁迅在《故乡》中有一段话：

“我吃了一吓，赶忙抬起头，却见一个凸颧骨、薄嘴唇、五十岁上下的女人站在我面前，两手搭在髀间，没有系裙，张着两脚，正像一个画图仪器里细脚伶仃的圆规。……然而，圆规很不平，显出鄙夷的神色。”

这里，鲁迅着力刻画了杨二嫂的形象，将她比喻成圆规，给人以生动而深刻的印象，下面接着用“圆规”指代杨二嫂，明白自然，十分巧妙。

《三国演义》三十九回写道：

“玄德自得孔明，以师礼待之。关、张二人不悦，曰：‘孔明年幼，有甚才学，兄长待之太过，又未见其真实效验。’玄德曰：‘吾得孔明，犹鱼之得水也，两弟勿复多言。’后来，曹操派大将夏侯惇率领10万大军杀奔新野，形势十分危急，玄德召关、张二人商议如何御敌。这时粗中有细的张飞发泄不满说：‘哥哥何不使“水”去?’”

刘备前面说过他得到诸葛亮就“犹鱼之得水”，后来张飞发泄不满时就以“水”指代诸葛亮，使人读来感到妙趣横生。

以事物比喻人，如果恰切、生动，再用来指代人，不仅给人以鲜明印象，而且往往含有诙谐意味。用得较多了，比喻、

指代固定了，就成了人的外号了。在日常生活中，这种从比喻、指代而成为外号的情况是很常见的。比如有的同学整日埋头学习，啃书本，显得拘谨、呆板，同学们开始可能称他学究、老夫子，时间长了，他就可能得到“学究”或“老夫子”的绰号。有的人头脑较灵活，多谋善断，爱出主意，他就可能会得到“小诸葛”“智多星”之类的诨名。有的人爱胡搅蛮缠，不可理喻，他也可能被人们称为“惹不起”“滚刀肉”之类。有的人细高清瘦，他可能被称作“一根筋”之类。

由比喻、指代运用渐为人的外号，在社会生活中屡见不鲜，文学作品中也比较常见。因为任何外号，都有个逐渐形成的过程，形象性外号常有个比喻、指代运用的过程。

鲁迅《故乡》中的杨二嫂，虽用“圆规”指代过，但这并不是她的外号，她因长相好看，又以做豆腐为业，外号为

“豆腐西施”，这也是因俊俏被比喻为西施而逐渐形成的。古典名著《红楼梦》中不少人都有诨名或外号，如凤姐干练、泼辣狠毒，诨名为“凤辣子”；贾迎春性格懦弱内向，“戳一针也不知嗳哟一声”，外号叫“二木头”；薛蟠愚蠢霸道，外号“呆霸王”。《水浒》中有诨名或外号的人就更多了，有的人甚至有好几个外号。从比喻指代的运用来看，有的人外号是以人物相比，如小李广花荣、病关索杨雄、小温侯吕方、八臂哪吒项充等；有的以虫兽等动物相比，如两头蛇解宝、锦豹子杨林、母大虫顾大嫂、通臂猿侯健等；有的以气候现象相比，如及时雨宋江、小旋风柴进、轰天雷凌振、霹雳火秦明等；有的以其他事物相比，如铁扇子宋清、没羽箭张清、母夜叉孙二娘、鬼脸儿杜兴等。

人的比喻性外号与本人有的出于形似，有的出于神似，一般都与人物个性、相貌、气质，甚至本领、职业、兵器等有关。只有如此，才能给人以深刻印象，从外号上反映出人的某方面的特征。特别是从人的长相上起的比喻性外号，一般也能反映人的气质。

林冲是大家熟知的水浒英雄，作者对他进行了成功的刻画，人物形象深入人心。他给人的突出形象是从安分守己、逆来顺受、艺高心细、善良谦恭到被迫走上反抗道路。由于人物性格十分鲜明、突出，所以他给广大读者留下的印象是相貌相应地俊俏秀气，所以在京剧、地方戏曲中林冲一角一般是相貌堂堂的英俊武生。然而读者心目中的林冲相貌、戏曲中的林冲扮相却与《水浒》中的肖像描写大相径庭。《水浒》第七回，林冲出场时作者写道：

“生的豹头环眼，燕颔虎须，八尺长短身材。”

唯其如此长相，作者给他起了个比喻性外号：“豹子头”。

林冲的这种相貌，使人不禁想起《三国演义》中的张飞的形象。《三国演义》第一回对张飞的描写是：

“身长八尺，豹头环眼、燕颔虎须。”

实在令人吃惊，原来《水浒》中的林冲和《三国演义》中的张飞长得竟是一模一样的，连肖像描写用的词句都如出一辙。既然林冲相貌同张飞一样，哪里会有半点温良俊俏可言呢？然而，这种林冲肖像描写毕竟与读者心目中的林冲相貌相差太远了，而戏曲中英俊武生扮相倒是与读者心目中的林冲相貌相合的。应该说《水浒》中对林冲的性格刻画是成功的，而对他的肖像描写和所起的比喻性外号是不成功的。林冲长相如“豹子头”，外号叫“豹子头”，这并没有给读者留下什么印象，因为它们与林冲温良、细腻的性格是不太协调的。

（韩敬体）

驴脸的笑谈

驴是我国北方农村常见的家畜，有的地方也叫驴子、毛驴、毛驴子。驴的体型一般比马小，毛多为灰褐色。驴还有一个人们常用作比喻的特点，就是脸较长。有个歇后语是“驴头不叫驴头——长脸”，就是说的驴的这个特点。河南、山东一带有一个傻女婿刮驴脸的民间笑话，河南商丘地区还把它编成一出名叫《刮驴脸》的豫剧上演。是说有个傻女婿，脸长。有一天，媳妇要带他回娘家走亲戚。对他说：“你先去把你那驴脸好好地刮一刮。”傻女婿听了竟然高兴地牵出毛驴，到剃头铺把驴脸刮得个精光。可见，傻女婿实在太笨了点儿，竟然没有把驴脸与自己的长脸联系起来。

其实，家畜中马、骡的头和脸跟驴相差不多，但由于人们对家畜的心理上的感受不同，对马、骡更为喜爱，对驴不太喜爱，所以反映在词语上，由马作为语素构成的词语含褒义的较多，比如：老马识途、汗马功劳、金戈铁马、招兵买马、兵强马壮、秣马厉兵、戎马一生、天马行空、一匹黑马，相关的还有老骥伏枥、白驹过隙，等等。有贬义色彩的（如害群之马）很少。而由驴作为语素构成的则含贬义的较多，比如有：驴脾气、犟驴、秃驴、黔驴之技、黔驴技穷、驴唇不对马嘴、懒驴上磨——屎尿多，等等。正因为驴不太招人们待见，所以，用驴脸形容人的长脸，自然也不会含有什么喜爱的情感了。

用驴脸形容人的长脸，可以说古已有之。据传，宋代大文学家苏东坡就是个长脸。有个民间故事说，苏东坡的妹妹苏小妹是个聪明博学的才女，她与哥哥苏东坡常以对诗取乐。苏小妹是个大奔儿头，前额有点往外突出、眼睛有点向里凹。一天苏轼拿他妹妹的长相开玩笑，作了一首诗："未出堂前三五步，额头先到画堂前。几回拭泪深难到，留得汪汪两道泉。"说苏小妹额头特别高，人还在院子里，额头就先到院外了。女孩子都爱美，最讨厌别人拿自己长相上的缺点取笑，苏小妹又心高气傲，哪能受得了这般嘲弄。她一听就来气，马上就哥哥那张驴脸进行回敬。她也作首诗："天平地阔路三千，遥望双眉云汉间。去年一点相思泪，今年始流到唇边。"一滴眼泪，一年时间才从眼睛流到嘴唇边，极言其脸太长了。也有的版本最后一句作"至今还未流到腮"，意思不错，但却与前面的"间"不押韵，似不应该。

明末冯梦龙编的《古今谭概》记载了这样一则故事：明朝一位大学士焦芳，脸黑而长，人们暗地里称其为驴脸。当他还没有高升的时候，有一天他跟同事，也是一位大学士李东阳说："您擅长相面，请您也给我看看。"李东阳端详了半天，说："您的脸，左边的一半像马尚书，右边的一半像卢侍郎，将来也会做到像他们那样的大官。"尚书、侍郎，是当时中央行政机构六部的首长，明代开国时即废除了宰相，六部直接对皇帝负责，地位很高。李东阳看来像是夸赞焦芳，实际上他是用拆字的方法说焦芳的脸很长，那时用的是繁体字，左边是马尚书的马（繁体字是"馬"），右边是卢侍郎的卢（繁体字是"盧"），"馬"在左"盧"在右，合起来正好是一个繁体字的"驢"字。

（韩敬体）

"燕山雪花大如席"与"十条竹竿一个叶"

——谈夸张

在日常生活中，人们说话、写文章、会碰到这种情况：一件事，说过来，说过去，你也写，我也写，挖空心思，费尽心机，用尽笔墨，却总还是不能突出它。这时，为了取得更好的效果，采用夸张的修辞方法就很有必要了。因而夸张成了人们常用的一种手段。而用得最为大胆、成功的恐怕首推唐代大诗人李白。

李白的《北风行》描写了一个北方妇女在丈夫出征阵亡后的孤苦心境。诗中是这样描绘燕山的雪花的："燕山雪花大如席，片片吹落轩辕台。"雪花竟然像"席"子那样大，初看起来，太夸张了，未免荒唐，但仔细一琢磨，这个夸张太好了。它是艺术的夸张，不是简单的体积的无限扩大，是深刻地掌握了事物的本质特征的。燕山一带很冷，雪也比别处大，这是客观事实，这就为夸张提供了根据。若说"广州雪花大如席"则不合情理了，因为广州地热，不下雪。再说，文学艺术的形象是客观事物与主观情感的统一。李白创造的燕山雪是客观物象与主观情感交融的产物，带着主观色彩。当人们处于某种特定的环境中，由于心理的作用可能产生某种幻觉，产生正常人看来荒谬的却是合乎情理的幻觉。因此用"铺天盖地"之类的词语来形容燕山一带在苦寒下纷纷扬扬的雪花，已远远失色了，不足以表明大雪对这位孤苦无告寡妇的凌厉无情，而

“大如席”可以理解为妇人眼前出现的幻觉。由此，大雪的猛烈威势、隆冬的冷酷可畏都被诗人写尽了，看似不合理，实则变得更为合理。

同样地，李白的《秋浦歌》中的“白发三千丈，缘愁似个长”，《望庐山瀑布》中的“飞流直下三千尺，疑是银河落九天”，都是类似的情况。

当然，夸张必须遵循一条原则，就是要反映事物的突出特征，不是空口说大话，胡诌一通，不然就会闹笑话，流于庸俗或荒诞。

宋代王直方的《直方诗话》中记录了一则因盲目夸张而闹笑话的事。宋朝的王祈有一次对大文学家苏东坡说，他有两句颇为得意的描写竹子的诗句：“叶垂千口剑，千耸万条枪。”诗中以剑喻竹叶，以枪喻竹。苏东坡听后，忍不住笑起来，说：“好则是极好，则（只）是十条竹竿，一个叶儿也。”十根竹子才一片叶，岂非可笑，还有什么诗意可言？夸张出漏洞了。事后苏东坡还开玩笑说：“世间事物勿笑为易，惟读王祈大夫诗，不笑为难。”苏东坡对王祈真挖苦得够呛，但通过这个故事，却说明了在使用夸张手法时不可有随意性，一定要合情理。

（邱万紫）

项羽有多大力气？

京剧《霸王别姬》中的西楚霸王项羽，在垓下被刘邦的军队四面包围，已是穷途末路的时候了。这个自视不可一世的英雄，眼见大势已去，对着虞姬黯然伤神，而后慷慨悲歌："力拔山兮气盖世，时不利兮骓不逝。骓不逝兮可奈何！虞兮虞兮奈若何！"——众叛亲离，四面楚歌，他预感到自己的末日就要来临了。

若问项羽的力气有多大？据《史记·项羽本纪》记载，他"身长八尺，力能扛鼎"，确实可以说是个大力士了。但要他拔起一座大山，无论如何是办不到的，人们都会这样认识。奇怪的是，听众和读者并不以"力拔山兮气盖世"为荒唐，这又是什么原因呢？

这与人们对夸张的理解和运用有密不可分的关系。

什么是夸张呢？夸张是人们为了更突出、更鲜明地表达某一事物，对事物的形象、特征、作用、程度等所进行的夸大或缩小的描述。如"过日子比树叶还稠""心眼儿小得像针鼻儿似的"。而不论夸大或缩小，都是和实际情况不相符合的。"言过其实"正是夸张的特征。如果不言过其实，那就不成其为夸张了。正因为如此，所以人们对被夸张了的事物，并不去斤斤计较它是否和事实完全相符合。例如"胆大包天"和"胆小如鼠"，一作了夸大，一作了缩小。至于胆量是否能大得包着天，小得和老鼠一样，人们不会再和实物一一比较了。又如"飞流直下三千尺，疑是银河落九天"和"白发三千丈，

缘愁似个长”，都是李白绝句中的夸张，人们读了之后，也不会再用数字计算它们是否合理了。

但是夸张并不是说谎，它必须以事实作为依据，脱离事实的任意夸张，就会显得虚妄，是为人们所不能接受的。例如对眼泪进行夸张，如果说“他的眼泪像自来水似的喷射了出来”，就显得不合情理；而“忽报人间曾伏虎，泪飞顿作倾盆雨”（毛泽东：《蝶恋花·答李淑一》）就合乎情理。后者比前者夸张得更厉害，为什么它能为人们所接受呢？因为它合乎人们的主观感受：眼泪是往下滴的，大雨是往下落的，这就有了相同之处。而自来水呢？它可向四面八方喷射，另外，“滴落”和“喷射”也是两种不同的状态。

鲁迅说过：“漫画虽然有夸张，却还是要诚实。‘燕山雪花大如席’，是夸张，但燕山究竟有雪花，就含着一点诚实在里面，使我们立刻知道燕山原来有这么冷。如果说‘广州雪花大如席’，那可就变成笑话了。”同样的道理，项羽毕竟是个大力士，所以他“力拔山兮”就含着一点真实在里面，如果换成“力拔地球兮”，则须两脚蹬空，就不符合人们的主观感受，显得不真实，也就不能为人们所接受了。

（韩敬华）

回环趣说

回环是一种修辞格式，它是用颠倒字、词次序，把一些由相同字、词组成两个或更多的语句形式，它们相互之间回环往复，以反映事物间的相互关系，并能加强语气，增加语言的表现力。我们常说的“来者不善，善者不来”“怕死不革命，革命不怕死”“科学需要社会主义，社会主义需要科学”，等等，就是词语回环的运用。

最典型的回环是两个语句互为倒文，以字为基点，一个句子是另一个句子颠倒字序形成的。例如：

人过大佛寺，寺佛大过人。
花香满园亭，亭园满香花。

传说北宋大文学家苏轼填有一首《菩萨蛮》词，词是这样写的：

雪花飞暖融香颊，颊香融暖飞花雪；
欺雪任单衣，衣单任雪欺；
别时梅子结，结子梅时别；
归不恨开迟，迟开恨不归。

这首词的第一二句、三四句、五六句、七八句，正是互为颠倒字序的倒文，运用了回环手法。北宋著名诗人黄庭坚，写有一首感遇诗，诗曰：

南崖新妇石，霹雳压笋出；
勺水润其根，成竹知何日。

有人对这首诗的第四句“成竹知何日”进行了研究，画成一个圆环状图形：

按顺时针方向，从“成”开始读起，每五字一句，可以成为五个句子：

成竹知何日。
竹知何日成。
知何日成竹。
何日成竹知。
日成竹知何。

这五个句子都可以读通，这是五个字回环变成的五个句子。

更有趣的，与一个句子颠倒字序的回环相类而发展，成为一首诗的回环。也就是一首诗，颠倒过来从末字读向首字，形成又一首诗。这就成了回文诗。一位名叫李禺的宋代人，写了这样一首诗：

枯眼望远山隔水，往来曾见几心知。
壶空怕酌一杯酒，笔下难成和韵诗。
途路隔人难别久，讯音无雁寄回迟。
孤灯夜守长寥寂，夫忆妻兮父忆儿。

这是一首怀念远方的妻儿的诗，充满了伤怀之情。我们把它颠倒过来，从最末一字往前面读，就又成了如下一首诗：

儿忆父兮妻忆夫，寂寥长守夜灯孤。
迟回寄雁无音讯，久别难人隔路途。
诗韵和成难下笔，酒杯一酌怕空壶。
知心几见曾来往，水隔山远望眼枯。

这首诗是妻儿忆念丈夫、父亲的抒情诗，这首诗前后回环，充分显示出了作者遣词造句的高超技巧。

南北朝前秦人苏蕙的《璇玑图》，则是回文诗中的代表作。她用 841 个字，排列成纵横 29 行的方阵图，回环往复读起来，可以组成 3752 首诗，她把这个图织在了长宽各 8 寸的锦上。唐代女皇武则天对此深为赞赏，她认为苏蕙的织锦“纵横反复，皆成文章。其文点画无缺，才情之妙，超迈古今”。这决非溢美之词，苏蕙的杰作那样地奇妙，的确会使人叹为观止。

回环是一种修辞手法。形式为内容服务，修辞是为了更准确、生动地表情达意，切不可陷入形式主义，追求文字回环反而以辞害意是不可取的，等而下之，甚至会完全变成一种文字游戏，那就违背了作为修辞手段的根本宗旨。

（京　笛）

后　　记

15 年前的春天，我和两位同事编了一本普及语文知识的小册子《语言漫话》。书中收有 110 多篇短文，文章大都以讲故事、谈事例的方式传播语言文字常识，力求深入浅出，生动有趣。语言学界的前辈周定一先生为该书写了一篇很有分量的序言，将编写宗旨、特色讲得清清楚楚。

周先生在那篇序言的最后部分说，那本书讲的是跟语言文字有这样或那样关系的一些小故事和与语言文字有关的知识。编写意图有三个：第一，想引起读者对语文问题的兴趣，关心语文的正确使用和健康发展；第二，想为从事语文普及、教学工作的同志提供一点材料，节约一点查找时间；第三，也是主要的用意，想引起共鸣，使一些有心人“技痒”起来，费心写出更好的书来向社会介绍语文知识，并能引起连锁反应，使这类好书不断出现。周先生说：“我体会，这才是本书全体作者共同的宏愿，也就是‘抛砖引玉’这句话变成客套话以前的本来含义。”

一晃 15 年过去了。随着我国四化建设事业的迅速发展，语文知识普及工作也得到了广泛开展。周先生的预言，也是我们编写者的愿望，现在变成了现实。《语言漫话》的确起了“抛砖引玉”作用，在它出版以后，《语言学趣谈》《语言学百题》《语文笑话》《语法修辞逻辑趣谈》《趣味词义分析》等等，接二连三地面世了。15 年前的春天，我们以急切期待的心情从事的语文普及工作，现在已迎来了丰收的秋天，语文普及读物的书架已摆得琳琅满目了。每次想到这，总是激动不已。

几年前，有几位同事建议我们做《语言漫话》续编工作，但由于原来的大部分编者、作者工作很忙，续编难以进行。前两年，语言文字应用研究所的龚千炎、陈建民、于根元三位先生鼓励我编一本类似《语言漫话》的语言文字应用实例的小册子，又有北京师范大学的伍铁平教授、中国社会科学院语言研究所的杨耐思等先生大力支持，我才敢不揣浅陋，重操旧业，着手准备这本小书，到今天才算有了这么一个模样。

本书以讲故事、谈事例为手段阐发语言文字应用方面的知识，没有深奥的理论，也较少有个人独特的观点，在编写宗旨、风格、体例方面有点儿像《语言漫话》。但与那本书相比，作者队伍变化较大，本书作者中新人多，从事语文教学实践的多，大学的教授、副教授和中学的高级教师占一半以上。除编者本人外，本书作者在语文知识普及方面热情高，实践经验多，知识面广，这正是本书能编成问世的根本条件。如果说这本书还有可取之处的话，那是与作者们的共同努力分不开的；要是说本书还存在不足或问题的话，则完全是我个人的浅薄疏陋造成的。敬请读者多提批评意见。

注：后记是1994年《语文应用漫话》由商务印书馆国际有限公司出版时写的，移置到这里，以便读者了解此书以往的出版情况。

韩敬体

图书在版编目（CIP）数据

语文应用漫谈 / 韩敬体编. -- 北京 : 商务印书馆国际有限公司, 2015.8（2024.6重印）

ISBN 978-7-5176-0155-5

Ⅰ.①语… Ⅱ.①韩… Ⅲ.①汉字-通俗读物 Ⅳ.①H1-49

中国版本图书馆CIP数据核字(2015)第136829号

YUWEN YINGYONG MANTAN

语文应用漫谈

编　　者	韩敬体
插画绘制	曲翰章
出版发行	商务印书馆国际有限公司
地　　址	北京市朝阳区吉庆里14号楼 佳汇国际中心A座12层
邮　　编	100020
电　　话	010-65592876（编校部） 010-65598498（市场营销部）
网　　址	www.cpi1993.com
印　　刷	北京中科印刷有限公司
开　　本	787mm × 1092mm 1/32
字　　数	266千字
印　　张	11
版　　次	2024年6月第1版第5次印刷
书　　号	ISBN 978-7-5176-0155-5
定　　价	25.00元